海外우리語文學硏究叢書 83

시조집

김 하 명
1985

한국문화사

조선고전문학선집 3

시조집

김하명 편찬

문예출판사   1985

시조와 시조집에 대하여

 문학예술은 일정한 민족을 단위로 하여 형성발전하며 각이한 계급들의 창조적 로력과 투쟁 속에서 발전하여온 민족의 력사를 반영한다.
 고전문학작품을 비롯한 민족문화유산을 비판적으로 계승발전시키는것은 로동계급의 사회주의문화건설에서 나서는 합법칙적요구이다.
 민족문화유산은 우리의 새세대들에게 지난날의 력사와 문화에 대한 지식을 주고 그들을 애국주의사상으로 교양하는 주요한 수단으로 되는 동시에 오늘의 사회주의문학예술건설에 민족적바탕을 물려준다.
 오늘 시조집을 새로 묶어 출판하게 되는 까닭이 또한 여기에 있다.

 시조는 우리 나라 중세문학에서 가장 널리 보급되였던 시가형식의 하나이다. 시조형식은 각이한 계층들에 의하여 다종다양한 주제의 작품들을 남겼으며 민족시가 형태로서 가장 오랜 력사적시기에 걸쳐 발전하여왔다.
 시조라는 말이 씌여지기는 《동국통감》 권40 (충렬왕고려조) 22년 가을 7월조에 《원상이 시조를 지어 태평곡이라고 하였다.》는 구절이 있는것이 처음이다. 그러나 같은 사실을 서술하고있는 《고려사 절요》 권21 충렬왕 가을 7월조, 또 《고려사》 권125 렬전 김원상조에서는 《원상이 신조(新調) 태평곡을 만들었다.》고 하여 시조가 신조로 되여있는것으로 보아 이 시기에는 시조라는 말이 일반적으로 씌여진것 같지는 않다.
《석북집》의 저자인 신광수(1712-1775)는 《관서악부》 15에서 이름난 가인이였던 리세춘으로부터 곡조로서의 시조가 나왔다고 하였다.
18세기 정조때 사람인 리학규는 《락하생고》에서 시조라는 말을 쓰고 이에 주를 달아《시조는 또한 시절가 라고도 하며 모두 거리와 마을의 세속적인 말로써 소리를 느리여 노래한다.》(時調亦名時節歌 皆聞巷俚語 曼聲歌之)고 쓰고있다. 그런데 철종(1850-1863)때 사람으로 호를 동거송사라고 하는 류만공의 《세시풍요》에 《시절단가는 음조가 호탕하다.》(時節短歌音調蕩)라고 하고 주해에서 《속가를 시절가라고 한다.》(俗歌曰 時節歌)고 부언하고있다.
이상의 기록으로 보건대《시조》는《신조》,《시절가》또는《시절단가》라고도 불리여졌으며 문학으로서의 사설과 음악으로서의 곡을 아울러 부르던것이다. 후기에 와서 우리는 주로 문학으로서의 사설을 시조라고 하고 시조의 음악적측면에 대해서는 일반적으로《시조창》이라고 부르고있다. 그리고 이 시조는 가사 기타의 긴 형식의 노래와의 대비에서 흔히 단가(짧은 노래라는 뜻)라고도 하였다.
시조형식이 어느 시기에 어떠한 길을 거쳐서 형성되였는가에 대한 문제는 오래동안 문예학자들의 관심사로 되였다.
현전하는 시가집들에는 고구려의 을파소, 백제의 성충 등이 지었다고 하는 작품들도 실려있으나 시가발전의 자기법칙에 비추어볼 때에 이 작품들은 아마도 후세사람들이 그들의 한자시를 시조형식으로 옮겨놓은것으로 추정되며 시조가 우리 나라의 고유한 정형시로서 완성된것은 고려말엽이라고 보는데로 의견을 모으게 되였다.
그런데 선행한 어떤 시형식을 토대로 하여 시조가 발생하였는가에 대해서는 해방전부터 문예학자들이 각기 제나름의 구구한 견해들을 내놓았다.
어떤 사람은 시조가 무당의 노래가락에서, 어떤 사람은 한시나 중국에서 수입된 불교의 노래에서 온것이라고 하는데 대하여, 또 다른 문예학자들은 향가의 전통적형식을 기본골격으로 하는 고려국어가요《만전춘》,《동동》등의 매 절이 독립하여 형성된것이라고 주장하였다.
우리가 현전하는 시조작품을 모두 읽어본다면 어떤 작품들은 혹

온 한시에서 온것과도, 또는 가사의 한절이거나 민요의 한절에서 온것과도 만나게 된다. 그렇다고 어느 한 수의 시조에 근거하여 우리가 시조형식일반이 반드시 선행하는 어떤 하나의 시형식만을 토대로 하여 형성되였다고 주장한다면 아마도 독단이 되지 않을수 없을것이다.

가령 고려시기의 시인 정지상의 유명한 한시《대동강시》에는 종장 한장을 더하여 원형 그대로 시조창으로 읊어졌으며 시조집에는 정지상이 창작한 시조로서 수록되여있다. 시조로 불려진 작품은 다음과 같다.

우헐장제 초색다(雨歇長堤草色多)하니
송군남포 동비가(送君南浦動悲歌)를
대동강수 하시진(大洞江水何時 盡)고
별루년년첨록파(別淚年年添緑波)이라
승지(勝地)에 단장가인(斷腸佳人)이 몇몇인줄 몰래라

또한 우리는 시조집에서 두보나 리태백 등 중국시인의 한시작품을 시조창으로 부른것과도 대하게 된다. 그러나 이 개별적작품들을 가지고 시조란 한시에서 온것이라고 론단할수는 없는것이다.

우리가 여러가지 사실들을 종합적으로 고찰하여볼 때에 시조이전에 4구체, 8구체, 10구체 등의 향가나 한림별곡체시가, 고려국어가요 등 적지않은 시가형식이 형성발전하여온만큼 그리고 그 시들이 조선시가의 운률조직의 일반적원칙에 기초하여 발전하여온만큼, 뒤에 형성된 새로운 시가형식으로서의 시조는 선행형식들의 제특성을 이러저러한 측면에서 계승하였으리라고 생각된다. 정지상의 한시를 시조화한 작품에서도 보는바와 같이 한시는 조선적독법—시조 창법으로 음절수가 조절되고 한 장이 더 첨가되었다. 사실상 향가나 한림별곡체 시가나 고려가사 또는 고려가요로 부르는 국어서정가요들이 모두 각각 자기 특성을 가졌음에도 불구하고 운률조직의 기본으로서의 음조 또는 음절수는 공통성을 가지고있다. 이 노래들은 자기 발전의 행정에 호상 영향을 주고받았으며, 뒤에 오는 새로운 시가형식의 형성에 이렇게나 저렇게나 자기의 긍정적질을 물려주었을것은 의심할바 없다. 우리는 오늘 현대시인들의 시가 결코 어떤 유일한 규격이나 형식에 의하여 창작되고있지 않으며 특히는 고전적시가형식을 계승하려고 할 때에 력사적으로 가장 뒤에 온,즉 직접 선행한 시기의 시형식에 대해서만 관심을 가지고있지 않은것을 보고있다. 즉 어떤 시인은 고려가요의 어느 작품의 률조에 대하여 관심을 가지며 다른 시인은 가사의 률조에 흥미를 느끼고있는것을 보게 된다. 이런 의미에서 시조가 선행하는 어느 하나의 형식만을 토대로 하여 형성되였다고 볼수 없으며 민요를 비롯한 여러가지 국어시가형식들의 좋은 점들을 창조적으로 계승발전시킨것이라고 보는것이 옳다.

시가사의 경험이 말해주는바와 같이 매개 민족시가의 작시원칙은 그 민족어의 특성에 의하여 규정되며 특히 인민대중의 노래인 민요에서 많은 영향을 받게 된다. 우리 나라에서 시조 이전의 국어시가형식들이 각기 독자적인 형태상 특성을 가지고있으나 그것들은 모두 조선말의 특성에 의하여 규정되는 공통적인 운률조성의 원칙에 의거하고있는것이다. 시조 역시 음절수의 배합에 의하여 운률을 조성하는 점에서 선행한 국어시가형식들과 공통성을 가진다.

시조는 고려말엽에 발생하여 수백년의 오랜 기간에 걸쳐 발전하여왔다. 그동안 사회생활의 변화발전과 함께 그것을 반영하는 시조의 주제사상적내용에서나 형식에서는 많은 변화를 가져왔다.

시조라고 하면 그 형성초기에는 오늘 우리가 평시조라고 하는 정형시형식이 기본을 이루었다. 평시조는 초장, 중장, 종장으로 구성되고 그 매개 장은

    초장 3 4 3(4)4
    중장 3 4 3(4)4
    종장 3 5 4 3

의 음절수를 가진것이 가장 전형적인것이라고 이야기되여온다. 그러나 시조에서의 음절수의 고정화는 상대적이다. 대체로 우에서 실례로 든 음수률에 의거하면서도 개별적구들에서 하나 내지 두세음절의 증감이 있는것이 오히려 보통현상이다.

그런데 이것을 노래 부를 때에는 곡에 맞게 음절수가 많은것은 더 빨리, 적은것은 더 느리게 하여 가락에서 일치시킨다.

이 짧은 정형시형식의 형성은 우리 나라 민족시가 발전에서 큰 의의를 가진다. 이 시 형식의 형성은 오랜 세월에 걸친 시적탐구와 경험의 일반화를 거쳐서 이루어졌다. 시는 짧음에도 불구하고 통일된 시상을 기승전결의 정리된 구성으로 표현하며, 그 용적이 작은만큼 되도록 함축성있고 간결하며 대담하게 생략하거나, 집약적인 표현을 하도록 시인들의 노력을 추동하였다.

그리고 이 시조형식으로 보다 큰 주제사상적내용을 담기 위하여 여러수의 시조를 시초형식으로 묶은 련시조형식을 취하기도 하였다. 15세기 맹사성의 《강호사시가》, 16세기 리이의 《고산구곡가》 등이 그 대표적실례로 되나 이런 형식은 그후에 그렇게 리용되지 않았으며 발전하지 못하였다.

그 발전의 후기에 오면서 시조형식으로 더 많은 내용을 담으려는 욕구로부터 이미 16세기에 평시조의 작시원칙을 깨뜨린 엇시조, 사설시조 형식이 나타나기 시작하며 17세기 후반기 이후 평민시인들의 적극적인 진출과 함께 그들의 생활과 사상감정을 반영한 새 주제의 작품들이 많이 창작되였다.

엇시조라고 하는것은 평시조의 기준에 한구 더한것을 말하며, 사설시조는 두구이상 늘어나 이야기조로 된것을 말한다.

    앞못에 든 고기들아 뉘라서 너를 몰아다가
     넣거늘 든다
    북해 청소를 어디 두고 이 못에 와 든다
    들고도 못 나는 정은 네오 내오 다르랴

어떤 궁녀가 일생을 얽매여 지내는 서글픔을 읊은것으로 전하는 이 노래는 초장에서 평시조에 비하여 한구 더 있는바 이런것을 엇시조라고 한다.

       댁들에 나무를 사오 저 장사야
       네 나무 값 얼마니 사자
       싸리나무 한동에 한말이요
       검수나무 한동에 닷되요 합하야
       마닷되오니 사때여 보오 불 잘 붙습네
       진실로 한번 곳 사때이면 매양
       사때이자 하오리

이것은 아직 베나 쌀이 중요한 화폐의 역할을 놀던 시기의 매매 흥정의 모습을 사설시조로 읊은것이다. 이에는 이야기줄거리가 들어와있으며, 주인공들의 대화가 그대로 묘사되여있으며, 그 형식이 음절수에 구애되여있지 않다. 이러한 사설시조의 시작은 문헌상으로는 16세기 정철의 《장진주사》, 권호문의 일부 작품들에서 찾게 되며 17세기 후반기로부터 훨씬 더 많이 찾아볼수 있다.

시조의 주제사상적내용면에서 본다면 발생초기에는 주로 량반사대부들이 자기의 사상감정을 노래불렀으며 따라서 시조문학의 주제령역은 매우 제한되여있었다.

시조발생초기의 대표적인 작품으로서는 리색, 최영, 정몽주 등의 시조들이 전한다. 이들은 고려말기의 날로 어지러워지는 사회정치적혼란을 유교교리에 기초하여 수습해보려고 애썼으며 자기 왕조에 충성을 다한 사람들로서 자기들의 이러한 사상감정을 읊은 작품들을 남겼다. 정몽주의 《단심가》는 그러한 대표적작품이다.

고려왕조가 망하고 리왕조가 건립된 후에도 시조는 주로 량반사대부들에 의하여 창작되였다. 그들은 자기의 정치적신조와 처지에 따라 서로 다른 사상적경향의 작품을 썼으나 본질에서는 봉건통치배들의 리해관계를 반영하는것이였다. 리왕조건립을 달갑지 않게 여기는 길재, 원천석 등 이른바 《고려유신》들은 멸망한 고려조를 그리워하는 심정을 담은 노래를 지었다면 변계량, 맹사성 등 리왕조의 지지자들은 집권층의 득의자족한 심정을 읊조리였다.

우리 시가사에는 리조초기 시조의 다른 하나의 계렬로서 국토방위에서 공훈을 세운 김종서, 남이 장군의 애국적작품들이 이채를 띠고있다. 이들의 작품들은 짧은 시조형식으로 서정적주인공의 애국적기개, 무인다운 호탕한 성격을 감명깊게 전달하고있는것으로 하여 오래도록 인민들속에서 애송되였다.

이밖에 나어린 조카인 단종의 왕위를 비렬한 방법으로 빼앗은 세조의 비행을 단죄하다가 희생된 세칭 《사륙신》의 시조작품들이 널리 알려져있다.

16세기에 이르러 일반지식인들은 누구나 한두수 남기지 않은 사람이 거의 없을 정도로 시조는 널리 보급되였다. 유학자들인 리현보(1467~1555), 주세붕(1495~1554), 리황(1501~1570), 리이(1536~1584), 권호문(1531~1587) 등이 모두 적지 않은 시조작품들을 남겼다. 리현보의 《어부사》, 주세붕의 《군자가》, 《학이가》기타, 리황의 《도산십이곡》, 리이의 《고산구곡가》, 권호문의 《한거 18곡》들은 당시 유학자들의 사상감정을 담은 대표적인 시조작품들이다. 이 작품들은 유교교리를 직접 해설하고있는 교훈시들이거나 자연속에 파묻혀 세상일을 잊어버리고 한가히 세월을 보내려는 기분을 반영한 은일시가, 강호시가로서 사상적지향에서 반동적인것이

지마는 당시의 시대상을 리해하는데서와 시조형식의 발전에서 일정한 의의를 가진다.

16세기에는 이러한 량반유학자들의 사상감정을 직접적으로 토로한 작품들과는 일정하게 경향을 달리하는 새로운 조류가 움트기 시작하는데 황진이, 림제(1549~1587), 정철(1537~1594)의 시조들에서 그것을 볼수 있다. 이들은 량반유학자들의 도식화된 교훈시들을 반대하고 인간의 내면세계를 보다 진실하게 반영하며 현실에서 벌어지는 평범한 생활현상을 시조로 노래부를것을 지향하였다. 한편 정철의 《훈민가》는 주제의 측면에서 볼 때 그 제목이 말하여주는바와 같이 사람들의 교화를 목적으로 하는 교훈시에 속하지만 딱딱한 유교교리의 도식적인 해설을 하고있는것이 아니라 당시 농민들이 잘 아는 생활소재를 가지고 그들의 말로써 주제사상을 정서적으로 형상하고있다.

16세기에 량반사대부들사이에 사화당쟁이 격화된 사회정치적형편을 반영하면서 《교훈시》와 《은일시가》 또는 《강호시가》로 불리우는 사조적현상이 17세기 전반기까지 시조문학의 주류를 이루었다. 현전하는 문헌자료에 의하더라도 17세기 전반기에 수십수로부터 2~3수의 시조작품들을 남긴 사람이 50여명에 달한다.

신흠(1566~1628)은 《해동가요》에 20수의 시조작품을 남기고있는데 대부분이 춘천의 소양강반에 은퇴하고있던 시기의 《강호의 한정》을 읊은것이고, 김상용(1561~1636)은 《오륜가》 5수, 《훈계자손가》 9수 등 주로 교훈시를 남겼으며, 장경세(1547~1615)는 산수 속에 묻혀 임금에 대한 사모의 감정을 읊은 《강호련군가》 전6곡, 후6곡을 지었다. 또 조존성(1554~1628)은 《호아곡》 4수를, 김광욱(1579~1656)은 《률리유곡》 14수를 지었으며 이 시기 시조문학의 최고봉에 오른 시인으로 박인로(1561~1642), 윤선도를 꼽는다.

임진조국전쟁에 해군군관으로서 참전하여 공을 세웠을뿐아니라 《태평사》《선상탄》과 같은 애국적인 가사작품을 창작한 유명한 시인 박인로는 또한 60수의 시조를 남기였으나 그것들은 대부분이 유교도덕을 설교하는 교훈시들이다. 윤선도의 시조문학의 특성은 자연을 많이 노래하면서도 그에 의탁하여 자신의 생활신조, 인생에 대한 견해를 고도로 세련된 언어적형상으로 은근히 드러내보여주고있다. 《오우가》는 이러한 시적특성을 가장 뚜렷이 보여주는 그의 대표작이다.

임진 병자의 두차례에 걸친 전쟁을 겪은 17세기 후반기로부터 시조문학에도 커다란 전변이 일어나게 된다. 17세기 전반기까지는 주로 량반사대부들이 시조를 지었다면 이 시기에 와서는 그것이 여러 계층속에 널리 보급되고 전문적인 시조시인들이 출현하게 된다. 이들은 시인이였고 동시에 가창자였으며 많은 경우에 통소와 비파와 같은 악기도 잘 다루었다. 이들은 대부분이 평민출신이였고 시가를 창작하고 부르는것을 자기의 생활로 삼았다. 18세기 전반기에 김천택, 김수장을 중심으로 김유기, 김성기, 김우규 등 수많은 평민시인들이 모여 이른바 《경정산가단》을 형성하였으며 이름없는 일반 서민들의 작품들도 많이 창작되였다. 이들은 량반사대부들의 부귀영화를 타기하고 공명의 덧없음을 경고하였으며 땀흘려 일하면서 살아가는 농민들의 소박한 생활을 찬양하였다.

17세기 말엽부터 또한 도시 시정인들의 생활과 사상감정을 반영한 새로운 주제의 시조작품들이 많이 창작되였다. 이 시기에 상품화페경제가 점차 발전하면서 땔 나무나 자리등매 같은 물건을 흥정하는 현상이나 장리 값에 세간을 다 털리고마는 일부 소유자계층의 몰락상을 보여주는 작품들이 창작된것은 그러한 실례로 된다. 평민시인들에 의하여 시조는 량반유학자들의 고답적이고 추상적인 관념의 세계에서 벗어나 현실생활에 더욱 접근하게 되였다. 그러나 이들의 시는 당시의 선진사상이나 농민들의 투쟁과 직접적으로 련결되지 못하였으며 아직 시어는 조잡하고 세련되지 못하여 예술적으로 높은 수준에 이르지 못하였다.

19세기에 가서 박효관, 안민영 등이 시조를 계속 창작하였으나 그 주제사상적내용에서나 시적형상에서 새로운 경지를 보여주지 못하였다. 19세기 말엽에 자본주의적관계가 발전하고 문명개화의 시대적풍조를 담은 창가가 나타나 사회적으로 널리 불러짐에 따라 시조는 점차 뒤전으로 물러나게 된다.

우에서 볼수 있는바와 같이 시조는 가사와 함께 우리 나라의 주요한 민족시가형식으로서 각이한 력사적시기의 각이한 계층의 생활과 사상감정을 반영하면서 오랜 력사적시기에 걸쳐 광범한 계층속에 보급되여있었다.

그러므로 우리는 시조문학의 사상예술성을 일률적으로 론하지 말아야 하며 구체적인 시기, 구체적인 작가의 개별적작품들을 가지고 이야기해야 한다.

시조작품들에는 사상예술적으로 우수한 작품들이 적지 않지만 반면에 생산에서 리탈된 유교도학자들과 시정인들에 의하여 씌여진 고루하고 저속하며 비예술적인 작품들도 적지 않게 전해지고있다.

이른바 《요순시절》을 리상화하고 남의 나라 문인들을 맹목적으로 숭배하며 또는 충군이나 련군사상을 로골적으로 선전하고 근로인민에 대한 가혹한 착취와 압박에 기초하고있는 봉건사회현실을 《태평세대》로 구가하는가 하면 도덕적으로 저렬한 취미를 자연주의적으로 노래한 작품들도 있다. 이것은 봉건사회에서 인민과 리탈된 자들이 시조문학에 남긴 흠집이며 한편 력사적제한성의 반영이기도 하였다.

그리고 시조는 량반사대부들의 미학적기호와 취미에 맞게 느린 가락으로 읊어졌다.

그러나 시조는 우리 나라 봉건시대의 비교적 오랜 시일에 걸치는 력사적사건들과 사회적현상을 이러저러한 측면에서 반영하고있고 또 우리 인민의 고유한 민족시가형식으로서 발전하여온것만큼 과거의 민족력사와 시가형식 연구의 자료로서 중요한 의의를 가진다.

시조가 발생한 고려시기에는 그것을 그대로 표기할 우리의 민족문자가 아직 없었던 조건에서 일부 작품만이 한문으로 번역되여 전하고 대부분은 구전되여왔다. 15세기에 훈민정음이 창제된것과 또한 시조에 대한 일반의 인식이 깊어감과 함께 점차 이것을 기록하여 널리 보급하며 후세에 전하려는 시도들이 일어났다. 벌써 17세기말에 간행된 송강가사 《관북본》에는 《관동별곡》을 위시한

가사들과 함께 송강의 시조작품들이 수록되여있다.

17~18세기에 인민들의 민족의식이 더욱 높아짐과 함께 우리 민족고유의 시가들이 급속한 발전을 보았을뿐아니라 그것을 수집 정리하려는 기운이 팽배히 일어났다.

이 선집에 수록한 《청구영언》, 《해동가요》, 《청구가요》들이 모두 18세기에 편찬되였으며 《남훈태평가》, 《가곡원류》들은 19세기에 편찬되였다.

다 아는바와 같이 18세기는 임진조국전쟁후의 급속한 사회경제적변동을 반영하면서 선진적인 실학사상이 더욱 발전되여 사상계의 주류를 이룬 시기이며 이와 함께 과학, 문화 분야에서도 거대한 성과들을 달성한 시기이다. 우리 나라 중세기문학사에서 현실생활과의 련계를 강화하며 문학예술의 사상예술성을 높이기 위한 투쟁이 이 시기처럼 힘있게 전개된 때는 일찌기 없었다. 그리하여 우선 자기 조국의 문화유산에 대한 깊은 관심이 돌려지고 그것을 집대성하려는 고귀한 사업들이 진행되였다.

우리 나라에서의 최초의 시조선집으로 되는 《청구영언》은 이러한 시대적기운의 직접적산물이다. 《청구영언》은 1727년에 김천택에 의하여 편찬되였다.

김천택은 경력이 자세히 알려져있지는 않으나 17세기말부터 18세기에 걸쳐 활동한 시인이고 가객이였으며 평론가이기도 하였다. 그는 우리 나라의 고유한 민족시가형식의 가치와 의의를 정당하게 리해하고있었으며 자기가 가객임을 자랑스럽게 생각하였다.

김천택은 김수장과 더불어 당시 가단의 중진으로서 이른바 《경정산가단》을 형성하였으며 시조의 창작 및 가창과 후진양성을 자기필생의 사업으로 진행하였다. 그는 여러 가객들과 함께 고금의 시가를 론하고 자작시를 합평하며 후진을 교육하는것을 생활로 삼았다.

그는 다양한 주제로 적지않은 시조작품을 창작하였을뿐아니라 예로부터 전해내려오는 국어시가를 수집 정리하여 시가집 《청구영언》을 편찬하였다. 그것은 《청구영언―즉 조선의 노래》라는 표제에서도 알수 있는바와 같이 오로지 자기 조국의 문학을 길이 전하고 널리 보급시키며 더욱 발전시키려는 애국주의사상으로부터 출발하였다. 그의 편찬동기에 대해서는 《청구영언》의 자기 서문에 명백히 밝혀져있다.

김천택은 《청구영언》을 편찬하면서 시조형식이 형성된 후의 모든

작품들, 특히는 거리와 마을의 이름없는 시인들-당시 신분적으로 천대받던 서민계층의 시조도 빠짐없이 수록하기 위하여 노력하였으며 수집된 노래는 일일이 상고하여 와전된것은 바로잡았다.

《청구영언》은 작품을 배렬함에 있어서 불려지는 곡조를 기준으로 삼았다. 그리고 알려진 작가 약 140명에 대하여는 일일이 간단한 경력을 첨부하였다. 이리하여 우리 나라에서 최초의 시조선집이 이룩되였다. 이 책에는 998편의 시조외에 그 끝머리에 17편의 가사가 수록되여있다. 그리고 책의 앞뒤에 붙어있는 정윤경의 서문, 편자 자신의 서문, 마악로초의 뒤글(발문), 광호어부의 《청구영언뒤에 적는다》및 곡조에 대한 해설 등은 당시 시단의 정형뿐만아니라 그들의 시가에 대한 견해를 연구함에 있어서 귀중한 자료로 된다.

《해동가요》는 18세기 중엽에 김수장이 편찬한 시조집이다. 그 서문에서 보는바와 같이 이 시조집의 편찬동기 역시 《청구영언》을 편찬한 김천택의 동기와 같다.

로가재 김수장은 1690년에 출생하여 김천택과 더불어 《경정산가단》의 《두 늙은이》로서 80평생을 오로지 시가의 창작과 음영과 후진양성에 바쳤다.

현전 자료에 의하면 그는 김천택의 후배이면서 시창작에서 한걸음 나갔으며 특히 시평론에 상당한 소양이 있었다.

《해동가요》의 특성은 567편의 시조작품을 작가 중심으로 배렬한데 있다. 그리하여 노래곡조의 측면은 무시되였으나 개별적작가의 창작과정을 력사적으로 고찰하기 쉽게 정리해놓았다는데 의의가 있다. 뿐만아니라 개별적작가들의 작품을 수록한 뒤에 그 작가 또는 작품에 대하여 일정한 해제 및 론평을 주고있는것은 시가집편찬에 있어서 새 경지의 개척으로 된다.

《해동가요》에는 《청구영언》에 수록되지 않은 작품들이 적지 않다. 이 역시 이 시조집의 의의를 더욱 크게 하는 조건의 하나로 된다.

《해동가요》의 원본은 주시경이 생존시에 발견하여 정리 서사한것으로 그 체계로 보아 원래 건, 곤(乾坤)의 2부로 구성되여있었던 것으로 짐작되는데 곤부는 전하지 않는다.

《청구가요》는 주시경이 정리한《해동가요》뒤에 붙어있다. 여기에는 김수장과 같은 시기에 활동한 시인들의 76편의 시조작품을 《해동가요》와 같은 체제로 배렬하고 그 뒤에 김수장의 해설이 붙어있다. 분량으로서 많은것이 아니나 시조의 력사적발전과정을 연구함에 있어서 귀중한 자료로 된다.

《남훈태평가》는 지금까지 전하는 가집중에서 유일한 판본가집이다.

이 가집은 노래의 가곡교본으로서 편찬되였으며 순국문으로 표기하고 종장의 끝구를 생략하고있으며 시조, 잡가, 가사의 3부로 구분하여 수록하였는데 시조작품만 226편이다. 그 편찬자는 알려져있지 않다.

《가곡원류》는 1876년에 당시의 유명한 가객이였던 박효관, 안민영이 편찬한 시조선집이다. 이 시조집은 선행하는 시조집들의 성과를 토대로 하여 그 선행 시조집의 간행 이후에 창작된 작품들을 보충하였으며 8백여편의 작품을 곡조에 따라 배렬하였다.

우리 당의 현명한 령도밑에 대전성기를 맞이한 우리의 주체적문학예술은 온 사회의 주체사상화를 위한 투쟁이 힘차게 벌어지고있는 장엄한 사회주의현실을 반영하면서 날로 더욱 활짝 꽃펴나고있다. 이것은 사회주의문학예술을 민족적형식에 사회주의적내용을 담아 시대의 요구와 인민의 지향에 맞게 주체적으로 발전시킴에 대한 우리 당 문예정책의 빛나는 승리이다.

오늘 우리앞에는 주체적문학예술을 더욱 찬란히 개화발전시키며 근로자들을 사회주의적애국주의사상으로 교양하기 위하여 민족문화유산을 옳게 계승발전시켜야 할 영예로운 과업이 나서고있다. 여기서 무엇보다도 중요한것은 민족문화유산계승에 대한 우리 당의 정책적요구를 철저히 관철하는것이다.

우리는 민족문화유산과 지난날의 력사적사실들에 대하여 언제나 계급적립장에서 비판적으로 대하여야 하며 그것들을 우리 혁명의 리익에 맞게 평가하고 처리하여야 한다.

특히 우리는 과거의 문화유산가운데서 진보적이고 인민적인것과 낡고 반동적인것을 옳게 갈라내여 낡고 반동적인것은 버리고 진보적이고 인민적인것을 살려야 한다.

또한 진보적이며 인민적인것이라 하여도 시대적미감과 계급적요구에 맞게 개작하여 계승발전시켜야 한다.

이번에 《조선고전문학선집》 3에 편집하는 시조들은 귀중한 민족시가유산이지만 이 작품들에는 어디까지나 중세기 우리 나라의 력사적제한성과 함께 작가들의 세계관적락후성으로 하여 일련의 본질적약점이 내포되여있다.
 우리는 우리 당의 정책적요구에 맞게 로동계급의 혁명적립장에 튼튼히 서서 민족허무주의와 복고주의를 철저히 배격하고 작품들의 사상예술적가치와 시가사적의의를 정확히 분석평가하며 비판적으로 대하여야 한다.

편 자

일러두기

1. 이 책은 우리 나라의 3대가집으로 일컬으는 《청구영언》, 《해동가요》, 《가곡원류》를 중심으로 하고 이에 《청구가요》, 《남훈태평가》 기타를 더하여 시조를 종합하는것을 목적하였다. 이밖에 《송강가사》, 《로계집》, 《고산유고》 등의 개인가집에 수록되여있는 시조작품들이 적지 않게 있으나 이 조선고전문학선집에서 이상의 개인가집들은 따로 모아 편집하기로 되여있으므로 중복을 피하기 위하여 이 책에다가는 싣지 않는다. 각 가집의 배렬은 독자들의 편리를 위하여 그 간행의 력사적순서를 따랐으며 기타를 맨 나중에 보충하였다.
2. 각 가집들의 원문은 다음과 같다.
   ① 《청구영언》은 1939년 학예사 간행본을 기본으로 하였다.
   ② 《해동가요》, 《청구가요》는 주시경이 정리한것을 원본으로 하였으며
   ③ 《남훈태평가》는 김일성종합대학 도서관에서 간행한것을 참고하였다.
   ④ 《가곡원류》는 1942년에 함화진이 증보간행한것에 의거하였으며
   ⑤ 기타는 이상의 가집에는 들어있지 않으나 이러저러한 선집류에 전해오는것을 모았다.
3. 이 책의 편찬에 있어서 원문의 체제를 보존하는것을 원칙으로 삼았다.
   그러나
   (ㄱ) 《청구영언》을 비롯한 각 가집들에 수록되여있는 가사작품들과 기타 가집들에 들어있는 시조(사설시조도 포함) 이외의 시가작품들은 이 선집의 다른 한권으로 엮어질 가사집 기타와의 중복을 피하기 위하여 생략하였다.
   (ㄴ) 각 가집에는 서로 동일한 시조작품들이 각각 다른 순서로 수록되여있으므로 원본의 체제를 살리면서 《청구영언》을 기준으로 하고 이여의 가집들에서는 중복되는것을 생략하

였다.
    작품은 원본의 원형을 보존하는 원칙에서 수록하였으되 그 내용의 사상도덕적질이 저렬한 일부 작품들은 제외하였다.
4. 이 책의 표기는 원문의 음가를 기본적으로 살리면서 현행 맞춤법에 따랐다.
5. 주석은 되도록 간결하게 그 작품의 문맥을 기본으로 하여주었다.
6. 책뒤에 색인을 첨부하였다.

차 례

시조와 시조집에 대하여······················(1)

일러두기······································(14)

청구영언······································(17)

해동가요······································(243)

청구가요······································(335)

남훈태평가····································(355)

가곡원류······································(373)

기 타···(423)

색 인···(435)

청구영언

청구영언 서문

　옛날의 노래라는것은 반드시 시로 썼다. 노래를 글로 표현하면 시가 되고 시를 관현악으로써 표현하면 노래가 된다. 노래와 시는 본시 한가지 리치에 의한것이였다.
　시 3백편으로부터 변하여 고시가 되고 고시가 변하여 근체시(근래에 류행하는 시)가 되고 노래와 시는 분리되여 둘이 되였다. 한나라와 위나라 이후 음률에 맞는 시를 악부라 하였다. 그러나 아직 민간에서나 조정에서는 악부를 쓰지 않았다.
　진나라와 수나라 이후 또한 가사별체가 있어 세상에 보급되였으나 시인들이 시를 창작하는것처럼 그렇게는 왕성하지 못하였다.
　생각컨대 가사의 창작은 문장과 음률에 정통하지 않고서는 불가능한데 시를 잘 쓰는 사람이라고 노래를 반드시 잘하는것이 아니며 노래를 잘하는 사람이라고 반드시 시를 잘쓰는것이 아니기 때문일것이다. 우리 나라에서도 력대로 문인이 적지 않았으나 가사의 창작은 전혀 없었다. 겨우 얼마간 있었다 하더라도 후세에 오래 전할수가 없었다. 왜냐면 나라에서 문학(한시를 뜻함)만을 숭상하고 음악을 소홀히 했기때문이 아니겠는가!
　남파 김군 리숙은 명창(노래를 잘하는 사람)으로서 온 나라에 명성을 떨치고있다. 그는 음률에 정통하고 겸하여 문예를 수업하여 벌써부터 자기가 창작한 새 노래를 거리의 사람들에게 익히게 하였다. 뿐만아니라 그는 우리 나라의 이름있는 벼슬아치들과 큰 선비들의 작품과 민간의 가요들에 이르기까지 음률에 맞는 노래 수백여편을 채집하여 잘못된것을 바로잡아서 한권의 책으로 묶었다. 그리고 나에게 서문을 써줄것을 청하니 그것을 널리 보급하자는 생각으로서 그 뜻인즉 매우 간곡하다.
　김군이 편찬한 책을 보매 그 사설이 다 매우 아름다와 감상할만하다. 그뜻이 화평하고 즐거운것이 있고 마음이 구슬퍼질만큼 서글퍼서 피로운것이 있으며 부드럽고 완곡하면서도 경계하는 뜻을 품었고 격하면서도 사람을 감동시키니 이로써 당대의 흥망을 능히 징계할만하고 세태풍속의 아름다운것과 악한것을 알아 볼만하여

가히 시인들과 더불어 안팎으로 병행시킬만하다.

　　무릇 가사는 다만 자기의 생각을 표현하고 그 울분을 풀어주고 마는것이 아니다. 사람들로 하여금 이것을 보고 느끼게 하며 실천으로 불러일으키는것이 또한 그속에 깃들고있으니 악부에 올려 민간 사람들이 쓰게 되면 풍속을 교화하는데 도움이 될것이다.

　　그 사설이 비록 시인들과 같은 오묘한 기교로써 표현을 다하지 못했다 하더라도 세상을 리롭게 하는것이 많은데도 세상의 선비들이 그것을 버려둔채 채집하지 않는것은 무엇때문인가, 어찌하여 또한 음률을 즐기는 사람들이 이것을 덮어두고 돌보지 않았는가.

　　리숙이 이에 느낀바 있어 수백년동안 파묻혀 빛을 잃었던것을 얻어 기록하여 후세에 전하고저 하니 만약 작자들이 저승에서라도 이 일을 알게 된다면 그들은 반드시 리숙이야말로 자기를 알아주는 사람이라고 할것이다.

　　리숙은 이미 노래를 잘 부르고 훌륭히 새 노래를 창작하였다. 또한 거문고의 명수인 김성기와 더불어 친교의 맹세를 다진 사이이다. 김악사가 거문고를 타면 리숙이 이에 맞추어 노래 부르니 그 소리가 맑게 울려 가히 귀신을 감동케 하며 봄날의 화기를 불러일으킬만하다. 두 사람의 기량은 당세에 있어 다시 없이 절묘하다고 할만하다. 내가 일찌기 울화병이 있어 회포를 풀길이 없었는데 리숙이 김악사와 함께 이 책을 가지고와서 노래하매 나는 한 가락을 듣자 가슴에 쌓인 우울이 다 사라지고말았다.

　　　　　　　　　무신(1728)년 봄 현와 정윤경은 쓴다.

青丘永言 序

　古之歌者 必用詩 歌而 文之者爲詩 詩而被之管絃者爲歌 歌与詩固一道也 自三百篇変而 爲古詩 古詩変而 爲近体 歌与詩 分而爲二 漢魏以下 詩之中律者 号爲樂府 然未必用之鄕人邦國 陳隋以後 又有歌詞別体而 其伝於世 不若詩家之盛 蓋歌詞之作 非有文章而精声律則 不能故能 詩者 未必有歌 爲歌者 未必有詩 至若國朝 代不之 而歌詞之作 絶無而僅有 有亦不能久伝 豈以國家專尙文學而 簡於音樂故然耶 南坡 金君履叔 以善歌鳴一國 精於声律而 兼攻文芸 旣自製新翻界里巷人習之 因又蒐取我東方 名公碩士之所作 及間井歌謠之 自中音律者 數百余闋 正其訛謬裒成一卷求余文爲序 思有以広其伝其志勤矣 余取以覽焉 其詞固皆艶麗可 玩而 皆旨有和平 惟愉者 有哀怨悽絶苦者 微婉則含警 激仰則動人 有足以懲 一代之衰盛 驗風俗之美惡 可与詩家表裡並行而 不相無矣 嗚呼 凡爲是詞者非惟述其思 宣其鬱而止爾 所以使人觀感而 興起者 亦寓於其中則 登諸樂府 用之鄕人 亦是爲風化之一助矣 其詞雖未必盡如詩家之巧 其有益世道 反有多焉 則世之君子 置而不採何也 豈亦賞音者實而莫之省歟履叔乃能識 此於數百載之下 得之於黜昧湮没之余 欲以表章而 伝之 使作者有知於泉壤 其必以履叔 爲朝暮之子雲矣 履叔旣善歌 能自爲新声 又与善琴 者金聖器 托而峨洋之契 金師操琴 履叔和而歌 其声瀏瀏然 有可以動鬼神 發陽和 二君之技 可謂妙絶一世矣 余嘗幽憂有疾 無可娛懷者 履叔其必与金樂帥 來取此詞 歌之使我一聽而得洩其湮鬱也 歲戊申春玄窩鄭潤卿序

　옛날 진청과 한아는 노래를 잘 부른 사람들이였다. 진청의 소리는 숲의 나무를 뒤흔들고 그 울림은 흘러가는 구름을 멈추었으며 한아가 부른 노래의 여음은 들보를 맴돌아 사흘동안이나 그치지 않았다. 로나라사람 우흥이 소리를 내면 들보우에 먼지가 다 떨어졌다고 한다.

　우리 나라의 가곡은 오로지 우리 말을 쓰고 간혹 한자를 섞어 쓰나 대체로 한글로써 표기하여 세상에 전해진다. 생각컨대　자기

나라 말을 쓰는것은 그 나라의 습관과 풍속이여서 응당 그렇게 하지 않을수 없는 일이다. 우리 나라의 가곡이 중국의 악보와는 달라서 보고 들을만한것이 있다.

중국의 소위 가(노래)라는것은 고악부와 새 노래를 악기로 표현한것이다. 우리 나라는 자기의 고유한 말을 가지고있는바 한자와 어울여 이것을 표기한다. 이것은 중국과는 다르다고 하더라도 그 정경이 다 사람들로 하여금 마음껏 부르게 하고 춤추게 하는 그 리치인즉 같은것이다.

무릇 문장과 시는 세상에 간행되여 후세에 영구히 전해져서 천년을 지나도 없어지지 않는다. 그러나 노래는 화초의 꽃잎이 바람에 날리고 새와 짐승의 좋은 노래가 귀전을 스쳐 사라지는것과 같다.

그것은 한때 입으로 불리운 후에는 자연 흩어져 사라져서 후세에는 전해지지 않는다. 개탄스럽고 아깝지 않는가.

고려말기로부터 리조에 들어선 이래의 이름난 벼슬아치들과 큰 선비들 및 이름없는 거리의 서민들과 려염집 아낙네들의 작품을 하나하나 수집하여 와전된것을 바로잡고 잘 베껴서 한권을 만들어 《청구영언》이라 하였다. 그리하여 당세의 노래즐기는 사람들이 입으로 부르고 마음으로 생각하며 펼쳐서 읽을수 있도록 널리 보급하려 한다.

남파 거사는 적는다

昔陰康氏之時 民得重腿之疾 學歌舞以解之 歌舞之出 自此始焉
古之秦靑韓娥 善歌者 秦声 振林木響 遏行雲 韓娥余音繞梁欐 三月不絶 魯人虞興 声發盡動梁上塵
我東人所作歌曲 專用方言 間雜文字 率以諺書 伝行於世 蓋方言之用 在其國俗 不得不然也 其歌曲 雖不能与中國樂譜比 並亦有可觀而可聽者 中國之所謂 歌即古樂府 曁新声被之管絃者 俱是也 我國則發之藩音 協以文語 此雖与中國異而若 其情境 咸載宮商諧和 使人詠嘆淫泆 手舞足蹈則 其歸一也
夫文章詩律 刊行于世 伝之永久 歷千載而 猶有所未泯者 至若永言有似花草榮華之飄風 鳥獸好音之過耳也 一時諷詠於口頭 自然沈晦 未免煙没于後 不慨惜哉 自麗季 至國朝以來 名公碩士及 閭井閨秀無名

氏之作 一蒐輯　正訛善寫釐爲一卷 名之曰靑丘永言 使凡当世之好
事者 口誦心惟 手披目覧 以刀廣傳焉. 南坡居士 識

청구영언 뒤글(책의 본문뒤에 쓰는 글)

　김천택이 하루는 《청구영언》 한책을 가지고와서 나에게　말하기를
　《이 노래집에는 물론 당대의 선배, 명사들의 작품을 많이 실었지만 또한 마을과 거리의 점잖지 못한 작품들도 왕왕이 있습니다. 노래는 원체 하찮은 재주인데 게다가 이 점잖지 못한것들로 말미암아 손상을 입었습니다. 점잖은 어른이 이것을 보고 언짢아하지 않을는지요. 어르신네는 이것을 어떻게 생각하십니까.》
　내가 대답하기를
　《개의할것이 없네. 공자가 시 삼백편을 편찬할 때 정나라와　위나라의 음란한것을 빼지 않은것은 착한것을 장려하고 악한것을 경계하려는 뜻을 가진 까닭이다. 시라고 하여 어찌 꼭 시경(옛책이름)의 주남편 및 관저편이라야만 쓰고 노래라고 하여 어찌　우나라 궁전에서 서로 화답한것이라야만 하겠는가. 다만 사람의 타고난 성정에서 벗어나지 않으면 되는것이네. 시는 점점 속되게 되여 옛시에 배치하게 되였으며 한나라와 위나라이후로는 시를　공부하는 사람들이 그저 말마디를 섬기는데만 내달아서 그것을 유식하다 하고 자연경치를 그리는것만을 기교로 삼았다네. 심지어는 목소리를 비교하며 글구를 다듬는 수법이 나옴으로써 사람의 성정이 감추어지고말았네. 우리 나라에 이르러 그 폐단이 매우 심하였네.
　오직 가요의 한줄기가 옛시인이 남긴 뜻과 비교적 근사할뿐이네. 노래는 사람의 감정을 따라 토로하고 우리 말로써 표현하므로 부를 때에 사람들을 깊이 감동시키네. 지어 거리와 마을에서 부르는 노래까지도 비록 그 억센 가락은 우아하고 세련되지 못한 점이 있기는 하나 즐겁고 편안케 하며 원망하고 한탄하며 자유분방한 인간감정과 모습이 다 자연의 꾸밈없는 진실한 상태를 그린것이네. 그리하여 옛날 민간풍속을 조사하려는 사람들로 하여금 이것을 채집하게 한다면 오늘날 시에서가 아니라 노래에서 그것을 보리라는것

을 나는 믿고있네. 그러니 노래를 가히 하찮게 여길수 있겠나?》
 그가 말하기를
《그렇다면 어르신네의 한마디 말을 받아 이 책을 빛내이게 해주기를 바랍니다.》라고 하였다.
 내가 대답하기를
《좋네. 내 평생에 노래를 듣기 좋아했고 더우기 그대의 노래를 듣는것을 좋아하네. 그대가 노래를 가지고 청을 하는데 내 어찌 말하지 않을수 있겠는가.》고 하고는 곧 우리가 문답한것을 써서 주었다.
 천택은 사람됨이 총명하고 유식하여 시 삼백편을 잘 외우고있다. 생각컨대 단순한 맨 소리군이 아니다.

   정미(1727)년 6월하순 마악(산이름)의 늙은 초부(나무군)는 쓴다.

青丘永言 後跋

 金天澤 一日持青丘永言一編以來 脈余日 是編也固多 國朝先輩名公鉅人之作而 以其收也 委巷市井淫哇之談 俚褻之説 亦往往而在 歌固小藝也 而又以是累之 君子覽之得無病諸 夫子以為奚如 余日無傷也 孔子刪詩 不遺鄭衛 所以備善惡而 存勸戒 詩何必周南關雎 歌何必虞廷賡載 惟不離乎性情 則幾矣 詩自風雅以降 日与古背驚而 漢魏以後 學詩者徒馳騁事辭 以為博 藻給 景物以為工 甚至於較声病 鍊字句之法出而 情性隱矣 下逮吾東 其弊滋甚 独有歌謠一路 差近風人之遺旨 率情而發 緣以俚語 吟諷之間 油然感人 至於里巷謳歈之音 勁調雖不雅馴 凡其愉佚怨歎猖狂 粗奔之情狀態色 各出於自然真機 使古觀民風者采之 吾知不于詩而于歌 歌其可少乎哉 日然則願徹惠夫子一言 以賁斯卷 余日諾 余平生好聽歌 尤好聽汝之歌而汝以歌為請 吾安得無言 遂書其問答而 歸之 沢為人 精明有識解能誦詩三百 蓋非徒歌者也

 丁未季夏 下浣 磨嶽老樵題

청구영언 뒤에 쓰노라

   주왕의 시 3백편은 이미 옛일이거니
   내가 태여난 때는 먼 뒤날 태평시대여라

— 23 —

말세에 징계하고 장려함이 없음을 깊이 시름하노니
항간의 노래를 채집하려는자 누구인고

우리 나라의 민요를 너로 하여 듣거니
훌륭한 정사를 내 님에게 바라네
새 노래는 하청조로 부르지 말라
이 늙은이 자연속에 생긴대로 늙으리라

진청은 곧 그대의 전신이거니
세상은 그 소리를 좋아하고
나도 그대를 사랑하노라
붉은 역귀꽃에 갈매기 나는 어부곡을
날 위해 읊어 광호의 봄을 즐기세

임자(1732)년 정월 괴괴한 자정에 광호어부

題青丘永言後

己矣周王三百詩　吾生生後太平時
憂深末路無懲勸　里巷詞謳採者誰
秋國風謠頼爾聞　二南王化望吾君
新翻休唱河情調　此老元固鳥獸群
秦青即是爾前身　世愛其聲我愛人
紅蓼白鷗漁父曲　爲余吟弄広湖春
　　玄默困敦孟春　広湖漁人　壬子歲

청구영언 목록

　노래는 말을 길게 한것으로, 사설은 짧고 소리는 길게 여운을 띤다. 평성은 슬프면서도 평안하고, 상성은 소리를 지르면서 들고, 거성은 맑으면서 멀며, 입성은 끊으면서 짧게 긇으니 그 말에 따라 노래를 부르는것이다.

중한잎 (中大葉)은 거닐면서 유유히 노래를 부르매 재삼 탄복케 하는 맛을 가졌고.
후정화 (後庭花)는 높고 낮은것이 서로 감돌아 변조의 풍격이 있고.
잦은한잎 (数大葉)은 피꼬리소리 굴리듯 높이 드는 뜻이 있다.
우조 (羽調)는 임금이 남훈전에 나아가 오현금을 타서 백성들의 근심을 풀어주는 가락으로 성률이 정대 화평하고 맑고 기운차며 소탈하여 화창하니 마치 옥으로 만든 술항아리를 쳐 깨뜨리는 소리가 나는것 같다.
계면조 (界面調)는 왕소군이 한 나라를 떠나 호지로 끌려갈 때 백설은 흩날리는데 말우에서 비파를 타니 성률이 흐느껴 처량하고 구슬픈 원한이 격렬하는듯, 굴삼려의 충혼이 강에 빠져 죽으매 남은 원한이 온 초나라를 뒤덮는것 같다.
평조 (平調)는 크고 깊숙하며 화평하여 황종(黃鐘)이 한번 울매 만물이 다 봄을 만난것 같다. 라양성 춘3월에 소자(송나라때 도학자 소요부)가 수레를 타고 백화떨기 피여난속에 말고삐를 잡고 서서히 걸어가는 모양이다.
   시에 말하기를
   달은 하늘 중천에 이르고
   바람은 수면을 스쳐서 불어올 때
   이 범박한 맑은 뜻
   알아줄이 적도다

우조 (羽調)는 항우가 큰 칼을 허리에 차고 말을 달려나가니 큰 강 서쪽에 성을 굳게 지킬자가 없는것과 같다.
   시에 말하기를

   눈이 개이자 오랑캐땅에 기르던 말이 돌아들고
   달이 밝은데 오랑캐의 저대소리 수루에 들리니
   묻노라 매화꽃이 어디서 지는가
   하루저녁 봄바람 불매
   꽃잎이 온 관산에 찼더라

계면조 (界面調)는 정령위(한나라때 도사)가 신선을 따라 나라를 떠났다가 천년만에 돌아오니 더디더디 무덤앞에 있는것이 마치 딴 세상에 온것처럼 느낀것과 같다.
   시에 말하기를

동정호에서 서쪽을 바라보매
초강이 갈라져 흐르고
물은 남쪽하늘가에 닿으니 구름도 안보이네
긴모래불에 해는 떨어지고 가을 빛은 아득한데
어디서 아황 녀영을 조상할지
알지 못하겠네

첫치 중한 잎 (初中大葉)은 남훈전에서 임금이 오현금을 타매 가는 구름 과 흐르는 물과 같고.
둘째치 중한잎 (二中大葉)은 허허바다에 외로운 돛배가 떴는데 평평한 강물이 좁은 여울을 지나가고.
셋째치 중한잎 (三中大葉)은 항우가 말을 달리는데 높은 산에서 돌을 굴러내리고.
첫치 후정화 (初後庭花)는 서리친 하늘에 기러기 우짖으니 덤불속에 뱀이 놀라 달아나고.
둘째치 후정화 (二後庭花)는 빈 방을 젊은 아낙네가 지키니 애원처창하고.
첫치 잦은 한잎 (初數大葉)은 긴 소매늘여뜨려 춤가락이 멋나는데 가는 버들가지에 봄바람이 살랑이고
둘째치 잦은 한잎 (二數大葉)은 선생이 행단에서 설법하니 비가 때맞추어 내리며 바람이 고르게 불고
셋째치 잦은 한잎 (三數大葉)은 궁궐을 지키는 장수가 출전하여 칼을 휘두르며 창으로 찌르고
소용 (騷聳)은 파도가 감사나운데 배의 노가 물속에 잠기락말락하고
편소용 (編騷聳)은 용맹스러운 장수들이 맞붙어싸우는데 창 쓰기가 귀신 처럼 날래고
률당 잦은 잎 (栗糖數葉)은 폭풍이 불고 사나운 비가 쏟아지는데 제비가 공중을 가로질러 날아가고
만횡 (蔓橫)은 뭇 선비들이 혀로써 싸우는데 갑자기 폭풍이 일어나고
계락우락시조 (界樂羽樂時調)는 평화로운 시절에 꽃이 봄성터에 란만하고
엇락시조 (言樂時調)는 꽃이 아침이슬을 머금어 변하는 모습이 한이 없고
편락시조 (編樂時調)는 봄바람과 가을비가 스산히 설레는데 온 천지가 전쟁으로 들썩거리고
편잦은 한잎 (編數大葉)은 대군이 밀려오는데 군영의 북과 호각소리가 일제히 울리는것과 같다.

青丘永言　　目錄

歌永言 語短声長 平声 哀而安 上声厲而挙 去声 清而遠 入声　直而促　依其言 詠以歌.
　中大葉　徘徊有一唱 三嘆之味
　後庭花　低昻回互 有変風之態
　數大葉　宛轉流鶯 有軒舉之意
羽調　舜御南薰殿　上以五絃琴彈　解民慍之曲　声律　正大和平　清壯疎暢　玉斗撞破　碎屑金將鳴
界面調　昭君辞漢 往胡時　白雪紛紛　馬上彈琵琶　声律　鳴咽悽愴　哀怨激烈忠魂沈江　余恨滿楚
平調　雄深和平　黃鐘一動　萬物皆春　洛陽三月　邵子乘車　百花叢裡按轡徐行　詩曰
　　月到天心処　風來水面時　一般淸意味　料得少人知
羽調　項羽躍馬　雄劒腰鳴　大江以西　攻無堅城
　詩曰
　　　雪淨胡天牧馬還　月明羌笛戍樓間
　　　借問梅花何処落　風吹一夜滿關山
界面調　令威去國　千載始帰　纍纍塚前　物是人非
　詩曰
　　　洞庭西望楚江分　日落長沙秋色遠
　　　水尽南天不見雲　不知何処吊湘君
初中大葉　南薰五絃行雲流水
二中大葉　海濶孤帆　平川狹灘
三中大葉　項羽躍馬　高上放石
初後庭花　鴈叫霜天　草裡驚蛇
二後庭花　空閨少婦　哀怨悽愴
初數大葉　長袖善舞　細柳春風
二數大葉　杏壇說法　雨順風調
三數大葉　轅門出將　舞刀提戟
騷聳　　　波濤洶湧　舟楫出沒

編騷聳耳 猛將交戰 用戟如神
栗糖數葉 暴風驟雨 燕子橫飛
蔓　　橫 舌戰群儒 變態風雲
界樂羽樂時調 堯風湯日 花爛春城
言樂時調 花含朝露 變態無窮
編樂時調 春風秋雨 楚漢乾坤
編數大葉 大軍驅來 鼓角齊鳴

셋째치 중한잎 (三中大葉)

삼동에 베옷 입고 암혈에 눈비 맞아
구름낀 볕뉘도 쬔적이 없건마난
서산에 해지다 하니 눈물겨워하노라

<small>
삼동＝겨울의 석달동안.
암혈＝바위에 뚫린 구멍.
볕뉘＝해볕.
</small>

진한잎 (晉化葉)

송림에 눈이 오니 가지마다 꽃이로다
한가지 꺾어내여 님계신데 드리고저
님계셔 보오신후에 녹아진들 어이리

(가곡원류, 송강가사)

계면 첫치 중한 잎 (界面初中大葉)

갈새는 날아들고 새달이 돋아온다
외나무다리로 호을로 가는 저 선사야
네 절이 엇마나 한관대 원종성이 들리나니

선사=중.
엇마나하관대=얼마나 되건대.
원종성=먼곳에서 나는 종소리.

(가곡원류 송순)

둘째치 중한잎 (二中大葉)

벽해갈류후에 모래 뫼여 섬이 되여
무정방초는 해마다 푸르로되
어떻다 우리의 왕손은 귀불귀를 하나니

벽해갈류=푸른 바다에 물이 마르는것.
무정방초=무정한(여기서는 사람처럼 감각하지 못한다는 뜻) 향기로운 풀.
왕손=왕의 자손, 여기서는 리조시기 광해군에게 몰리여 15세에 죽은 룡창대군
   을 가리킴.
귀불귀를 하나니=한번간후(죽은 후)에 다시 돌아오지 아니하는고.

(남훈태평가, 가곡원류 구용)

셋째치 중한잎 (三中大葉)

청량산 륙륙봉을 아는이 나와 백구
백구야 헌사하랴 못 믿을손 도화로다
도화야 떠지지 말아 어자가 알가 하노라

청량산=경상북도 안동에 있는 산.
륙륙봉=서른여섯 봉우리.
헌사=떠들썩하게 말을 옮기는것.
떠지지 말아=떨어지지 말아.
어자=어부.

(가곡원류 리황)

우조 첫치 잦은 한잎 (羽調初数大葉)

금오와 옥토들아 뉘 너를 쫒니관대

구만리 장공에 허위허위 다니나니
이후는 십리에 한번씩 쉬염쉬염 다녀라

    금오=해를 말함.
    옥토=달을 말함.
    좇니판대=좇아가건대.
    장공=넓고넓은 하늘.
    허위허위=숨가쁘게 바삐 다니는 모양을 가리키는 의태어.

                        (가곡원류)

동지달 기나긴 밤을 한허리를 둘헤내여
춘풍 이불아래 서리서리 넣었다가
어룬님 오신날 밤이여드란 구뷔구뷔 펴리라

               (진이)

    한허리=한중간. 한중동.
    춘풍이불=따뜻한 이불.
    서리서리=차곡차곡.
    어룬님=정든님

                (해동가요, 가곡원류)

어져 내 일이야 그릴줄을 모르던가
있이라 하더면 가랴마는 제 구타여 보내고
그리는 정은 나도 몰라 하노라

    어져=감탄사.
    그릴줄=그리워할 줄.
    있이라 하더면=있으라고 했더라면.

                (해동가요, 가곡원류)

둘째치 잦은 한잎 (二數大葉)
태종대왕 (太宗大王)

이런들 어떠하리 저러한들 어떠하리
만수산 드렁츩이 얽어진들 긔 어떠하리

우리도 이같이 얽어져서 백년가지하리라

    만수산=개성에 있는 산.
    드렁츩=드렁의 칡.
    백년가지하리라=백년을 함께 지내리라.
    ※ 이시조는 정몽주의 시조(이 몸이 죽고 죽어)와 관련되여있음-주
                        (해동가요, 가곡원류)

성종대왕 (成宗大王)

있으렴 부듸 갈다 아니가든 못할소냐
무단이 네 슳더냐 남의 말을 듣었느냐
그려도 하 애달고야 가는 뜻을 닐러라

    있이렴 부듸 갈다=있으려무나 기어이 가려는가.
    아니가든 못할소냐=아니가지는 못하겠는가.
    무단히=까닭없이.
    네 슳더냐=네 싫더냐.
    그려도=그렇제도.

                        (해동가요, 가곡원류)

효종대왕 (孝宗大王)

청강에 비 듣는 소리 긔 무엇이 우옵관대
만산홍록이 휘드러 웃는고나
두어라 춘풍이 몇날이리 우올대로 우어라

    비듣는 소리=비 떨어지는 소리.
    우옵관대=우습기에.
    만산홍록=산에 가득한 꽃과 나무들.
    휘드러=뒤흔들면서.
    우올대로 우어라=웃을대로 웃어라.

                        (해동가요, 가곡원류)

청석령 지나거다 초하구가 어듸메오
호풍도 차도찰사 궂은 비는 무삼일고
뉘라서 내 행색 그려다가 님 계신데 드릴고

청석령, 초하구＝중국 심양으로 가는 길목에 있는 령과 도시의 이름.
호풍＝북쪽 호국땅에서 불어오는 바람.
차도찰사＝차기도 차고나.
행색＝모양, 몸차림.

(해동가요, 가곡원류)

앗가야 사람되여 왼몸에 깃이 돋쳐
구만리장천에 푸드득 솟아올라가서
님 계신 구중궁궐을 굽어볼가 하노라

앗가야＝잠시 사이.
왼몸에＝온몸에.
깃＝날개.
구만리장천＝하늘높이.
구중궁궐＝임금이 사는 깊은 궁궐.

(해동가요, 가곡원류)

숙종대왕 (肅宗大王)

추수는 천일색이오 룡가는 범중류이라
소고일성에 해만고지 수혜로다
우리도 만민 다리고 동락태평 하리라

추수는 천일색이요＝가을물은 하늘과 한빛이요.
룡가는 범중류이라＝왕이 탄 배는 강 한가운데 뜨도다.
소고일성＝퉁소와 북이 울리는 소리.
해만고지수혜로다＝오랜 시름이 풀리도다.
동락태평하리라＝태평 세월을 함께 즐기리라.

(해동가요, 가곡원류)

익종대왕 (翼宗大王)

갑오년에 높여주었다.
甲午追崇

사순칭경하오실제 때맞은 풍년이라
량맥이 대등하고 백곡이 푸르렀다
상천이 우순풍조하사 우리 경사를 도우시다

    사순칭경=40세의 생일을 축하하는것.
    량맥=대맥과 소맥 주 보리와 밀.
    대등하고=크게 풍사이 되고、
    우순풍조하사=비가 알맞게 오고 바람이 사납지 않아.

(가곡원류)

춘당대 바라보니 사시에 한빛이라
옥촉이 조광하야 수역에 올라는듯
만민이 이때를 만나 늙을뉘를 모르더라

    춘당대=서울 창경궁에 있는 대로서 과거를 보이던곳.
    옥촉=초불.
    조광=빛나는것.
    수역=상서롭고 무궁할 땅.
    늙을뉘=늙을줄. 뉘는 세상, 《흠》의 뜻도 있으나 여기서는 《늙을 줄》의 줄의 뜻임.

(가곡원류)

우 탁 (禹倬)

고려 충렬왕때 감찰을 지냈다.
高麗忠烈王時監察

춘산에 눈녹인 바람 건듯 불고 간데 없다
저근듯 빌어다가 마리 우희 불니고저

귀밑에 해묵은 서리를 녹여볼가 하노라

저근듯=잠간만.
마리우희 불니고저=머리우를 불게 하여.
서리=백발의 뜻.

(가곡원류)

한손에 막대 잡고 또 한손에 가시 쥐고
늙는 길 가시로 막고 오는 백발 막대로 치려터니
백발이 제 몬저 알고 즈럼길로 오더라

즈럼길=지름길.

(남훈태평가. 가곡원류)

최충 (崔 冲)

고려의 4대에 걸친 왕을 섬겨 나아가서는 장수가 되고 들어가서는 재상이 되였다. 늙어서 고향에 돌아가 후학을 널리 모아 가르치기에 힘썼다. 우리 나라에서 학교가 흥하게 된것은 대체로 최충에 비롯한것이다.

　　高麗歷仕四朝出入將相老退居鄕里廣聚
　　後學敎誨不倦東方學校之興盖由冲始

　　백일은 서산에 지고 황하는 동해로 든다
　　고래 영웅은 북망으로 드단말가
　　두어라 물유성쇠니 한할줄이 있으랴

고래=예부터.
북망=무덤으로 유명한 산. 여기서는 무덤.
물유성쇠니=자연이나 사회의 모든것이 흥하고 망하고 하는것이니.
한할줄이 있으랴=한탄한들 무엇하랴.

(가곡원류)

리조년 (李兆年)

  고려충혜왕때 정당문학(중서문하부에 소속된 종2품관직)이 되여 매번 들어갈 때마다 왕이 거의 그의 발소리를 듣고는 조년이 온다고 하면서 매무시를 가다듬고 기다렸다.
  왕이 술을 마구마시는데 대하여 간관은 감히 말하지 못하였으나 오직 공은 직접 말하기를 꺼리지 않았다. 벼슬을 바치고 고향으로 돌아갔다.

高麗忠惠王時爲政堂文學每入見王聞履声曰
兆年來矣整容以竢王縱飮諫宮莫敢言独公指斥不諱致仕還郷

  리화에 월백하고 은한이 삼경인제
  일지춘심을 자규야 알랴마는
  다정도 병인양하여 잠못 들어 하노라

  리화에 월백하고=배꽃에 달이 환히 비치고.
  은한=은하수.
  삼경=자정, 한밤중.
  일지춘심=한가지 배꽃에 어린 봄의 정취.
  자규=소쩍새.

(가곡원류)

리존오 (李存吾)

  호는 고산, 고려공민왕때 우정언으로서 신돈의 죄를 엄하게 아뢰였다. 왕이 크게 노하여 존오를 불러 책망할 때 신돈은 왕과 함께 호상에 걸터앉아있었다.
  공이 신돈을 똑바로 보며 꾸짖으니 놀라서 저도 모르게 상에서 떨어졌다. 왕이 더욱 노하여 벼슬을 무장 감무로 낮추었다.

号孤山高麗恭愍王時右正言極言辛旽之罪王大怒召存吾責之時旽与王
並據胡床公目旽叱之惶駭不覺下床王愈怒貶茂長監務

구름이 무심탄 말이 아마도 허랑하다
중천에 떠있어 임의로 다니면서
구태여 광명한 날빛을 덮어 무삼하리오

허랑하다=허무맹랑하다.
날빛=해별.
무삼하리오=무엇하리오.

(가곡원류)

원천석 (元天錫)

호는 곡운. 고려 진사로서 치악산밑에 숨어살면서 부모를 양하였
다. 태종왕이 아직 왕위에 오르지 않았을 때 일찌기 배웠고 등극
한후에 불렀으나 가지 않았다. 왕이 그의 집을 찾아갔으나 또한
볼수 없었으므로 밥짓는 종에게 먹을것을 주고 돌아왔다.

号谷耘高麗進士隱居雉岳山山下養親太宗大王微時嘗受學及登極後召
之不赴上親幸其家亦不得見招爨婢給食物而還

흥망이 유수하니 만월대도 추초로다
오백년 왕업이 목적에 붙였으니
석양에 지나는객이 눈물계워 하노라

흥망이=흥하고 망하는것이.
유수하니=운수가 있으니.
만월대=개성에 있는 고려왕들의 궁전터.
추초=가을의 풀.
왕업=왕조의 사업.
목적=목동들의 부는 피리소리.
석양에=해질녘에, 해질 무렵에.

(가곡원류)

리 색 (李穡)

호는 목은. 자는 영숙이며 본향은 한산이다. 고려문하시중과 원나라 한림학사를 지냈고 본조(리왕조)에 와서 한산백 우의정을 봉했다. 시호는 문정이며 리곡의 아들이다.
号牧隱字穎叔韓山人高麗門下侍中元朝翰林本朝封韓山伯右相 諡文靖穀子

백설이 잦아진 골에 구름이 머흐레라
반가온 매화는 어느 곳듸 피였는고
석양에 홀로 서서 갈곳 몰라 하노라

　　잦아진=다 녹아 자지러진.
　　머흐레라=험하도다.
　　어늬곳듸=어느 곳에.

　　　　　　　　(해동가요, 가곡원류)

정몽주 (鄭夢周)

호는 포은이고 자는 달가이며 본향은 연일이다. 고려때 시중을 지냈고 본조에서 령의정을 주었다. 시호는 문충이다.
号圃隱字達可延日人高麗侍中本朝贈領議政諡文忠

이 몸이 죽어죽어 일백번 고쳐 죽어
백골이 진토되여 넋이라도 있고없고
님 향한 일편단심이야 가실줄이 있으랴

　　진토=흙.
　　가실줄=변할줄.

고려사에 태종대왕이 잔치를 베풀고 정몽주를 초청해다 술이 거나해지자 술잔을 들고 노래를 지어 정몽주의 뜻을 떠보려 하였다.

그러자 정몽주가 이 노래를 지어 화답하니 그의 끝내 변치 않을 뜻을 알았다고 하였다.

麗史 太宗大王設宴 邀致鄭夢周 至酒闌 太宗大王把盃作覲歌以觀鄭夢周之意公作覲歌以和 知其終不變之意也

(해동가요, 가곡원류)

길 재 (吉再)

호는 야은이고 자는 재지이며 본향은 선산이다. 고려때 주서를 지냈다.
号冶隠字再之善山人高麗注書

오백년 도읍지를 필마로 돌아드니
산천은 의구하되 인걸은 간듸없네
어즈버 태평연월이 꿈이런가 하노라

오백년 도읍지=5백년동안 고려왕조의 수도였던 곳, 즉 개성.
필마로=한필 말을 타고.
의구하되=옛날과 같되.
인걸=뛰어난 인재. 고려왕조를 섬기던 사람들을 뜻한것임.
태평연월=태평하고 안락한 생활.

(가곡원류)

변계량 (卞季良)

호는 춘정이다. 세종조에 대제학을 지냈다. 시호는 문숙이다.
号春亭世宗朝大提學諡文肅

치천하 오십년에 부지왜라 천하사를
억조창생이 대기를 원하나냐
강구에 문동요하니 태평인가 하노라

치천하 오십년=천하를 다스린지 50년에 비유하여 리왕조 통치 50년의 뜻을 표현함.
부지왜라 천하사를=알지 못하겠다. 세상일이 어찌 된지를.
억조창생이 대기를 원하나냐=온 백성이 나를 임금으로 받들기를 원하느냐.
강구에 문동요하니=거리에 나와 동요를 들으니 자기 정책이 어떤가를 알기 위하여 정사를 다스린지 50년에 평민복으로 거리에 나와 동요를 듣고 정사가 잘되여 천하가 태평하다는것을 알았다는 이야기에서 온것.

(가곡원류, 성수집)

내 해 좋다 하고 남슬흔 일 하지 말고
남이 한다 하고 의 아녀든 좇지 마라
우리는 천성을 지키여 삼긴대로 하리라

내 해=내가 해서.
남슬흔일=남이 싫어하는 일.
의 아녀든=옳은 일이 아니거든.
천성=타고난 성질.
삼긴 대로=태여난대로.

(가곡원류)

김 종 서 (金宗瑞)

호는 절재이며 본향은 순천이다. 벼슬이 좌의정에 이르렀다.
号節齋順天人官至左相

삭풍은 나무끝에 불고 명월은 눈속에 찬듸
만리변역에 일장검 짚고 서서
긴파람 큰 한소래에 거칠것이 없에라

삭풍=북풍.
찬듸=찬데.
만리변역=머 나먼변방지역.
일장검=큰 한자루의 칼.
긴파람=긴 휘파람.
큰 한소래=큰 고함소리.
거칠것이 없에라=두려울것이 없어라.

(해동가요, 가곡원류)

장백산에 기를 꽂고 두만강에 말 씻기니
썩은 저 선비야 우리 아니 사나희야
어떻다 룽연각상에 뉘얼굴을 그릴고

　　　아니 사나희야=대장부가 아니겠는가.
　　　룽연각=옛날 봉전정부에서 나라에 공로를 세운 신하들의 화상을 걸어놓은 집.

　　　　　　　　　　　　(해동가요, 가곡원류)

성삼문 (成三間)

호는 매죽헌이고 자는 근보이며 본향은 창녕이다. 단종조에 참판 벼슬을 지냈다. 시호는 문충이고 사륙신의 한사람이다.
　　　号梅竹軒字僅甫昌寧人端宗朝参判諡文忠六臣

수양산 바라보며 이제를 한하노라
주려 죽을진정 채미도 하는것가
아무리 푸새엿것인들 긔 뉘 따희 났더니

　　　수양산=중국 산서지방에 있는 산이름.
　　　이제=옛날 중국 은나라의 백이 숙제. 그들은 자기 임금인 주왕을 내치고 임
　　　　　금이 된 주무왕을 반대하여 수양산에서 고사리를 캐여먹으면서 지내다가
　　　　　굶어죽었다.
　　　한하노라=한탄하노라.
　　　채미=고사리를 캐는것.
　　　푸새엿것인들=풋나물이라 한들.
　　　긔 뉘 따희 났더니=그것은 누구의 땅에 났더냐.

　　　　　　　　　　　　(해동가요, 가곡원류)

이 몸이 죽어가서 무엇이 될고하니
봉래산 제일봉에 락락장송 되였다가
백설이 만건곤할제 독야청청하리라

　　　봉래산=전설에 신선이 살았다고 하는 산. 여기서는 금강산희 뜻으로도 된다.
　　　락락장송=가지가 척척 늘어진 크고 높은 소나무.

만전곤할제=온 천지에 가득할제.
　　　독야청청=홀로 푸르고 싱싱한것.

(해동가요, 가곡원류)

박팽년 (朴彭年)

호는 취금당. 자는 인수이며 본향은 평양이다. 단종조에 벼슬이 공조참판에 이르렀다. 사륙신의 한사람이다.
号醉錦堂字仁叟平陽人端宗朝官至工 参六臣

가마귀 눈비맞아 희난듯 검노매라
야광명월이야 밤인들 어두우랴
님 향한 일편단심이야 변할줄이 있이랴

　　　희난듯 검노매라=흰듯 하면서 검구나.
　　　야광명월=밤에 빛나는 밝은 달.

(해동가요, 가곡원류)

리 개 (李塏)

단종조 사륙신의 한사람이다.
端宗朝六臣

창안에 혓난 초불 눌과 리별 하였관듸
겉으로 눈물지고 속타는줄 모르난고
저 초불 날과 같아서 속타는 줄 모르더라

　　　혓난=켠.
　　　하였관듸=하였기에.

(가곡원류)

유응부 (兪應孚)

단종조 사륙신의 한사람이다.
端宗朝六臣

　　간밤에 부던 바람 눈서리 치단 말가
　　락락장송이 다 기울어지단 말가
　　하물며 못다 핀 곳지야 일러 무삼 하리오

　　　눈서리 치단말가＝눈서리를 쳤단 말이냐.
　　　곳지야＝꽃이야.
　　　일러무삼＝말해서 무엇.

　　　　　　　　　　　　　(가곡원류)

왕방연 (王邦衍)

본향은 개성이다. 음관으로 금오랑을 지냈다.
開城人蔭官金五郎

　　천만라 머나먼 길에 고은님 여희옵고
　　내 마음 둘듸 없어 시내가에 앉았으니
　　저 물도 내 안 같아여 울어 밤길 네난다

　　　여희옵고＝리별하고.
　　　고은님＝여기서는 리조 6대왕인 단종을 말함.
　　　내 안＝내 마음.
　　　같아여＝같아서.
　　　네난다＝가는구나.

　　　　　　　　　　(해동가요. 가곡원류)

리현보 (李賢輔)

호는 롱암이고 자는 비중이며 본향은 영천이다. 벼슬이 숭정대부에 이르렀다. 시호는 효절이다.
号聾岩字棐仲永川人官至崇政諡考節

　　귀거래 귀거래하되 말뿐이오 간이 없의
　　전원이 장무하니 아니가고 엇지 할고
　　초당에 청풍명월은 나머들며 기다린다

　　　　귀거래＝전원으로 돌아가는것.
　　　　간이 없의＝간사람이 없어.
　　　　장무하니＝바야흐로 거칠어지니.
　　　　초당＝이영 또는 풀로 지붕을 지은 집.
　　　　청풍명월＝맑은 바람, 밝은 달.

　　　　　　　　　　（남훈태평가, 가곡원류）

　　롱암에 올라보니　　로안이 유명이로다
　　인사가 변한들 산천인들 가셜소냐
　　암전에 모산모구는 어제 본듯하여라

　　　　롱암＝바위이름.
　　　　로안＝늙은 눈.
　　　　유명이로다＝아직 밝도다.
　　　　가셜소냐＝변할소냐.
　　　　암전에＝바위앞에.
　　　　모산모구＝이 산과 저 언덕.

어부가 5장 (漁父歌五章)

이 중에 시름없은 이 어부의 생애로다
일엽편주를 만경창파에 띄여두고
인세를 다 잊었거니 날가는줄 알리오

　　　생애＝《일생》의 뜻도 있으나 여기서는 생활의 뜻.
　　　일엽편주＝작은 쪽배하나.
　　　만경창파＝넓고푸른 무연한 바다.
　　　인세＝인간세상.

　　　　　　　　（해동가요－어부）

굽어보니 천심록수 돌아보니 만첩청산
십장홍진이 언마나 가렸는고
강호에 월백하거든 더욱 무심하여라

  천심록수＝천길이나 되는 푸른 물.
  만첩청산＝겹겹이 둘러선 푸른 산.
  십장홍진＝열길이나 뒤덮인 인간세상의 티끌.
  언마나＝얼마나.
  강호＝강과 호수.
  월백하거든＝달이 밝거든.
  무심하여라＝여기서는 인간세상. 현실사회 생각이 없다는 뜻.

        (해동가요, 가곡원류)

청하에 밥을 싸고 록류에 고기 꿰여
로적화총에 배매여 두었으니
두어라 일반청의미를 어느분이 아로실고

  청하＝푸른 연잎.
  록류＝푸른 버들가지.
  로적화총에＝갈대꽃 무성한 떨기속에.
  일반청의미를＝이런 아름다운 흥취를.
  아로실고＝아실가.

        (해동가요, 가곡원류)

산두한운기하고 수중 백구비라
무심코 다정하기 이 두것이로다
일생에 시름을 잊고 너를 좇아 놀리라

  산두한운기하고＝산머리에 한가한 구름이 일어나고.
  수중백구비라＝물우에 갈매기가 나는구나.

        (해동가요, 가곡원류)

장안을 돌아보니 북궐이 천리로다

어주에 누웠은들 잊을적이 있을소냐
두어라 내 시름 아니라 제세현인이 없으랴

  장안＝서울.
  북궐＝왕이 거처하는 궁궐, 원문에 북관으로 되여있으나 문맥으로 보아 북궐의
    오식인듯함.
  어주＝고기배.
  내 시름 아니라＝내가 걱정하지 않더라도.
  제세현인＝세상을 구제할 현명한 인물.

      (해동가요, 가곡원류)

리언적 （李彦迪）

호는 회재이고 자는 복고이며 본향은 려주이다. 중종조에 과거하고 찬성벼슬을 하였다. 시호는 문원이다. 예순셋에 돌아갔다. 문묘에 배향하였다.
号晦齋字復古驪州人中宗朝科官贊成謚文元年六十三從祀文廟.

천부지재하니 만물의 부모이로다
부생모육하니 이 내의 천지로다
이 천지 저 천지즈음에 늙을 뉘를 모로리라

  천부지재＝하늘은 우에 덮였고 땅은 만물을 실었다는 뜻.
  부생모육＝부모가 낳아 기른다는 뜻.
  이 천지 저 천지＝천지와 부모를 말함.
  즈음에＝사이에.
  늙은뉘를＝늙을 줄을.

      (해동가요, 가곡원류)

리 이 （李 珥）

호는 률곡이고 자는 숙헌이며 본향은 덕수이다. 감찰 리원수의 아들이다. 명종조에 찬성벼슬을 하였다. 시호는 문성이다. 마흔 아홉에 세상을 떠났다. 문묘에 배향하였다.

号栗谷字叔獻德水人監察元秀子明宗朝官至贊成謚文成年四十九 從祀
文廟

    고산 구곡담을 사람이 모로더니
    주모 복거하니 벗님네다 오신다
    어즈버 무이를 상상하고 학주자를 하리라

      고산구곡담=리이가 살던곳으로 황해남도에 있는 지명.
      모로더니=모르더니.
      주모복거하니=띠풀을 베여내고 집자리를 잡아사니.
      무이=주희라는 학자가 살던 고장이름.
      학주자를 하리라=주희의 학문을 배우리라.

                  (해동가요, 가곡원류)

    일곡은 어듸메오 관암에 해 비친다
    평무에 내 걷으니 원산이 그림이라
    송간에 록준을 놓고 벗 오는양 보노라

      평무=거칠은 평야.
      내 걷으니=연기가 걷으니.
      원산이 그림이라=먼산이 그림처럼 아름답게 보인다는 뜻.
      송간에=소나무사이에.
      록준=술단지.

                  (해동가요, 가곡원류)

    이곡은 어듸메오 화암에 춘만커다
    벽파에 꽃을 띄워 야외로 보내노라
    사람이 승지를 모르니 알게 한들 어떠하리

      춘만커다=봄이 늦었다.
      벽파=푸른 물결.
      야외로 보내노라=여기서는 고산 구곡담 밖으로 보낸다는 뜻.
      승지=경치 아름다운곳.

                  (해동가요, 가곡원류)

삼곡은 어듸메오 취병이 잎 퍼졌다
록수에 춘조는 하상기음하는데
반송이 바람을 받으니 여름 경이 없에라

    취병=산나무가지를 틀어서 만든 병풍같은 담장.
    록수에 춘조는=푸른 나무에 봄새는.
    하상기음 하는데=밑가지로부터 웃가지로 오르며 우는데.
    반송=가지가 아래로 뻗어 퍼진 소나무.
    여름경=여름경치.
    없에라=없어라.

                  (해동가요, 가곡원류)

사곡은 어듸메오 송애에 해 넘는다
담심암영은 온갖 빛이 잠겨세라
림천이 깊도록 좋으니 흥을 겨워하노라

    송애=소나무가 선 낭떠러지.
    담심암영=물에 비친 바위그늘.
    림천=숲속의 샘.

                  (해동가요, 가곡원류)

오곡은 어듸메오 은병이 보기 조희
수변정사는 소쇄함이 가이 없다
이 중에 강학도 하려니와 영월음풍하오리라

    은병=고산 구곡담의 한곳.
    보기조희=보기 좋아.
    수변정사=물가의 공부하는 집.
    소쇄함이=깨끗함이.
    가이 없다=끝없다.
    강학=한문을 강의하는것.
    영월음풍=달과 바람 등 자연 경치를 시로써 읊는것.

                  (해동가요, 가곡원류)

육곡은 어듸메오 조협에 물이 넒다
나와 고기와 뉘야 더욱 즐기는고
황혼에 낚대를 메고 대월귀를 하노라

    조협=낚시터.
    뉘야=누가.
    대월귀를=달빛을 띠고 돌아오기를.

                  (해동가요, 가곡원류)

칠곡은 어듸메오 풍암에 추색 좋다
청상이 엷게 치니 절벽이 금수로다
한암에 혼자 앉아 집을 잊고있노라

    풍암=단풍이 물든 바위.
    청상이 엷게 치니=깨끗한 서리가 약간 내리니.
    절벽이 금수로다=단풍든 절벽이 비단같이 아름답다.
    한암=찬바위.

                  (해동가요, 가곡원류)

팔곡은 어듸메오 금탄에 달이 밝다
옥진금휘로 수삼곡을 노래하니
고조를 알이 없으니 혼자 즐겨하노라

    금탄=고산 구곡담의 한곳.
    옥진금휘=옥으로 만든 진(줄을 매는곳)과 금으로 만든 휘(줄을 번치고 음을
       가르는 받치개)로 된 좋은 거문고.
    고조=옛 거문고 곡조.

                  (해동가요, 가곡원류)

구곡은 어듸메오 문산에 세모커라
기암괴석이 눈속에 묻혔에라
유인은 오치 아니하고 볼것 없다 하더라

세모커다=올해도 저물었도다.
기암피석=기피한 암석.
유인=산천을 구경 다니는 풍류객.

(해동가요, 가곡원류)

리이의 이 10수의 시조는 세상에 《고산구곡가》로 알려저있다. 시인은 첫 작품 즉 머리시에서 고산구곡담에 자리를 잡고 부지런히 주자학을 연구하겠다는것을 이야기하고 아홉수의 시조로써 그곳 구곡의 아름다운 경치를 차례로 노래하였다. 그리하여 1곡으로부터 9곡에 이르는 매 작품의 첫줄에 있는 관암, 화암, 취병, 송애, 은병, 조협, 풍암, 금탄, 문산은 다 이곳 고산구곡담의 아름다운 경치를 말한것이다. (편자주)

리 황 (李 滉)

호는 퇴계이고 자는 경호이며 본향은 진보이다. 생원 리식의 아들이다. 인종조에 찬성, 대제학 등의 벼슬을 하였다. 시호는 문순이다. 일흔살에 세상을 떠났다. 문묘에 배향하였다.
号退溪字景浩真宝人生員埴子仁宗朝官至贊成文衡諡文純年七十從祀文廟.

이런들 어떠하며 저런들 어떠하료
초야우생이 이렇다 어떠하료
하물며 천석고황을 고쳐 무삼하리

하료=하리오.
초야 우생=시골에 묻혀사는 어리석은 인생.
천석고황=자연을 좋아하는것이 고질처럼 된 취미.

(해동가요, 가곡원류)

연하로 집을 삼고 풍월로 벗을 삼아
태평성대에 병으로 늙었네
이 중에 바라는 일은 허물이나 없고저

풍월=맑은 바람과 밝은 달. 음풍영월의 준말.
연하=노을. 여기서는 자연을 말함.
태평성대에=좋은 세월에.

(해동가요, 가곡원류)

순풍이 쥬다 하니 진실로 거줏말이
인성이 어지다 하니 진실로 옳은 말이
천하에 허다영재를 속여 말삼하리오

순풍=순후한 풍속.
쥬다=줄다.
인성=인간의 본성.
허다영재=수많은 뛰여난 인재.

(해동가요, 가곡원류)

유란이 재곡하니 자연히 듣기 조희
백운이 재산하니 자연이 보기 조희
이중에 피미일인을 더욱 잊지 못하여라

유란=초란, 란초의 일종.
재곡하니=골짜기에 있으니.
자연히 듣기 조희=자연히 듣기 좋아라.
재산하니=산에 있으니.
피미일인을=저 아름다운 한사람을.

(해동가요, 가곡원류)

산전에 유대하고 대하에 유수이로다
떼많은 갈매기는 오며 가며 하거니
어떻다 교교백구는 멀리 마음하나니

산전에=산앞에.
유대하고=대가 있고.
대하에=대아래에.
유수이로다=물이 있도다.

— 50 —

교교백구=최고도 흰 갈매기.
멀리 마음하나니=먼곳에 마음이 쏠리는고.

(해동가요, 가곡원류)

춘풍에 화만산이요 추야에 월만대라
사시가흥이 사람과 한가지라
하물며 어약연비 운영천광이야 어늬 그지 있으랴

   화만산이요=산에 꽃이 만발하고.
   추야에 월만대라=가을밤에 달이 대에 가득히 찼더라.
   사시가흥=봄, 여름, 가을, 겨울 네 철의 좋은 흥취.
   어약연비 운영천광이야=고기가 물에서 뛰놀고 소리개가 하늘을 날며 구름은 그
     림자를 지우고 하늘에 해가 빛나는 이 모든 자연스러운것이야.
   어늬 그지 있아랴=어찌 끝이 있겠는가.

(해동가요, 남훈태평가, 가곡원류)

천운대 돌아드니 완락재소쇄쇄한듸
만권생애로 락사가 무궁하여라
이중에 왕래풍류를 일러 무삼하리오

   천운대=경상북도 례안에 있는 대이름.
   완락재=경상북도 례안에 있은 작자(퇴계)의 서재이름.
   소쇄쇄한듸=맑고 깨끗한데.
   만권생애=독서생활.
   락사=즐거운 일.
   무궁하여라=끝이 없다.
   왕래풍류=산수속을 거닐며 즐기는것.
   일러 무삼 하리오=말해서 무얼하겠는가, 말할것도 없이 좋다는 뜻.

(해동가요, 가곡원류)

당시에 예든 길을 몇해를 바려두고
어디 가 다니다가 이제야 돌아온고

이제야 돌아오나 더딘 마음 말하리

　　예든 길=가던 길.
　　더딘 마음=늦게 온 마음.

(해동가요)

청산은 어찌하여 만고에 푸르르며
류수는 어찌하여 주야에 끝지 아닛는고
우리도 끝치지 말고 만고상청하리라

　　끝지 아닛는고=그치지 아니하는가.
　　만고상청하리라=길이 변치 않고 푸르리라.

(해동가요, 가곡원류)

우부도 알며 하거니 그 아니 쉬온가
성인도 못다 하거니 그 아니 어려온가
쉽거나 어렵거나 늙는줄을 모르리라

　　우부=어리석은 사람, 보통사람의 뜻.
　　성인=옛날 사회에서 학문과 도덕, 행실이 뛰여난 사람들의 모범으로 된다고 본
　　　　사람을 말함.

(해동가요)

서경덕 (徐敬德)

호는 화담이고 자는 가구이며 본향은 당성이다. 명종조에 처사직을 주었다. 쉰여덟에 세상을 떠났다. 시호는 문강이다.
号花潭字可久唐城人明宗朝授職処士年五十八諡文康

마음이 어린 후이니 하는 일이 다 어리다

만중운산에 어느 님 오리마는
지는 잎 부는 바람에 행혀 긘가 하노라

    다 어리다＝모두 원만하지 못하다.
    만중운산＝구름속에 겹겹이 둘러싸인 산.
    긘가＝여기서는 님인가의 뜻.

(해동가요, 가곡원류)

조 식 (曺 植)

호는 남명이고 자는 건중이다. 명종조에 은일로서 판관을 지냈다. 일흔둘에 세상을 떠났다. 시호는 문정이고 본향은 창녕이다.
号南溟字健仲明宗朝逸判官年七十二諡文貞昌寧人

두리산 량단수를 예 듣고 이제 보니
도화 뜬 맑은 물에 산영조차 잠겼에라
아해야 무릉이 어디뇨 나는 옌가 하노라

    두리산＝두류산. 전라도 지리산의 딴 이름.
    량단수＝량 갈래로 흐르는 물.
    예 듣고＝옛날 듣고.
    산영＝산그림자.
    무릉＝옛사람들이 리상향으로 여기던 경치 좋고 살기 좋은고장.

(해동가요, 가곡원류)

성 혼 (成 渾)

호는 우계이고 자는 호원이며 성수침의 아들이다. 선조조에 참찬을 지냈다. 시호는 문간이다. 예순넷에 세상을 떠났다. 문묘에 배향하였다.
号牛溪字浩原守琛子宣祖朝参贊諡文簡年六十四從祀文廟

시절태평토다 이 몸이 한가커니

죽림심처에 오계성 아니런들
깊이 든 화서몽을　뉘라서 깨오리오

　　죽림심처=대숲의 깊은곳, 즉 벼슬을 내던지고 자연산수속에 숨어서 사는 깊은
　　　　곳이라는 뜻.
　　오계성=낮에 우는 닭소리.
　　화서몽=리상세계를 구경하는 꿈. 옛날 어느 임금이 낮잠을 자다가 꿈에 화서
　　　　라는 나라에 가서 태평한 세상을 구경했다고 함.

　　　　　　　　　　(가곡원류)

말없은 청산이오 태없은 류수이로다
값없은 청풍이요, 임자 없은 명월이라
이중에　병없은 이 몸이 분별없이 늙으리라

　　태=도양. 아양을 부리는 몸짓.

　　　　　　　　　(남훈태평가, 가곡원류)

송　순 (宋　純)

호는 면앙정이고 자는 수초이며 본향은 영평이다. 중종조에 판중
추부사를 지냈다. 시호는 정숙이다.
号俛仰亭字守初永平人中宗朝判枢諡靖肅

풍상에 섯거친 날에 갓 피온 황국화를
금분에 가득 담아 옥당에 봄이 오니
도리야 꽃인체말아 님의 뜻을 알쾌라

　　풍상=바람과 서리.
　　섯거친=뒤섞여서 친.
　　옥당=홍문관의 딴 이름.
　　도리야=복숭아꽃, 살구꽃이야.
　　알쾌라=알려라.

　　　　　　　　　(해동가요, 가곡원류)

홍 섬 (洪 暹)

호는 인재이고 자는 퇴지이며 본향은 남양이다. 선조조에 령의정을 하였다. 시호는 경헌이다. 여든둘에 작고하였다.
号忍齋字退之南陽人宣祖朝領相諡景憲年八十二

    옥을 돌이라 하니 그려도 애닯고야
    박물군자는 아는 법이 있건마는
    알고도 모르는체하니 그를 슬허하노라

      그려도=그렇제도.
      애닯고야=애닯프고나.
      박물군자=모든 사물에 정통한 선비.

              (해동가요, 가곡원류)

정 철 (鄭 澈)

호는 송강이고 자는 계함이며 본향은 영일이다. 선조조에 좌의정을 지냈다. 시호는 문정이다.
号松江字季涵 迎日人宣祖朝左相諡文靖

    어버이 살아신제 섬기기란 다하여라
    지나간후면 애닯다 어이하리
    평생에 고쳐 못할 일은 이뿐인가 하노라

      어버이=량친부모.
      살아신제=살아계실 때에.
      지나간 후면=돌아가신 후면.

          (해동가요, 가곡원류, 송강가사)

    이보오 저 늙은이 짐 벗어 나를 주오
    나는 젊었거니 돌인들 무거울가

늙기도 설웨라커든 짐을조차 지실가

　　　설웨라커든＝서럽다 하거든.

　　　　　　　　　　（가곡원류, 송강가사）

봉래산 님 계신듸 오경 친 남은 소리
성 넘어 구름 지나 객창에 들리리라
강남에 나려 곳 가면 그립거든 어쩌리

　　　오경 친＝오전 네시를 알리는 종울 친.
　　　객창＝길손이 머물러있는 방.
　　　남은 소리＝여운의 뜻.
　　　나려곳 가면＝내려가기만 하면.

예서 나래를 들어 두세번만 부치면
봉래산 제일봉에 고은님 보련마는
하다가 못하는 일은 닐러 무삼하리

　　　예서＝여기서.
　　　봉래산＝금강산의 딴 이름.
　　　제일봉＝가장 높은 봉우리.
　　　닐러 무삼하리＝말하여 무얼 하겠는가.

　　　　　　　　　　（해동가요, 송강가사）

이 몸 헐어내여 내물에 띄오고저
이 물이 울어네여 한강여흘 되다 하면
그제야 님 그린 내 병이 헐할 법도 있나니

　　　헐어내여＝헐뜯어내여.
　　　울어 네여＝울며 흘러가.
　　　헐할 법도＝나을 법도.

　　　　　　　　　　（해동가요, 송강가사）

내 마음 헐어내여 저 달을 맨들고저
구만리장천에 번듯이 걸려있어
고은님 계신곳에 비최여나볼가 하노라

　　구만리장천=높고 넓은 하늘.

　　　　　　　　　(가곡원류, 송강가사)

남극 로인성이 식영정에 비최여서
창해상전이 슬카장 뒤눕도록
가지록 새 빛을 내여 그믈뉘를 모로리라

　　남극 로인성=옛사람들이 남쪽 하늘에서 인간의 수명을 맡아본다고
　　　　　하던 별. 옛 사람들은 이 별이 보이면 태평해진다고 했다.
　　식영정=정철이 한때 가서 살던 전라도 창평의 성산에 있는
　　　　　정자이름.
　　창해상전=뽕밭이 바다로 되고 바다가 뽕밭으로 되듯이 변하는 세상.
　　슬카장=싫도록.
　　가지록=갈수록.
　　그믈뉘를=어두워질줄을.

　　　　　　　　　(해동가요, 가곡원류, 송강가사)

청천 구름밖에 높이 떠는 학이러니
인간이 좋드냐 무사 일 나려온다
장지치 다 떨어지도록 날아갈줄 모르난다

　　높이 떠는=높이 뜬.
　　무사 일=무슨 일로.
　　나려온다=내려오느냐.
　　장지치=긴 깃이.
　　모르난다=모르는가.

　　　　　　　　　(해동가요, 가곡원류, 송강가사)

장지치 다 지게야 날개를 고쳐들어
청천 구름속에 소소떠 오른 말이

시원코 훤출한 세계를 다시 보고 말왜라

　　　장지치=긴 깃이.
　　　다 지게야=다 떨어져서야.
　　　고쳐들어=다시 들어.
　　　소소며=솟구쳐 떠서.
　　　오른 말이=오르니.
　　　시원코 훤출한=시원하고 넓고 밝은.
　　　말왜라=말았구나.

　　　　　　　　　　　(해동가요, 송강가사)

신원원주되여 되롱이 삿갓 께고
세우 사풍에 일간죽 비끼들어
홍료화백빈주저에 오며가며 하리라

　　　신원=경기도 고양군에 있는 지명.
　　　원주=원의 주인.
　　　되롱이=도롱이. 짚이나 띠로 엮어 어깨에 두르는 우장.
　　　세우사풍=바람 맞은 가랑비.
　　　일간죽=낚시대 하나.
　　　비끼들어=엇비슷이 들고.
　　　홍료화백빈주저=역귀꽃과 마름이 무성한 강기슭.

　　　　　　　　　　　(해동가요, 송강가사)

내 양자 남만 못한줄 나도 잠간 알건마는
연지도 바려있고 분때도 아니 미네
이러코 괴살가온 뜻은 전혀 아니 먹노라

　　　양자=모양.
　　　연지=볼에 찍는 붉은빛 화장품.
　　　바려있고=내버려뒀고.
　　　분때=이미 발랐던 분과 함께 앉았던 먼지나 때.
　　　아니 미네=밀어 벗기지 않네.
　　　괴살가온 뜻=부끄러운 마음.

　　　　　　　　　　　(해동가요, 송강가사)

재 넘어 성권농집에 술 닉단 말 반겨 듣고
누운 소 발로 박차 언치 놓와 지즐타고
아해야 네 권농 계시냐 정좌수 왔다 하여라

> 권농=리조 봉건시기 지방자치 단체의 소임의 하나로 농사와
>   부역을 맡아보았음.
> 언치=말이나 소의 안장밑에 까는 천.
> 지즐타고=눌러타고.
> 좌수=리조 봉건시기 지방에 있은 향청의 우두머리.

(해동가요, 송강가사)

풍파에 일리든 배 어드러로 가단 말고
구름이 머흘거든 처음에 날줄 어이
허술한 배 두신 분늬 모다 조심하소서

> 일리든 배=뒤흔들리던 배.
> 어드러로=어디로.
> 머흘거든=험악하거든.
> 날줄 어이=어찌 나왔는가.
> 분늬=분네.

(해동가요, 송강가사)

리양원 (李陽元)

호는 로저이고 자는 백춘이며 본향은 완산이다. 선조조에 령의정 대제학벼슬을 하였다.
号鷺渚字伯春完山人宣祖朝官領相文衡

높으나 높은 낢에 날 권하여 올려 두고
이보오 벗님네야 흔드지 말오소서
나려저 죽기는 섧지 아니나 님못볼가 하노라

> 나려저=떨어져

(해동가요, 가곡원류)

리원익 (李元翼)

호는 오리이고 자는 공려이며 선조조에 령의정을 지냈다. 시호는 문충이다. 여든셋에 세상을 떠났다.

号梧里字公勵宣祖朝領相諡文忠年八十三

　　록양이 천만사인들 가는 춘풍 매여두며
　　탐화봉접인들 지는 꽃 어이하리
　　아모리 사랑이 중한들 가는 님을 어이하리

　　　　록양=푸른 버들.
　　　　천만사인들=천만가지인들.
　　　　탐화봉접=꽃을 찾아다니는 벌과 나비.

　　　　　　　　　　　(가곡원류)

리항복 (李恒福)

호는 백사 자는 자상이며 본향은 경주이다. 판서 리몽량의 아들이다. 선조조에 령의정 대제학을 지냈다. 시호는 문충이다.

号白沙字子常慶州人判書夢亮子宣祖朝領相文衡諡文忠

　　철령 높은 봉에 쉬여넘는 저 구름아
　　고신 원루를 비삼아 띄여다가
　　님 계신 구중 심처에 뿌려볼가 하노라

　　　　철령=강원도에 있는 높은 령 이름. 강원도 관찰사로 있을 때 지은 시.
　　　　고신원루=외로운 신하의 원통한 눈물.
　　　　님=여기서는 선조를 말함.
　　　　구중심처=깊은 궁궐.

　　　　　　　　　　(해동가요, 가곡원류)

리덕형 (李德馨)

호는 한음이고 자는 명보이며 본향은 경주이다. 선조조에 령의정

대제학을 지냈다. 나이 마흔셋에 작고하였다. 시호는 문익이다.
号漢陰字明甫慶州人宣祖朝領相文衡年四十三謚文翼

달이 두렷하여 벽공에 걸렸이니
만고풍상에 떨어짐즉 하다마는
지금에 취객을 위하여 장조금준하노라

> 벽공=푸른 하늘.
> 만고풍상에=오랜 세월의 바람과 서리에.
> 지금에=지금까지.
> 취객=술취한 손님.
> 장조금준하노라=길이 술단지를 비치노라.

(남훈태평가, 가곡원류)

김현성 (金玄成)

호는 남창이고 자는 서경이며 본향은 김해이다. 벼슬은 가선대부 동지돈녕부사를 하였다. 문장으로 이름났고 글씨를 잘 썼다.
号南窓字徐慶金海人官嘉善同敦寧有文名善筆

나은자 오날이야 즐거온자 금일이야
즐거온 오날이 행여 아니 저물세라
매일(每日)에 오늘 같으면 무삼 시름 있이리

> 나은자=즐겁구나 나은온《즐거운》의 뜻. 결국 나은자는 즐거운자와 같은 뜻이다.
> 즐거온자=즐거운것이여
> 아니저물세라=아니 저물었으면

(가곡원류)

서 익 (徐 益)

호는 만죽헌, 자는 군수이며 본향은 은진이다. 벼슬은 의주부윤에 이르렀다.
号萬竹軒字君受恩津人官至義州府尹

이 뫼흘 헐어내여 저 바다흘　메오면은
　　　봉래산 고은 님을 걸어가도 보련마는
　　　이 몸이 정위조 같아여 바잔일만 하노라

　　　　뫼흘=산을.
　　　　정위조=바다의 작은 새 항상 나무가지와 돌을 물어서 동해를 메꾼다는 전설이
　　　　　　　있다.
　　　　바잔일단=바자니기만. 거닐기만.

　　　　　　　　　　　　　　　（해동가요, 가곡원류）

홍 적 (洪 迪)

호는 화의자이고 자는 태고이며 벼슬은 사인에 이르렀다.
号花衣子字太古官至舍人

　　　어제 오던 눈이 사제에도 오돗던가
　　　눈이 모래 같고 모래도 눈이로다
　　　아마도 세상일이 다 이러한가 하노라

　　　　사제에도=모래언덕에도.
　　　　오돗던가=왔던가.

　　　　　　　　　　　　　　　（해동가요, 가곡원류）

림 제 (林 悌)

호는 백호이고 자는 자순이며 본향은 라주이다. 벼슬을 례조정랑을 하였으며 시로써 이름이 있었다.
号白湖字子順羅州人官礼曹正郎有詩名

　　　청초 우거진 곳에 자난다 누웠난다
　　　홍안을 어디 두고 백골만 묻혔난다
　　　잔 잡고 권 할이 없으니 그를 슬허하노라

자난다=자는가.
홍안=젊고 어여쁜 얼굴.
※ 이 시조는 림제가 황진이의 무덤을 찾아 읊은것으로 알려져있다.

(해동가요, 가곡원류)

북천이 맑다커늘 우장없이 길을 나니
산에는 눈이 오고 들에는 찬비 온다
오늘은 찬비 맞으니 얼어잘가 하노라

북천=북쪽하늘.
우장=비옷.
찬비=여기서는 차가운 비라는 뜻과 기생의 이름.
   한우(찬비라는 뜻)가 합해져있다.
※ 이 시조는 기생 한우와 주고받은것임.

(해동가요, 가곡원류)

조 헌 (趙 憲)

호는 중봉이고 자는 여식이다. 선조조에 제독관을 하였다.
号重峰字汝式宣祖朝提督官

창랑에 낚시 넣고 편주에 실였이니
락조청강에 비소리 더욱 좋다
류지에 옥린을 꿰여들고 행화촌을 찾으리라

창랑=푸른 물결.
편주=쪽배.
실였이니=앉았으니.
락조청강=저녁노을에 비친 맑은 강.
류지에 옥린을 꿰여 들고=버들가지에 물고기를 꿰여들고.
행화촌=술집마을을 말함.

(가곡원류)

지당에 비뿌리고 양류에 내 끼인제

사공은 어디 가고 빈배만 매였는고
석양에 무심한 갈매기는 오락가락하더라

지당=못.
양류=버들.
내 끼인제=안개가 낀적에.

(가곡원류)

리순신 (李舜臣)

자는 여해이고 본향은 덕수이다. 무과에 급제하여 벼슬은 정헌대부 통제사를 하였다. 임진란에 전사하였다. 시호는 충무이다.
字汝諧德水人武科官正憲統制使壬辰乱節死諡忠武

한산섬 달 밝은 밤에 수루에 혼자 앉아
큰 칼 홀 옆에 차고 긴파람을 단는차에
어듸서 일성호가는 단아장을 하는고

한산섬=경상남도 통영과 거제도 사이에 있는 섬. 임진조국전쟁때 일본침략군대
 가 여기서도 참패를 당하였다.
수루=적을 감시하는 루대.
긴 파람=긴 휘파람.
일성호가=한가락 호가소리. 여기서 호가는 군악에 쓰는 관악기의 한 종류를
 말함.
단아장=나의 애를 끊는다.

(해동가요, 가곡원류)

류자신 (柳自新)

본향은 문화이다. 판윤벼슬을 하였다.
文化人官判尹

추산이 석양을 띠고 강심에 잠겼는데

일간죽 빗기들고 소정에 앉았으니
천공이 한가히 너겨 달을 좇아보내더라

    추산＝가을의 산.
    강심＝강 한복판.
    일간죽＝낚시대 하나.
    소정＝쪽배.
    천공＝《하느님》의 뜻.

                  (해동가요, 가곡원류)

김장생 (金長生)

호는 사계이고 자는 희원이다. 김황강의 아들이며 리률곡의 제자이다. 선조조에 참판을 하였다. 여든넷에 작고하였다. 문묘에 배향하였다.
号沙溪字希元黄岡子栗谷門人宣祖朝参判謚文元年八十四從祀文廟.

대 심어 울을 삼고 솔 심어 정자이로다
백운 덮인곳에 날 있는줄 제 뉘 알리
정반에 학 배회하니 긔 벗인가 하노라

    제 뉘 알리＝그 누가 알리.
    정반＝물가.
    학배회하니＝학이 거닐어다니니.
    긔＝그것이.

                  (가곡원류)

정 구 (鄭 述)

호는 한강이고 자는 도가이며 조남명의 제자이다. 광해조에 대사헌을 지냈다. 이른여덟에 세상을 떠났다.
号寒岡字道可南溟門人光海朝大司憲年七十八.

강호에 기약을 두고 십년을 분주하니

　　　　그 모른 백구는 더듸 온다 하건마는
　　　　성은이 지중하시니 갚고 가려 하노라

　　　기약을 두고=약속을 하여두고(돌아올것을).
　　　그 모른=그것을 모르는
　　　성은이 지중하니=왕의 은혜가 두터우니

　　　　　　　　　　　　（가곡원류, 권필）

권 필 (權 韠)

호는 석주이고 자는 여장이며 본향은 안동이다. 진사로서 뜻이 높고 도고하여 벼슬을 하지 않았다. 광해조에 억울하게 죽었다.
号石州字汝章安東人進士倜儻不仕光海朝冤死

　　　　이 몸이 되올진대 무엇이 될고하니
　　　　곤륜산 상상두에 락락장송 되였다가
　　　　군산이 설만하거든 혼자 우뚝 하리라

　　　곤륜산=높은산이름.
　　　상상두=가장 높은 봉우리.
　　　군산=여러 산.
　　　설만하거든=눈이 싸이거든

　　　　　　　　　　　　（해동가요）

김광욱 (金光煜)

호는 죽소이고 자는 민이이며 본향은 안동이다. 광해조에 판서벼슬을 하였다.
　　号竹所字敏而安東人光海朝官判書.

　　　　강산 한아한 풍경 다 주어 맡아있어
　　　　내 혼자 님재라 뉘라서 다툴소냐
　　　　남이야 숨꾸지 너긴들 난화 불줄 있으랴

한아한=한가하고 우아한.
다 주어=모두 주워서
뉘라서=누가.
숨꾸지 너긴들=욕심 많다고 생각한들.
난화불줄=나누어불줄.

허틀고 시끈 문서 다주어 후리치고
필마추풍에 채를 처 돌아오니
아모리 매인새 놓히다 이대도록 시원하랴

시끈=시끄러운.
후리치고=몰아치우고.
필마추풍에=한필 말을 타고 가을바람에.
매인 새 놓히다=끈으로 매여있던 새를 놓아준들.
이대도록=이렇듯.

(해동가요)

대막대 너를 보니 유신코 반가왜라
나니 아해적에 너를 타고 다니더니
이후란 창뒤에 서있다가 날 뒤세워 다녀라

유신코=미쁘고, 미덥고.
반가왜라=반갑구나.
나니=나는.
날 뒤세워=나를 뒤에 세우고.

(해동가요, 가곡원류)

추강 밝은 달에 일엽주 혼자 저어
낚대를 떨쳐드니 잠든 백구 다 놀란다
어듸서 일성어적은 좇아 흥을 돕나니

일엽주=한척의 작은 배.
일성어적=고기잡이군의 피리소리

(해동가요)

세버들 가지 꺾어 낚은 고기 꿰여들고
주가를 찾으리라 단교로 건너가니
그곳에 행화 져날리니 갈 길 몰라 하노라

  세버들=가는버들.
  단교=허물어져 건너기 어려운 다리.
  행화=살구꽃.

       (해동가요)

최행수 쑥다림하세 조동갑 꽃다림하세
닭찜 개찜 오려점심 날 시기소
매일에 이렁성 굴면 벼슬부럴 줄이 있이랴

  행수=여러 사람의 우두머리.
  꽃다림=화전놀이.
  오려점심=올벼쌀로 지은 점심.
  이렁성 굴면=이렇게 지내면

       (해동가요)

동풍이 건듯 불어 적설을 다 녹이니
사면청산이 녯 얼굴 나노메라
귀밑에 해묵은 서리는 녹을줄 모른다

  적설=쌓인 눈.
  나노메라=나는구나.
  해묵은 서리=해가 오래 된 서리 즉 여기서는 《백발》의 뜻.

       (해동가요)

언충신행독경하고 주색을 삼가하면
내 몸에 병이 없고 남 아니 우이나니
행하고 여력이 있거든 학문조차 하리라

언충신행독경하고=말은 충성스러우며 참되게, 행동은 돈독하고도 공경스럽게 하고.
남 아니 우이나니=남을 웃게 하지 아니 하나니.
여력이 있거든=남은 힘이 있거든.

(가곡원류 성서)

리정구 (李廷龜)

호는 월사이고 자는 성미이며 본향은 연안이다. 인조조에 좌의정 대제학을 하였다 시호는 문충이다.
号月沙字聖微延安人仁祖朝左相文衡諡文忠年.

님을 믿을것가 못믿을손 님이시라
미더온 시절도 못믿을줄 알아스라
믿기야 어려오랴마는 아니 믿고 어이리

님=여기서는 임금.
못믿을손=믿지 못할것은.
알아스라=알았도다.

(해동가요, 가곡원류)

신 흠 (申 欽)

호는 상촌이고 자는 경숙이며 본향은 평산이다. 인조조에 령의정 대제학을 하였다. 시호는 문정이다. 예순셋에 세상을 떠났다.
号象村字敬叔平山人仁祖朝領相文衡諡文貞年六十三.

아침비 오더니 늦은 후는 바람이라
천리 만리길에 풍우는 무삼 일고
두어라 황혼이 멀었거니 쉬여간들 어떠하리

늦은 후는=늦은 아침에는.

(해동가요, 가곡원류)

한식 비온 밤에 봄빛 다 퍼졌다
무정한 화류도 때를 알아 피였거든
어떻다 우리 님은 가고 아니 오시는고

　　　화류=꽃과 버들.

　　　　　　　　　　　　(해동가요, 가곡원류)

공명이 긔 무엇고 헌신짝 벗은이라
전원에 돌아오니 미록이 벗이로다
백년을 이리 지냄도 역군은 인가 하노라

　　　긔 무엇고=그 무엇인가.
　　　벗은이라=벗은것이다.
　　　미록=고라니(사슴중 큰것으로 반점이 없음)와 사슴.
　　　역군은 인가=역시 임금의 은혜인가.

　　　　　　　　　　　　(해동가요, 가곡원류)

헛가래 기나 저르나 기둥이 기우나 지트나
수간 모옥을 작은줄 웃지 말아
어즈버 만산라월이 다 내 벗인가 하노라

　　　헛가래=서까래.
　　　기둥이 기우나 지트나=기둥이 기울어지나 기대여서나.
　　　수간모옥=몇간의 초가집.
　　　만산라월=온산의 겨우살이에 비친 달빛.

　　　　　　　　　　　　(해동가요)

내가에 해오라비 무삼일 서 있는다
무심한 저 고기를 여어 무삼 하려는다
아마도 한물에 있거니 잊었은들 어떠하리

여어=엿보아.
무삼하려는다=무엇하려는가.
한물=큰물.

(해동가요, 가곡원류)

어일샤 저 붕조야 웃노라 저 붕조야
구만리장천에 무사일 올라간다
구렁에 볍새 참새는 못내 즐겨하더라

어일샤=어릴사. 어리석구나.
붕조=새 중에 가장 크다는 가상적인 새.
무사일 올라간다=무슨 일로 올라가는가.
볍새=뱁새.

(해동가요, 가곡원류)

산촌에 눈이 오니 돌길이 묻혔에라
시비를 여지 말아 날 찾을이 뉘 있으리
밤중만 일편명월이 긔 벗인가 하노라

시비=싸리문.

(해동가요, 류자신, 가곡원류)

남산 깊은 곬에 두어이랑 이러두고
삼신산 불사약을 다 캐여 심근 말이
어즈버 창해상전을 혼자 볼가 하노라

삼신산=전설에 신선이 살았다는 산으로 봉래, 방장, 영주의 세산.
창해상전=바다가 변하여 뽕밭이 되는것, 여기서는 그렇게 되는것을 보도록 오래 살겠다는 뜻을 표현함.

(해동가요, 가곡원류)

시비없은 후이니 영욕이 불관하다
금서를 헐은후에 이 몸이 한가커니
백구야 기사를 잊음은 너와 낸가 하노라

  영욕=영예와 욕된것.
  불관하다=관계가 없더라.
  금서를 헐은후에=거문고와 서적을 버린뒤에
  기사=뜬 세상의 복잡한 일.

(해동가요, 가곡원류)

김응정 (金応鼎)

 호는 송천이고 자는 공섭이다. 선조조에 벼슬은 성균관 대사성을 지냈다.
 号松川字公燮宣祖朝官湖堂大成.

태평천지간에 단표를 두러메고
두 사매 느리치고 우줌우줌 하는 뜻은
인세에 걸린 일 없으매 그를 좋아하노라

  단표=도시락과 표주박. 즉 가난한 살림살이 도구.
  두 사매=두 소매.
  느리치고=늘어드리고.
  우줌우줌=넘노는 모양.
  인세에=인간세상에.

(해동가요, 가곡원류)

한 호 (韓 濩)

 호는 석봉이다. 글씨를 잘 썼다.
 号石峰善筆

짚방석 내지 말아 락엽엔들 못앉으랴

솔불 혀지 말아 어제 진 달 돋아온다
아희야 박주산채일망정 없다 말고 내여라
박주산채=탁주와 산나물 안주.

(남훈태평가, 가곡원류)

박인로 (朴仁老)

만호벼슬을 하였다. 한음(리덕형)이 소반의 조홍감을 보고
노래를 짓게 하였다. 대개 효성이 지극한 뜻이 있다.
萬戶漢陰見盤中早紅使之作歌盖事親至孝.

반중조홍감을 고아도 보니 없다
유자가 아니라도 품엄즉 하다마는
품어가 반길이 없으니 그를 슬허하노라

반중조홍감=상우에 있는 일찍 익은 홍감.
유자=유자나무 열매.
품엄즉=줄길만.
반길 이=반길 사람. 여기서는 반기실 어버이를 뜻함.
품어가=그리워하여도.

(해동가요, 가곡원류, 로계집)

만구를 늘여내여 길게길게 노흘 꼬아
구만리 장천에 가는 해를 잡아매여
북당에 학발쌍친을 더디 늙게 하리라

만구=많고 많은 갈구리.
노흘=노끈을.
북당=부모가 게시는 집.
학발쌍친=늙으신 부모.

(해동가요, 남훈태평가, 가곡원류)

군봉 모드신듸 외가마귀 들어오니

백옥 쌓은듸 돌 하나 같다마는
　　봉황도 비조의 류이라 놀고 갈가 하노라

　　　군봉＝뭇 봉새.
　　　모드신듸＝모이신데.
　　　외가마귀＝까마귀 한마리.
　　　비조의 류라＝날새의 한 종류라.

　　　　　　　　　　　　　（해동가요, 가곡원류, 로제집）

리안눌 (李安訥)

　호는 동악이고 자는 사민이며 본향은 덕수이다. 용재의 증손으로 인조조에 대제학 령의정을 하였다. 시호는 문혜이다.
　号東岳字士敏德水人容齋曾孫仁祖文衡領相諡文惠.

　　천지로 장막삼고 일월로 등촉삼고
　　북해수 휘여다가 주준에 다혀두고
　　남극에 로인성 대하여 늙을 뉘를 모로리라

　　　휘여다가＝휘여 들여다가.
　　　주준＝술단지.
　　　남극＝남쪽, 하늘끝.
　　　로인성＝사람의 수명을 맡아본다는 별.
　　　늙을뉘를＝늙을줄을.

　　　　　　　　　　　　　（해동가요, 가곡원류）

김 류 (金 瑬)

　호는 북저이고 자는 관옥이며 본향은 순천이며 김여물의 아들이다. 인조조때 대제학 령의정을 하였다. 시호는 문충이다. 인조반정의 공신이다.
　号北渚字冠玉順天人汝岉子仁祖朝文衡領相諡文忠反正功臣.

소상강 긴 대 버혀 하날비게 비를 매여
페일부운 다 쓸어 바리고저
시절이 하수상하니 쓸동말동 하여라

> 하날 비제=하늘에 아무것도 없이 깨끗이 비도록.
> 페일부운=해별을 가리는 구름 즉 여기서는 국정의 간신들을 말함.

(해동가요, 가곡원류)

홍서봉 (洪瑞鳳)

호는 학곡이고 자는 휘세이며 본향은 남양이다. 인조조에 대제학
령의정을 하였다. 시호는 문정이다.
号鶴谷字輝世南陽人仁祖朝文衡領相諡文靖.

리별 하든 날에 피눈물 난지 만지
압록강 나린 물이 푸른 빛 전혀 없다
배 우희 백발사공이 처음 본다 하더라

> 난지만지=났는지 어쩐지 모르겠다.

(해동가요, 가곡원류)

김상헌 (金尙憲)

호는 청음이고 자는 숙도이며 김상용의 아우이다. 인조조에 좌의
정 대제학을 하였다. 정축년(1637년)에 심양에 가서 9년동안 있다
가 돌아왔다.
号清陰字叔度尚容弟仁祖朝左相文衡丁丑赴瀋九年而東還諡文正

가노라 삼각산아 다시 보자 한강수야
고국산천을 떠나고자 하랴마는
시절이 하 수상하니 올동말동 하여라

삼각산=서울 북쪽에 있는 산.
시절=1636년 너진족의 침입을 물리치지 못하고 치욕적인 화의를 맺은후의 시
기 (이 시조는 김상헌이 적국에 잡혀갈 때 지음).
울동말동=울지 말지.

(가곡원류)

조존성 (趙存性)

호는 룡호이고 자는 수초이며 본향은 한양이다. 인조조에 지돈녕
부사를 하였다. 시호는 소민이다.
号龍湖字守初漢陽人仁祖朝知敦寧諡昭敏.

　　아희야 되롱삿갓 찰하스라 동간에 비 지나거다
　　기나긴 낚대에 비늘 없은 낚시 매여
　　저 고기 놀라지 말아 내 흥겨워하노라

　　되롱삿갓=도롱이와 삿갓.
　　찰하스라=차려두어라.
　　동간=동편 끝짜기를 흐르는 시내물.
　　비늘=미늘(낚시의 갈구리)

(해동가요, 가곡원류)

　　아희야 구렁망태 메여라 서산에 날 늦었다
　　밤지낸 고사리 하마 아니 자랐으랴
　　이 몸이 푸새 아니면 조석 어이 지내리

　　하마=이미.
　　푸새=풋나물.

(해동가요)

　　아희야 소 먹여 내여라 북곽에 새 술 먹자
　　대취한 얼굴을 달빛희 실려오니
　　어즈버 희황상인을 오날 다시 보왜라

북파=북리라고도 한다. 술 과는 마을의 뜻.
희황상인=전설에 세상일을 초탈했다는 태고적 사람.
보왜라=보는구나.

장 만 (張 晩)

 호는 라서이고 자는 납고이고 본향은 옥성이다. 벼슬은 인조조에 찬성겸 병조판서 도원수를 하였고 공훈에 따라 옥성부원군을 봉하였다. 시호는 충정이다.
号洛西字納古玉城人仁祖朝官贊成兼兵判都元師勳封玉城府院君諡忠定

풍파에 놀란 사공 배 팔아 말을 사니
구절양장이 물도곤 어려웨라
이후란 배도 말도 말고 밭 갈기만 하리라

구절양장=고불고불한 산길을 말함.
물도곤=물보다.

(가곡원류, 남훈태평가)

윤선도 (尹善道)

 호는 어초은이고 자는 약이이며 본향은 인조조에 참의벼슬을 하였다. 시호는 충헌이다.
号漁樵隱字約而海南人仁祖朝官參議諡忠憲

송간석실에 가서 효원을 보려 하니
공산락엽에 길 찾기어렵다
어디서 백운이 좇아오니 녀라의가 무거웨라

송간 석실=솔밭속에 지은 돌집.
효월=새벽달
공산=빈 산, 적막한 산.
녀라의=소나무 겨우살이.

(해동가요, 가곡원류)

조한영 (曺漢英)

　호는 회곡이고 자는 수이이며 본향은 창녕이다. 인조조에 참판벼슬을 하였다. 시호는 문충이다.
号晦谷字守而昌寧人仁祖朝官参判謚文忠

　　옥란꽃이 피니 십년이 어느덧고
　　중야비가에 눈물계워앉아있어
　　살뜰히 설운 마음은 나 혼자인가 하노라

　　　옥란=꽃이름. 자옥란 또는 목란이라고도 한다.
　　　어느덧고=어느덧 지나갔노.
　　　중야비가=한밤중의 슬픈 노래.

　　　　　　　　　　　　（해동가요, 가곡원류）

정 온 (鄭 蘊)

　호는 오계이며 병자호란에 왕을 따라 남한산성에 들어가 화의(치욕적인)가 이루어지자 칼로 찔러죽으려 하면서 말하기를 내가 남한산성에서 죽지 않는다면 무슨 면목으로 내 처자를 보겠는가고 하고 산에 들어가 이 노래를 지었다.
号梧溪丙子胡乱随駕入南漢及和議成刺刃幾死乃曰吾不死於南漢何面目見吾妻子入山作此歌.

　　책 덮고 창을 여니 강호에 배 떠있다
　　왕래백구는 무음 뜻 먹음은지
　　이후란 공명을 떨치고 너를 좇아 놀니라

　　　무음 뜻=무슨 뜻.
　　　떨치고=떨어버리고

　　　　　　　　　　　　（가곡원류）

리명한 (李明漢)

호는 백주이고 자는 월사이다. 벼슬은 대제학 리조판서를 하였다. 병자란때 간인의 모해로 잡혀가서 심양옥중에 갇혀있다가 한해를 지나서 풀려나왔다.
号白洲字月沙子文衡吏判丙子乱為姦人所執囚瀋獄経年乃釈還.

반나마 늙어시니 다시 젊든 못하여도
이후이나 늙지 말고 매양 이만 하였고저
백발이 네 짐작하여 더듸 늙게 하여라

(남훈태평가, 가곡원류)

룩수청산깊은 곳에 청려완보들어가니
천봉은 백설이요 만학은 연무로다
이곳이 경개좋으니 예와 놀려 하노라

　청려완보=명아주 지팽이로 천천히 걷는것.
　천봉=천개의 봉우리.
　만학=일만골짜기.
　연무=연기와 안개.

(가곡원류)

새별 지자 종다리 떴다 호믜 메고 사립 나니
긴 수풀 찬 이슬에 베잠방이 다 젖거다
야희야 시절이 좋을세면 옷이 젖다 관계하랴

　사립나니=사립문 나서니.
　젖거다=젖는다.

(가곡원류)

— 79 —

울며 잡은 소매 떨치고 가지 마소
초원 장제에 해 다져 저물었다
객창에 잔등을 돋오고 앉어보면 알리라

　　　　초원장제=풀밭으로 이루어진 긴 방축.
　　　　잔등=까물거리는 등불.

　　　　　　　　　　　　　（가곡원류）

꿈에 다니는 길이 자최 곳 날작시면
님의 집 창밖이 석로이라도 닳을노다
꿈길이 자최 없으매 그를 슬허하노라

　　　　자최 곳=자욱, 자취가 끝.
　　　　날작시면=날것 같으면.
　　　　석로=돌길.
　　　　닳을노라=달아지리라.

　　　　　　　　　　　　　（가곡원류）

김 육 (金 堉)

호는 잠곡이고 자는 백원이며 본향은 청풍이다. 효종조에 령의정
을 하였다. 시호는 문정이다.
号潛谷字伯原淸風人孝宗朝領相諡文貞

자네 집에 술 익거던 부디 나를 청하시소
초당에 꽃이 피거드란 나도 자네를 청하옴세
백년간 시름없을 일을 의논코저 하노라

　　　　　　　　（해동가요, 남훈태평가, 가곡원류）

리 완 (李 浣)

자는 청지이고 본향은 경주이며 무과에 급제하였다. 효종조에

- 80 -

벼슬이 우의정에 이르렀다.
字淸之慶州人武科孝宗朝官至右相

　　군산을 삭평턴들 동정호 널러지며
　　계수를 버히던들 달이 더욱 밝을것을
　　뜻 두고 이루지 못하니 늙기 설워하노라

군산=동정호속에 작은 산들이 많은데 그 중 가장 큰 산이 군산이다.
삭평턴들=깎아 평평하게 하였던들.
동정호=못이름.
계수를=여기서는 달속에 계수나무가 있다는 　전설을 인용한것.

　　　　　　　　(해동가요, 남훈태평가, 가곡원류)

강백년 (姜栢年)

　호는 설봉이고 자는 숙구이며 본향은 진양이다. 버슬은 숭록례부
판중추부사를 하였다. 시호는 문정이다.
号雪峰字叔久晋陽人官崇禄判樞諡文貞.

　　청춘 곱던 양자 님을 내여 다 늙거다
　　이제 님이 보면 날인줄 알오실가
　　님께서 날인줄 알작시면 고대죽다 설우랴

양자=모양 모습.
님을 내여=님으로 하여, 님때문에.
다 늙거다=다 늙었다.
고대죽다=곧 죽는다고

　　　　　　　(해동가요, 가곡원류)

허 정 (許 珽)

　호는 송호이고 자는 중옥이며 본향은 양주이다. 승지 버슬을 하

— 81 —

였다.
号松湖字仲玉楊州人官承旨

일즁삼죡오야 가지 말고 내 말 들어
너희는 반포조라 조중지증자이니
우리의 학발쌍친을 더디 늙게 하여라

　　일즁삼죡오=전설에서 해속에 산다는 세발가진 까마귀.
　　반포조라=새끼새가 늙은 어미새에게 먹이를 계속 구하여 주는 새라.
　　조중지증자이니=새 중에서 가장 효성이 많은 새이니. 증자는 공자의 제자인데
　　　효자였다.
　　학발쌍친=늙으신 부모님.

　　　　　　　　　　　(해동가요, 가곡원류)

송시렬 (宋時烈)

호는 우암이고 자는 영보이며 본향은 은진이다. 송갑조의 아들이며 효종조에 은인(숨은 학자)으로서 좌의정을 하였고 시호는 문정이다.
号尤庵字英甫恩津人甲祚子孝宗朝逸左相諡文正.

님이 혜오시매 나는 전혀 믿었더니
날 사랑하던 정을 뉘 손에 옮기신고
처음에 뮈시던것이면 이대도록 설우랴

　　혜오시매=헤아리시매 즉 생각하시오매.
　　뮈시던=미워하시던.

　　　　　　　　　　　(해동가요, 가곡원류)

남구만 (南九萬)

호는 약천이고 자는 운로이며 본향은 의녕이다. 숙종조에 대제학 령의정을 하였다. 시호는 문충이다.

号樂泉字雲路宜寧人肅宗朝文衡領相諡文忠

동창이 밝았는냐 노고지리 우지진다
소치는 아희들은 상기 아니 일어느냐
재 너머 사래 긴 밭을 언제 갈려 하나니

(해동가요, 가곡원류)

류혁연 (柳赫然)

본향은 문화이다. 무과에 급제하였다. 숙종조에 대장이 되고 숭정대부판서에 이르렀다.
文化人武科肅宗朝大將至崇政判書

닫는 말 서서 늙고 드는칼 보믜거다
무정세월은 백발을 재촉하니
아마도 성주홍은을 못갚을가 하노라

　　믜거다=누쓸었도다.
　　성주홍은=임금의 넓은 은혜.

(해동가요, 가곡원류)

리화진 (李華鎭)

호는 묵졸이고 자는 자서이며 본향은 려주이다. 숙종조에 감사와 우부승지를 하였다.
号黙拙斎字子西驪州人肅宗朝監司右副承旨

초당에 깊이 든 잠을 새 소리에 놀라 깨니
매화우갠 가지에 석양이 거의로다
아희야 낚대 내여라 고기잡기 저물었다

매화우=매화꽃 무렵에 오는비.
석양이 거의로다=저녁해가 거의 다 저물어간다.

(해동가요, 가곡원류)

박태보 (朴泰輔)

호는 정재이고 자는 사원이며 본향은 반남이다. 숙종조에 부응교를 하였다. 시호는 문렬이다.
号定齋字士元潘南人肅宗朝副應教謚文烈.

흉중에 불이 나니 오장이 다 타간다.
신농씨꿈에 보와 불 끌 약 물어보니
충절과 강개로 나니 끌 약없다 하더라

흉중에=가슴속에.
신농씨=고대의 전설적왕으로 백성들에게 농사를 가르치고 여러가지 풀을 가지고 사람들의 병을 고쳐주었다고 한다.
충절과 강개=충성심과 의분을 느끼는 마음.

(해동가요, 가곡원류)

리 택 (李沢)

본향은 완산이다. 무과에 급제하여 병마절도사를 하였다.
完山人武兵使.

감장새 작다 하고 대붕아 웃지 말아
구만리 장천에 너도날고 저도 난다
두어라 일반비조니 제오 네오 다르랴

대붕=등이 산등 같고 날개는 구름 같다는 가상적인 새.
구만리장천=넓고 넓은 하늘.
일반비조니=한 가지로 나는 새이니.
제오 네오=제나 네나 즉 저 감장새나 너 대붕이나.

(해동가요, 남훈태평가, 가곡원류)

구지정 (具志禎)

본향은 릉성이며 벼슬은 목사를 하였다.
綾城人官牧使.

쥐 찬 소로기들아 배부르다 자랑말아
청강에 여원학이 주리다 부럴소냐
내 몸이 일 없을선정 살 못찌다 어찌리

<blockquote>
쥐찬=쥐를잡아간
소로기=소리개.
배부르라=배부르다고
부럴소냐=부러워할테냐.
일 없을선정=일이 없으면 없었지.
</blockquote>

(해동가요, 가곡원류)

김성신 (金盛宸)

호는 행곡이고 자는 최량이며 본향은 안동이다. 음관으로 목사를 하였다.
号杏谷字最良安東人蔭牧使.

술 깨여 일어 앉아 거문고를 희롱하니
창밖에 섰는 학우즘우즘하는고나
아희야 남은 술 고쳐 부었으라 흥이 다시 오노메라

<blockquote>
부었으라=부어라.
오노메라=오는구나.
</blockquote>

(해동가요, 가곡원류)

적성군 (積城君)

년대를 잘알수 없다
年代未詳.

새벽비 일갠 날에 일거스라 아희들아
뒤뫼 고사리 하마 아니 자랐으랴
오날은 일껏거 오너라 새 술안주 하리라

    일갠 날에=일찍 개인 날에.
    일거스라=일어나거라.
    하마 아니 자랐으랴=벌써 자라나지 않았겠느냐.
    일 껏거 오너라=일찍 꺾어오너라.

(해동가요, 가곡원류)

김창업(金昌業)

  호는 로가재이고 자는 대유이다. 숙종조에 진사가 되였으나 벼슬을 하지 않았다.
  号老稼斎字大有肅宗朝進士不仕.

거문고줄 꽂아 놓고 훗져이 낮잠 든제
시비 견폐성에 반가온 벗 오는고야
아희야 점심도 하려니와 외상탁주 내여라

    훗져이=호젓이.
    시비견폐성=사립문에서 나는 개짖는 소리

(해동가요, 가곡원류)

자남은 보라매를 엊그제 갓 손떼여
빼깃에 방울 달아 석양에 받고나니
대장부의 평생득의는 이뿐인가 하노라

    자남은=한자 더 되는.
    보라매=매의 한가지. 행동청이라고도 함.
    빼깃=꽁지깃.
    평생득의=평생 의기 있고 자랑찬 일.

(해동가요, 가곡원류)

벼슬을 저마다 하면 농부될이 뉘 있이며
의원이 병 고치면 북망산이 저러하랴
아희야 잔만 부어라 내 뜻대로 하리라

(해동가요, 남훈태평가, 가곡원류)

유 숭 (兪 崇)

자는 원지이고 본향은 기계이다. 숙종조에 참판을 하였다.
字元之杞溪人肅宗朝參判.

청계변백사상에 혼자 섰는 저 백로야
나의 먹은 뜻을 넨들 아니 알았이랴
풍진을 슬희여 함이야 네오 내오 다르랴

청계변백사상에=맑은 시내가 흰 모래불에.
백로=해오라기.
슬희여함이야=슬퍼하는것이야.
네오 내오=네나 내나.

(해동가요, 가곡원류)

간밤 오던 비가 앞내에 돌지거다
등 검고 살진 고기 버들 녁세 올라는냐
아희야 그물 내여 오너라 고기잡이 하리라

돌지거다=물기 충충 가득하게 흐르게 되다.
버들녁세=물속에 로출된 버들뿌리가 씻기여 고기들이 숨기 좋게 된곳에.

(해동가요, 가곡원류)

신정하 (申靖夏)

벼슬이 귀타 한들 이내몸에 비길소냐

전리를 바삐 몰아 고산으로 돌아오니
어디서 급한 비 한줄기에 출진행장은 씻거피야

>전리=다리 저는 말.
>고산=고향.
>출진행장=티끌많은 세상에 나아 갔던 려장.
>씻거피야=씻어내누나.

(해동가요, 가곡원류)

장붕익 (張鵬翼)

무과에 급제하여 숙종조에 대장을 하고 판서에 이르렀다.
武科肅宗朝大將至判書.

나라히 태평이라 무신을 바리시니
날 같은 영웅은 북새에 다 늙거다
아모도 위국단충은 나뿐인가 하노라

>나라히=나라가.
>무신=무판대신.
>북새에 다 늙거다=북쪽 국경에서 다 늙는구나.
>아모도=아마도.
>위국단충=나라를 위하는 충신.

(가곡원류)

리 유 (李 渘)

호는 소악루이고 본향은 완산이다. 음관으로 현감을 하였다.
号小岳樓完山人蔭縣監.

자규이야 우지 말아 울어도 속절없다
울면 너만 울지 잠든 나를 깨오는다
아마도 네 소리 들릴 제면 가슴 아파하노라.

자규=소쩍새.
깨오는다=깨우는가.

(해동가요, 가곡원류)

윤두서 (尹斗緖)

숙종조에 진사를 하였다
肅宗朝進士.

옥에 흙이 묻어 길가에 바렸이니
오는이 가는이 다 흙만 너겼도다
두어라 흙이라 한들 흙일줄이 있으랴

(해동가요, 가곡원류)

윤 순 (尹 淳)

호는 백하이다. 영종조에 판서를 지냈다.
号白下英宗朝判書.

내 집이 백하산중 날찾을이 뉘 있으리
입아실자가 청풍이요 대아음자가 명월이라
정반에 학배회 하니 긔 벗인가 하노라

입아실자가 청풍이요=내 방에 들어오는것은 맑은 바람이요.
대아음자가 명월이라=나와 마주 앉아 술을 마시는것은 둥근 달이라.
학배회하니=학이 서성거리니.

(해동가요, 남훈태평가, 가곡원류)

리정보 (李鼎輔)

영종조에 판서를 지냈다.
英宗朝判書.

국화야 너는 어이 삼월춘풍 다 지내고
락목한천에 네 홀로 피였나니
아마도 오상고절은 너뿐인가 하노라

  락목한천=나무잎이 진 찬 날씨.
  오상고절=서리에 굳센 외로운 절개.

(해동가요, 남훈태평가, 가곡원류)

장 현 (張 炫)

이 아래는 년대와 자 및 호를 다 알수 없다.
此以下年代字号並未詳.

압록강 해진 후 어여쁜 우리 님이
연운만리를 어디라고 가시는고
봄풀이 푸르거든 즉시 돌아오소서

  어여쁜=가엾은.
  연운만리=중국 연경(오늘의 북경)으로 가는 만리길.

(해동가요, 가곡원류)

주의식 (朱義植)

무과출신이다.
武.

하늘이 높다 하고 발 저겨서지 말며
따히 두텁다 하고 매이 밟지 말을것이
하늘 따 두텁고 높다 하되 내 초심하리라

  발 저겨서지 말며=발뒤축을 쳐들어서 발끝으로 서지 말며.
  매이=매우, 혹은 세게.

(해동가요 가곡원류)

창밖에 동자가 와서 오늘이 새해옵거늘
동창을 열쳐보니 예 돋던 해 돋아온다
아희야 만고한 해니 후천에 와 일러라

  만고 한 해니=예보부터 같은 해이니.
  후천에 와=세상에 다시 태여난 다음에 와서.

      (해동가요, 가곡원류)

인심은 터히 되고 효제충신기둥되여
례의렴치로 가죽이 네엿이니
아모리 풍우를 만난들 기울줄이 있이랴

  인심=어진 마음.
  터히 되고=터가 되고.
  효제충신=효성과 우애(형제간에)와 충성과 신의(친구사이에).
  가죽이=가지런히.

      (해동가요, 가곡원류)

오늘을 매양두어 점그도 새도 말아
만고할리니 일일신을 어이하리
백각에 한번씩 있어 몸을 좋게 하리라

  점그도=저물지도.
  새도=새지도.
  만고할리니=예로부터 같은 하루니.
  일일신을=매일 새톱기를.
  백각=옛날 루수기, 물시계에서 하루를 백각으로 구분했다.
  몸을 좋게=몸을 깨끗이.

      (해동가요, 가곡원류)

천심에 돋은 달과 수면에 부는 바람

상하성색이 이 중에 갈렸나니
이 중을 타나시니 어질기는 한가지라

>   천심=하늘.
>   상하성색=하늘과 땅의 소리와 색.
>   타나시니=태여 났으니.

(해동가요, 가곡원류)

형산에 박옥을 얻어 세상사람 뵈려오니
겉이 돌이여니 속알이 뉘 있이리
두어라 알이 알지니 돌인듯이 있거라.

>   형산=산이름.
>   박옥=구슬의 한 종류.
>   뵈려오니=보려오니.
>   속알이=속을 알사람
>   알이 알지니=알사람은 알것이니.

(해동가요, 가곡원류)

김삼현 (金三賢)

늙기 설운줄을 모로고나 늙거는가
삼광이 덧없어 백발이 절로난다.
그러나 기년적 마음은 감한 일이 없에라

>   모로고나=모르기나 하고
>   삼광이=세월이, 삼광은 해, 달, 별을 말함.
>   덧없어=세월이 빨리 흘러가는것이 허무하여.
>   기년적마음=어릴적마음.
>   감한일=감소한적.

(해동가요, 가곡원류)

송단에 선잠 깨여 취안을 들어보니
석양포구에 나드느니 백구이로다
아마도 이 강산님자는 나뿐인가 하노라

  송단＝소나무 아래 쌓은 단.
  취안＝술에 취한 눈.
  나드느니＝나드는것이.
  석양포구＝저녁해 떨어지는 물가.

         (해동가요, 가곡원류)

공명을 즐겨말아 영욕이 반이로다
부귀를 탐치 말아 위기를 밟느니라
우리는 일신이 한가하니 두릴 일이 없에라

  영욕＝영화와 치욕.
  위기를 밟느니라＝위험을 당할 때가 있다는 뜻.
  두릴 일이＝두려워할 일이.

         (가곡원류)

김성기 (金聖器)

  료화에 잠든 백구 선잠깨여 나지 말아
나도 일 없어 강호객이 되였노라
이후는 찾을이 없으니 널로 좇아 놀니라

  료화＝역귀꽃.
  강호객＝전원의 손님. 속세를 피하여 산수속에 묻혀사는 사람이라는 뜻
  널로 좇아＝너와 함께

        (해동가요, 가곡원류)

홍진을 다 떨치고 죽장망혜 짚고 신고

요금을 빗기안고 서호로 들어가니
로화에 떼 많은 갈매기는 옛벗인가 하더라

  홍진=인간세상의 먼지.
  죽장망혜=지팽이와 짚신.
  요금=옥으로 장식한 거문고.
  빗기안고=비스듬이 안고.

        (해동가요, 가곡원류)

옥분에 심은 매화 한가지 꺾어내니
꽃도 좋거니와 암향이 더욱 좋다
두어라 꺾은 꽃이니 바릴줄이 있이랴

  암향=그윽한 향기.

        (해동가요)

구레 벗은 천리마를 뉘라서 잡아다가
조죽삶은 콩을 살지게 먹게 둔들
본성이 오왕하거니 있을줄이 있이랴

  구레=굴레.
  조죽=아침여물.
  오왕하거니=왁살스러우니.
  있을줄이 있이랴=가만히 있을수 있으랴.

        (해동가요, 가곡원류)

김유기 (金裕器)

내 몸에 병이 많아 세상에 바렸이니
시비영욕을 오로다 잊었건만
다만지 호쾌한 일벽이 매 부로기 좋왜라

바렸이니=버렸으니.
시비영유=옳고 그른것. 영화롭고 욕된것.
오로다=모두다.
호패한 일벽이=호탕한 한 버릇이.
매 부로기=꿩사냥하기

(해동가요, 가곡원류)

춘풍도리화들아 고은 양자 자랑 말아
장송록죽을 세한에 보려모나
정정코 락락한 절을 고칠줄이 있이랴

고은 양자=고운 모습.
장송록죽=큰 소나무와 푸른 대나무.
세한에=추운 철에.
정정코=꿋꿋하고 억세며.
락락한=뜻이 크고 뛰여난.
절=절개.

(해동가요, 가곡원류)

태산에 올라앉어 사해를 굽어보니
천지사방이 훤출도 한저이고
장부의 호연지기를 오날이야 알패라

훤출도=장하고 시원하기도.
한저이고=하구나.
장부의=사나이의.
호연지기=크고 굳센 의기.
알패라=알겠노라.

(해동가요, 가곡원류)

장부로 삼겨나서 립신양명 못할세면
차라로 다 떨치고 일없이 늙으리라

이밖에 록록한 영도에 걸릴줄 있이랴

삼겨나서=태여나서.
립신양명=출세하여 이름을 떨치는것
차라로=차라리
다 떨치고=다 버리고.
록록한=오죽잖은.
영도=계획.

(해동가요, 가곡원류)

오날은 천렵하고 래일은 산행가세
꽃다림 모래 하고 강신으란 글피 가자
그글피 편사회할제 각지주호하시소

천렵=내물에서 하는 고기잡이
산행=사냥.
꽃다림=화전놀이.
강신으란=강신은 향약을 강의하는것, 향약은 시골사람들이 서로 도의를 지키
 는 규범.
편사회=패를 나누어 활쏘기하는것.
각지주호하시소=각기 술병을 가지고 오시오.

(해동가요)

림 진 (林 晋)

활 지어 팔에 걸고 칼 갈아 옆에 차고
철옹성변에 동개 베고 잠을 드니
보완다 보왜라 소리에 가슴 금측 하여라

철옹성=평북녕변에 있는 성.
동개=화살을 넣어서 등에 지는 가죽으로 만든 주머니.
보완다 보왜라 소리=보았느냐 보았도다 하는 군호소리.

(해동가요, 가곡원류)

리중락 (李仲楽)

뉘라서 날 늙다런고 늙은이도 이러한가
꽃보면 반갑고 잔잡으면 우옴난다
춘풍에 흩나는 백발이야 낸들 어이 하리

   우옴＝웃음.

(해동가요, 가곡원류)

박명현 (朴明賢)

달 밝은 오리성에 혀남은 벗이 앉어
사향감을 뉘 아니 지리마는
아마도 위국단침은 나뿐인가 하노라

   혀남은＝혜고 남은 여럿 되는
   사향감＝고향생각(여기서는 임금이 있는 서울 생각).
   아니 지리마는＝아니 가질가마는.
   위국단침＝나라를 위한 붉은 정성.

(가곡원류)

허 강 (許 橿)

부모생지하시니 속막대언 하옵거니
달지류혈한들 질원을 차마할가
생아코 국아하신 덕을 못갚을가 하노라

   생지하시니＝나를 낳으시니.
   속막대언＝뒤를 잇는것보다 더큰것은 없다.

달지류혈한들=매를 맞아 피가 흐른들.
질원=원망.
셩아코 국아하신=나를 낳고 기르신.

(가곡원류)

김상옥 (金相玉)

무과에 급제하여 병마절도사를 하였다.
武兵使.

청산아 말 물어보자 고금일을 네 알리라
만고영웅이 몇몇이나 지내였노
이후에 묻는 이 있거든 나도 함께 닐러라

(남훈태평가, 가곡원류)

김 영 (金 煐)

상옥의 아들이다.
相玉子.

일순천리간다 백송골아 자랑 말아
두텁도 강남가고 말 가는데 소 가너니
두어라 지어지처이니 네오 내오 다르랴

일순천리간다=눈깜짝할 사이에 천리를 간다고.
백송골=매의 한 종류로서 몸이 작고 세차다.
두텁도=두꺼비도.
지어지처이니=갈곳에 가닿으니.
네오 내오=너와 내가.

(가곡원류)

소년십오 이십시를 매양만 너겨더니

삼사 오륙십이 어언간에 지나거다
남은 해 칠팔구십으란 병촉야유하오리라

  매양만 너겨더니=언제나 그러리라고 생각하였더니.
  병촉야유하오리라=초불을 잡고 밤놀이를 하리라.
  어언간=어느덧. 모르는 동안.

(가곡원류)

뷘 배에 섰는 백로 벽파에 씻어 흰가
네 몸이 저리 흰들 마음조차 흴소냐
만일에 마음이 몸 같으면 너를 좇아 놀리라

  벽파=푸른물결.

(가곡원류)

리면승 (李勉承)

판서를 하였다. 判書.

청류벽 사월천에 록음방초 승화시라
편주에 술을 싣고 벽파로 나려가니
아마도 세상영욕이 꿈이런가 하노라

  사월천=사월날씨.
  록음방초승화시=나무그늘과 향기로운 풀—여름철이 꽃필 때의 봄보다 낫다.
  세상영욕=영화와 굴욕의 세상사.

(가곡원류)

정지상 (鄭知常)

시를 잘 썼다. 詩

우헐장제 초색다하니 송군남포 동비가를

— 99 —

대동강수 하시진고 별루년년 　 첨록파이라
승지에 단장가인이 몇몇인줄 몰래라

　　　우혈장제 초색다하니＝비 멎자 긴 방축에 풀빛이 짙으니.
　　　송군남포 동비가를＝그대를 남포에서 보내며 슬픈 노래를 부른다.
　　　대동강수 하시진고＝대동강물은 언제 다할것인가.
　　　별루년년첨록파이라＝리별의 눈물은 해마다 푸른 물결을 더 보태네.
　　　승지에＝경치좋은곳에.
　　　단장가인이＝애를 태우는 미인이.
　　　몰래라＝몰라라.

　　　　　　　　　　　　（가곡원류）

김민순（金敏淳）

호는 매월송풍이고 자는 신여이며 청음(김상헌)의 7대손이다. 본
향은 안동이며 벼슬은 현감을 하였다.
　　号梅月松風字慎汝清陰七代孫安東人官県監.

남원에 꽃을 심어 백년춘색보려터니
일조풍상에 피는듯 이울거다
어즈버 탐화봉접은 갈곳 몰라 하노라

　　　남원에＝남쪽 뜰에.
　　　백년춘색＝다함없는 봄빛.
　　　일조풍상＝갑작스런 바람과 서리발.
　　　피는듯 이울거다＝피자마자 시들어졌도다.
　　　탐화봉접＝꽃을 찾는 벌과 나비.

　　　　　　　　　　　　（가곡원류）

공명은 랑을 끼고 부자는 중지원을
단사표음을 루항에 안분커니
세상이 자황분경을 나는 몰라 하노라

랑=이리.
중지원을=대중이 다 원망하는것을.
단사표음=도시락으로 밥을 먹고 표주박으로 물 마시는것.
누항=좁고 더러운 거리, 자기가 사는 동네를 낮추 이르는 말.
안분커니=자기 분에 만족하니.
자황분경=서로 내쫓는 다툼질.

(가곡원류)

새소리 지져피니 날밝은줄 알고 닐어
일호주결에 놓고 삼척현금희롱하니
이윽고 한가한 벗님네는 나를 찾아오더라

일호주=한병 술.
현금=거문고.

(가곡원류)

내게는 병이 없어 잠 못들어 병이로다
잔등이 다 진하고 닭이 울어 새오도록
오매에 님생각노라 잠든 적이 없에라

오매=자나 깨나.

(가곡원류)

네 얼굴 그려내여 월중계수에 거렀이면
동령에 돋아올제 두렷이 보련마는
그려서 길이 없으니 그를 슬허하노라

월중계수=달속에 있는 계수나무.
거렀이면=걸어놓았으면.
동령=동산마루.
길이=길에.
슬허하노라=슬퍼한다.

(가곡원류)

조명리 (趙明履)

설악산가는 길에 개골산중을 만나
중다려 물은 말이 풍엽이 어떠터니
이 사이 련하여 서리치니 때맞았다 하더라

　　설악산=강원도 린제에 있는 산.
　　개골산=겨울의 금강산을 말함.
　　풍엽=단풍잎.
　　때맞았다=단풍때가 한창이다(서리가 저돕 내려 때마침 단풍이 한창인 때에
　　맞추온다는 뜻).

　　　　　　　　　　(해동가요, 가곡원류)

김시경 (金時慶)

백운깊은 골에 청산록수 둘러는데
신구로 복축하니 송죽간에 집이로다
매일에 령균을 맛들이며 학록함께 놀니라

　　백운깊은=흰구름 싸인.
　　청산록수 둘러는데=푸른산, 푸른물로 둘러있는데.
　　신구=전설에 접치는 거북이라는 가상적 동물.
　　복축하니=점치고 집을 지으니.
　　송죽간=솔과 대사이.
　　령균=버섯.
　　학록=학과 사슴.

　　　　　　　　　　(가곡원류)

리정진 (李廷鎭)

북두성돌아지되 달은 미처 아니 졌네

가는 배 엇마 예리 밤이 이미 깊었어라
풍편수성침들리니 다 왔는가 하노라

  엇마 예리=얼마나 가겠는가.
  풍편수성침 들리니=바람결에 다듬이 소리가 들리니.

(가곡원류)

정수경 (鄭寿慶)

자는 치응이다.
字穉応.

사립 쓴 저 어옹아 네신세 한가하다
백구로 벗을 삼고 고기 잡기 일삼으니
어쩌타 풍진기마객을 부럴줄이 있이랴

  사립=삿갓.
  어옹=어부. 고기잡이할아버지.
  풍진기마객=속세의 말 탄 나그네.

(가곡원류)

신희문 (申喜文)

자는 명유이다.
字明裕.

자황분경하매 떨치고 고원에 오니
탁주반호에 청금횡상뿐이로다
다만지 생계는 있고 없고 시름없어 하노라

  자황분경하매=서로 헐어 뜯고 내치면서 자기 리득을 취하기에.
  고원=고향집.

반호=반병.
청금횡상=거문고와 침상.
다만지=다만.
생계=살림살이.

(가곡원류)

진세를 다 떨치고 죽장을 훗더짚고
비파를 두러메고 서호로 들어가니
수중에 떠있는 백구는 내 벗인가 하노라

  진세=어지러운 세상.
  죽장을 훗더짚고=대지팽이를 휘여잡고.
  비파=현악기의 한 가지.
  서호=한강줄기 중 5강의 하나.

(가곡원류)

두고 가는 리별보내난 내 안도 있네
알뜰히 그리울제 구곡간장석을로다
저 님아 혜여 보소라 아니 가든 못할소랴

  내 안도=내 마음도.
  구곡간장=굽이굽이 깊이 든 마음속.
  석을로다=썩겠구나.
  혜여 보소라=생각해 보시오.

(가곡원류)

청춘에 리별한 님이 몇 세월을 지내였노
류광이 덧없어 곱던 양자 늙거고야
저 님아 백발을 한치 말아 리별뉘를 슬헤라

  류광=흐르는 세월.
  양자=모습.

늙거고야＝늙었구나
리별 뉘물＝리별의 시간을.
슬혜라＝슬퍼하노라.

(가곡원류)

진 이 (眞伊)

기생 娼.

내 언제 신이 없어 님을 언제 속였관대
월침삼경에 온 뜻이 전혀 없네
추풍에 지는 잎소리야 낸들 어이 하리

월침삼경＝달도 진 한밤.
온 뜻이＝오는 기미가.

(해동가요, 가곡원류)

산은 옛산이로되 물은 옛물 아니로다
주야로 흐르니 옛물이 있을소냐
인걸도 물과 같도다 가고아니 오더라

인걸＝훌륭한 사람.

(해동가요, 가곡원류)

소백주 (小柏舟)

평양기생 娼平壤.

상공을 뵈온 후에 사사를 믿자오니
졸직한 마음에 병들가 념려이러니

이 님아 저리 차하시니 백년동포하리라

    상공=정승.
    울직한=고지식한.
    백년동포=백년을 같이 사는것.

(해동가요, 가곡원류)

매 화 (梅 花)

기생 娼.

매화 옛등걸에 봄철이 돌아오니
옛 피던 가지에 피염즉 하다마는
춘설이 란분분하니 필동 말동 하여라

    매화=매화나무와 작자 자신의 이름(매화의 두 뜻이 합쳐져 있다).
    춘설이 란분분하니=봄눈이 어지럽게 흩날리니.
    필동 말동=필지 말지.

(해동가요, 가곡원류)

송 이 (松 伊)

기생 娼.

솔이 솔이라 하니 무슨 솔만 너겼는다
천심절벽에 락락장송 내 긔로다
길아래 초동의 접낫이야 걸어 볼줄이 있이랴

    천심절벽=천길이나 높은 절벽.
    락락장송=미끈하게 잘 자란 소나무.
    초동=나무군아이.
    접낫=작은 낫.
    락락장송내 긔로다=내가 바로 락락장송이로다. 즉 자신이 절개굳다는 뜻.

(가곡원류)

명 옥 (明 玉)

기생 娼.

꿈에 뵈는 님이 신의없다 하건마는
탐탐히 그리울제 꿈 아니면 어이 보리
저 님아 꿈이라 말고 자로 자로 뵈시소

　　탐탐히=못견디게.

　　　　　　　（가곡원류）

백발을 흩날리고 청려장을 이끌면서
만면홍조로 록음중에 누웠더니
우연이 흑첨향단몽을 황조성에 깨거다

　　　　　　　（김민순）

　　청려장=명아주로 만든 지팽이.
　　만면홍조로=얼굴이 온통 붉게 되여.
　　흑첨향단몽=곤하게 든 단잠.
　　황조성=꾀꼬리노래

　　　　　　　（가곡원류）

숙종대왕 （肅宗大王）

문닫고 글닐원지 몇 세월이 되였관듸
정반에 심은 솔이 로룡린을 일러고나
동원에 피여진 도리화야 몇번인줄 알리오

　　　　　　　（리정진）

글닐읜지=글을 읽은지.
정반에=뜨락에.
로룡린=늙은 룡의 비늘. 오래된 소나무 몸체의 밑둥. 껍질이 비늘처럼
　　　된것을 비유하여 말한것.
일러고나=이루었구나.
동원=화원.
도리화야=복숭아, 살구꽃이야.
피여진=피여서 진.

　　　　　　　　　　　（가곡원류）

청춘에 불습시서하고 활 쏘와 인일 없네
내 인사이러하니 세사를 어이 알리
찰하로 강산에 물러와서 이종천년하리라
　　　　　　　　　　　（신희문）

불습시서하고=시와 글을 배우지 않고.
활쏘와 인일 없네=활을 쏘아본 일이 없네.
찰하로=차라리.
이종천년하리라=명 있는대로 살리라

　　　　　　　　　　　（가곡원류）

인생천지백년간에 부귀공명여부운을
세사를 후리치고 산당으로 돌아오니
청산이 날다려 니르기를 더디왔다 하더라
　　　　　　　　　　　（신희문）

여부운을=뜬 구름과 같은것을.
후리치고=떨쳐버리고.
산당=산골에 있는 집.

　　　　　　　　　　　（가곡원류）

련심어 실을 뽑아 긴 노 부여 걸었다가

사랑이 긋쳐갈제 찬찬 감아매오리라
우리는 마음으로 맺았이니 긋칠줄이 있이랴

(김 영)

노 부여=노끈을 비비여 꼬아.
긋쳐=그치여.

(가곡원류)

그리든 님 만난 날 밤은 저 닭아 부대 우지 말아
네 소래 없도소니 날 샐줄 뉘모로리
밤중만 네 울음소리 가슴 답답하여라

없도소니=없기로서니.
밤중만=한밤에.

(가곡원류)

마음이 지척이면 천리라도 지척이오
마음이 천리오면 지척도 천리로다
우리는 각재천리오나 지척인가 하노라

지척=거리가 매우 가까운것.
각재천리오나=각기 천리를 떨어져있으나.

(가곡원류)

세째치 잦은 한잎 (三數大葉)

도화 리화 행화방초들아 일년춘광한치 말아
너희는 그리 하여도 여천지무궁이라
우리는 백세뿐이매 그룰 슬허하노라

일년춘광=한해에 한번 오는봄빛.
　　　여천지무궁이라=천지와 더불어 끝이 없구나. 복숭아꽃 배꽃들은
　　　　매년 핀다는 뜻.

(가곡원류)

추강에 월백커늘 일엽주를 흘리저어
낚대를 떨쳐드니 자든 백구다 놀라난다
저희도 사람의 흥을 알아 오락가락 하더라

　　　흘리저어=물이 흐르는대로 따라 저어.

(가곡원류)

어우와 날 속여다 추월춘풍이 날 속여다
절절 돌아오매 유신이 너겨더니
백발을 날 다 맡지고 소년 좇녀 가거니

　　　어우와=감탄사.
　　　날 속여다=나를 속였다.
　　　추월춘풍=가을달, 봄바람.
　　　절절=철철이.
　　　유신이=믿음직하게.
　　　너겨더니=여겼더니.
　　　맡지고=맡기고.
　　　소년 좇녀=소년을 따라.

(가곡원류)

바람 불어 쓰러진 뫼 보며 눈비 맞아 석은 돌 본다
눈정에 거룬 님을 슳거늘 보왔는다
돌 석고 뫼 쓸리거든 리별인가 하노라

　　　뫼 보며=산을 보며.
　　　석은 돌=썩은 돌.

```
본다=보았는가.
슳거늘 보왔는다=싫은것을 보았는가.
뫼 쓸리거든=산 넘어지거든.
```

(가곡원류)

내 가슴 쓸어 만져보니 살 한점이 없네그려
굶든 아니 하되 자연이 그러하에
저 님아 널로 든 병이니 네 고칠가 하노라

(가곡원류)

월정명 월정명하니 배를 타고 추강에 내려
하날 아래 물이요 물 우희 달이로다
사공아 저 달 건져라 완월장취하리라

```
월정명하니=달이 썩 밝으니.
완월장취=달을 구경하며 오래 취하는것.
```

(남훈태평가, 가곡원류)

소용이(騷聳耳)

이 몸이 싀여를 져서 삼수갑산제비나 되여
님의 집 창밖 처음 춘혀끝부터 집을 자로자로 종종 달아짓고
이따감 제 집에 드는체하고 님의 방에 들리라

```
싀여를 져서=죽어서.
춘혀끝부터=추녀 서까래의 첫머리부터.
```

(가곡원류)

저 건너 거머무투룸한 바회 정대여 깨두드려내여

털 돋치고 뿔을 박아 것성드뭇 걸어가게 맨들리라
가믄 암소 천리에 님 리별할제 거꾸루 태와 보내리라

    바회=바위.
    털 돋치고=털을 돋게 하고.
    것성드뭇=느릿느릿 걸어 가는 모양의 의태어.
    가믄 암소=검은 암소.

(가곡원류)

바람도 쉬여 넘는 고개 구름이라도 쉬여 넘는 고개
산진이 수진이 해동청 보라매라도 다쉬여넘는 고봉 장성령고개
그 너머 님이 왓다 하면 나는 아니 한번도 쉬여 넘으리라

    산진이=산에서 자란 생매.
    수진이=집에서 길들인 매.
    해동청=매의 일종, 보라매.
    고봉 장성령=높은 산봉우리와 긴 성이 있는 재.

(가곡원류)

대조볼 붉은 가지 에휘의여 훑어 따담고
올밤 익어 벙그러진 가지 휘두드려 발라 주어담고
벗 모아 초당으로 들어가니 술이 준에 풍충청이세라

    대조볼=대추의 볼따구니.
    에휘의여=아주 휘여서.
    준=단지.
    풍충청=술이 단지에 가득한 모양.

(가곡원류)

률당 잦은잎(栗糖数葉)

남하여 편지전치 말고 당신이 제 오되여
남이 남의 일을 못일과저 하랴마는

남하여 전한 편지니 일동말동 하여라

　　남하여＝남을 시켜서.
　　제 오되여＝직접 왔으면 좋겠다.
　　못일과저＝못이루게.
　　일동말동＝이룰지 말지.

(가곡원류)

호리나 맑으나 중에 이 탁주좋고 대테 메온 질병들이
　　더 보기 조희
어룬자 박국기를 쓰렝둥당지둥 띄워두고
아희야 저리김철망정 없다 말고 내여라

　　대테＝대나무로 만든 테.
　　어룬자＝감탄사《어룬자》,《어룬지》라고도 하며《취하였구나》의 고어.
　　박국기＝박으로 만든 구기. 구기는 기름, 술 등을 푸는 기구로서
　　　　　국자보다 작다.
　　저리김철망정＝절인 김치일망정.

(가곡원류, 채유후)

자다가 깨여보니 님에게서 편지왔네
보고 또 보고 가슴우에 얹어두니
하 그리 무겁든 아니 하되 가슴담담하여라

　　하 그리＝그다지.

(가곡원류)

계면조 첫치 잦은 한잎(界面調初数大葉)

앞못에 든 고기들아 뉘라서 너를 몰아다가 넣거늘 든다
북해청소를 어디 두고 이 못에 와 든다

들고도 못 나는 정은 네오 내오 다르랴

넝거눌 돈다=넝어서 둘었느냐.
북해청소=북쪽 넓은 바다의 맑고 깊은 소.
뉘라서=누구가.
와돈다=와서 둘었느냐.
들고도못나는정=들어오고 나가지 못하는 사정.
네오 내오=네나 내나.

(가곡원류)

창밖에 국화를 심으고 국화밑에 술을 빚어두니
술익자 국화 피자 벗님 오자 달이 돋아온다
아희야 거문고 청처라 밤새도록 놀리라

청처라=차비하여라.

(가곡원류)

둘째치 잦은 한잎(二数大葉)

가마귀 싸호는 끌에 백로야 가지 말아
성낸 가마귀 흰빛을 새오나니
창파에 조히 씻은 몸을 더러일가 하노라

싸호는=싸우는.
새오나니=샘하나니.
조히=깨끗이.

(남훈태평가, 가곡원류 리직후 정몽주 모친 작)

가마귀 너를 보니 애닯고 애닯왜라
너 무슴 약 먹고 머리조차 거머나니
아마도 백발검길 약을 못얻을가 하노라

애닯왜라=애닯으다.
　　　머리조차 저머나니=머리까지 검느냐.
　　　백발 검길 약=흰 머리를 검제 하는 약.

　　　　　　　　(가곡원류)

절정에 오르다 하고 낮은데를 웃지 말아
뢰정 된바람에 실족키 피이한가
우리는 평지에 앉았으니 그를 좋아하노라

　　　절정에=꼭대기. 가장 높은데.
　　　오르다하고=올라 갔다고.
　　　뢰정=우뢰.
　　　실족키=잘못되기.

　　　　　　　　(가곡원류)

백구야 놀라지 말아 너 잡을 내 아니라
성상이 바리시니 갈데 없어 예 왔노라
이후는 찾을이 없으니 너를 좇아 놀리라

　　　성상=임금.
　　　너를 좇아=너와 함께

　　　　　　　　(가곡원류)

인풍이 부는 날에 봉황이 래의로다
만성 도리는 지나니 꽃이로다
산림에 굽전 솔이야 꽃이있어 져 보랴

　　　인풍=어진 바람(어진 정치를 말함).
　　　봉황이 래의로다=봉황새가 예를 드리러 오도다.
　　　만성도리=온 성에 가득한 복숭아꽃과 외얏꽃.
　　　지나니=지는것이.

굽전 솔=에굽은 솔.
꽃이 있어 저보랴=꽃이 있어 저보겠는가, 즉 아름답게 피는 꽃이 없으니
질것도 없다는 뜻.

(가곡원류)

내 본시 남만 못하여 헤온 일이 없네그려
활 쏘와 헌일없고 글 닐러 인일 없네
차라로 강산에 돌아와서 밭갈이나 하노라

마음아 너는 어이 매양에 젊었나니
내 늙을제면 넨들 아니 늙을소냐
아마도 너 좇녀 다니다가 남 우일가 하노라

　　좇녀=좇아.
　　남 우일가=남을 웃길가.

(가곡원류)

늙었다 물러가자 마음과 의론하니
이 님을 버리고 어드러로 가잔 말고
마음아 너란 있거라 몸만 먼저 가리라

　　늙어다 물러가자=늙었으나 물러가자고.
　　너란=너는.

(가곡원류)

말하기 좋다 하고 남의 말을 말을것이
남의 말 내 하면 남도 내 말 하는것이
말로써 말이 많으니 말 말을가 하노라

　　하는것이=하는것이니라.

(가곡원류)

태산이 높다 하되 하늘 아래 뫼히로다
오르고 또 오르면 못오를리 없건마는
사람이 제 아니 오르고 뫼를 높다 하더라

(남훈태평가, 가곡원류 양사언)

눈 맞아 휘여진 대를 뉘라서 굽다던고
굽을 절이면 눈속에 푸로르랴
아마도 세한고절은 너뿐인가 하노라

굽을 절이면=굽힐 결개이면.
세한고절=매운 추위에도 홀로 굽히지 않는 절개.

(가곡원류)

가마귀 칠하여 검으며 해오리 늙어 희랴
천생흑백은 예부터 있건마는
어떻다 날 본 님은 검다 희다 하나니

천생흑백=타고난 흑백(검은것과 흰것).

(가곡원류)

일생에 한하기를 희황시절못난줄이
초의를 두룹고 목실을 먹을망정
인심이 순후하던줄을 못내 보려 하노라

희황시절=태고적의 아무 근심 걱정이 없다던 때.
못난줄이=태여나지 못한것이로다.
초의=풀로써 엮은 옷.
두룹고=두르고, 입고.
목실=나무열매.
순후=온순하고 인정이 두터움.

(남훈태평가, 가곡원류 최충)

간밤에 부든 바람 강호에도 부듯던지
만강선자들이 어이구려 지내였노
산림에 들언지 오래니 소식몰라 하노라

    부듯던지＝불었는지.
    만강선자＝온 강의 배사공.
    어이구려＝어쩌 어쩌.
    들언지＝들어온지.

(가곡원류)

백설이 만전곤하니 천산이 옥이로다
매화는 반개하고 죽엽이 푸르렀다
아희야 잔 가득 부어라 춘흥계워 하노라

    만전곤하니＝천지에 가득 차니.
    천산＝온 산.
    반개하고＝절반 피고.
    춘흥계워 하노라＝봄의 흥취를 못이기겠다.

(가곡원류)

세상이 말하거늘 떨치고 돌아오니
일경황전에 팔백상림 뿐이로다
생애는 담박다마는 시름없어 하노라

    말하거늘＝말이 많거늘.
    일경황전＝거칠은 한뙈기의 밭.
    팔백상림＝뽕나무 8백그루.
    생애＝한평생. 여기서는 살아가는것을 의미함.
    담박＝맑고 욕심 없는것.

(가곡원류)

띄없은 손이 오나늘 갓 벗은 주인이 맞어

여나무 정자아래 박장긔 버려 두고
아희야 덜괸 술 막거르고 외 따놓아 내여라

    띄없은 손=벼슬길에서 물러난 손.
    오나눌=오거늘.
    갓 벗은 주인=벼슬하지 않는 일반 백성.
    박장긔=박쪽으로 만든 장기.
    덜괸 술=덜 익은 술.
    외=오이.

                    (가곡원류)

전원에 봄이 드니 나 할일이 전혀 많희
꽃남은 뉘 옮기며 약밭은 언제 갈리
아희야 대 뷔여 오너라 사립 먼저 겨르리라

    전혀 많희=아주 많아.

             (남훈태평가, 가곡원류, 성운)

백구야 말 물어보자 라지 말었으라
명구승지를 어디 어디 보왔나니
날더러 자세히 닐러든 너와 게 가 놀리라

    명구승지=이름난 경치좋은 곳.
    닐러든=일러주면.
    게 가=그곳에 가서.

                (해동가요, 가곡원류)

가더니 잊은 양하여 꿈에도 아니 뵌다
내 아니 있었거든 젠들 현마 잊을소냐
언매나 긴장할 님이완대 살든 애를 긋나니

    현마=설마.
    언매나=얼마나.

　　　　살든 애=살풀한 속.
　　　　굿나니=긏느냐.

　　　　　　　　　（가곡원류）

　　달 밝고 서리친 밤에 울고 가난외기러기
　　소상으로 가느냐 동정으로 향하느냐
　　저근듯 내 말 잠간 들어다가 님 계신데 드려라
　　　　　　　　　（가곡원류）

　　산상에 밭 가는 백성아 네 신세 한가하다
　　착음경식이 제력인줄 모르느냐
－하물며 육식자도 모르거든 물어 무슴하리오

　　　　착음경식=우물을 파서 물을 마시고 밭 갈아 밥을 먹는것.
　　　　제력인줄=임금의 힘인줄.
　　　　육식자=고기를 먹는자, 즉 고판대작.

　　　　　　　　　（가곡원류）

　　해 다 저 저문 날에 지저귀는 참새들아
　　조고마한 몸이 반가지도 족하거든
　　구트나 크나 큰 덤불을 새와 무슴하리오

　　　　구트나=구태여.
　　　　덤 불=엉클어진 수풀.
　　　　새와 무슴하리오=시샘하여 무엇하리오.

　　　　　　　　　（가곡원류）

　　만경창파 욕모천에 천어환주 류교변을
　　객래문아 흥망사여늘 소지로화 월일선이로다

술취코 강호에 저시니 절 가는줄 몰라라

만경창파욕모천에=만경창파에 날이 어둑 저문데.
천어환주류교변을=류교에서 뛴 고기를 술과 바꾸도다.
객래문아흥망사여눌=손이 와서 나에게 세상의 흥망을 묻거늘.
소지로화월일선이로다=웃으며 갈꽃과 달과 한척의 배를 가리키도다.

(가곡원류)

태공이 고기 낚던 낚대 긴 줄 매여 앞내에 나려
은린옥척을 버들움에 꿰여 들고 오니
행화촌주가에 모든 벗님네는 더디 온다 하더라

태공=강태공.
은린옥척=큰 물고기.
행화촌=술집 있는 마을.

(가곡원류, 박후웅)

전나귀 모노라니 서산에 일모이로다
산로가 험하거던 간수가 잔잔커나
풍편에 문견폐하니 다 왔는가 하노라

전나귀=다리를 저는 나귀.
일모이로다=해가 저물었다.
산로=산길.
간수=골짜기를 흐르는 물.
문견폐하니=개 짖는 소리 들리니.

(가곡원류)

벽오동 심은 뜻은 봉황을 보려터니
내 심은 탓인지 기다려도 아니 오고
무심한 일편명월이 빈가지에 걸렸더라

벽오동=오동나무(봉황새는 오동나무에만 앉는다고 했다.)

(가곡원류)

하나 둘 세 기러기 서남북 난호여서
주야로 울어예니 무리 잃은 소리로다
언제나 상림추풍에 일행귀를 하리오

    난호여서=나뉘여서.
    상림추풍=상림원 가을바람.
    일행귀를=한일자로 떼지어서 돌아가기를.

              (가곡원류)

비맞은 고양낡에 썩은 쥐 찬 저 소로기
가막가치는 괼시가 욤거니와
운간에 높이 뜬 봉조야 눈 흘길줄 있이랴

    석은=썩은.
    소로기=수리개.
    괼시가=부러워하는것이.

남루에 북이 울고 설월이 삼경인제
백마금안에 소년심도 좋거니와
사창에 기다릴 님 없으니 그를 슬허하노라

    남루=성 남쪽에 있는 다락.
    설월=눈우에 비치는 달.
    삼경=자정, 열두시경.
    백마금안=금붙이로 화려하게 장식한 안장을 얹은 흰 말.
    소년심=사치로 뽐내는 소년의 마음.
    사창=발이 성기고 얇은 비단으로 바른 창문.

              (가곡원류)

설월이 만창한듸 바람아 부지 말아
예리성 아닌줄은 판연이 알건마는
그립고 아쉬운 마음에 행여 긴가 하노라

만창한듸=창문에 가득 챘는데.
예리성=신발 끄는 소리.
판연이=분명히. 똑똑히.
권가=그 사람인가

(남훈태평가, 가곡원류)

동창이 기명커늘 님을 깨여 보내올제
비동방즉명이라 월출지광이로다
탈앙금 추원침하고 전전반측하여라

동창=동쪽창문.
기명커늘=이미 밝거늘.
비동방즉명이라=동쪽 아닌곳이 밝아라.
월출지광이로다=달이 돋는 빛이라.
탈앙금 추원침하고=이불을 걷어차고, 베개를 밀쳐내고.
전전반측=누워서 뒹굴며 잠을 이루지 못하는것.

(가곡원류)

강호에 추절이 드니 여원 고기 살지거다
소정에 그물 싣고 벽파로 돌아들제
백구야 날 본체 말아 세상알가 하노라

소정=작은 배.
벽파=푸른 물결.

(가곡원류)

내 집이 길찬양하야 두견이 낮에 운다
만학천봉에 외사립 닫았는듸
개조차 짖을 일 없어 곳지는듸 조으더라

길찬양하야=길에서 멀리 떨어져있은듯하여.
만학천봉=일만 골짜기와 일천 봉우리.
곳지는듸=고단하여.

(남훈태평가, 가곡원류)

설월은 전조색이오 한종은 고국성을
남루에 호을로 서서 옛님군 생각할차
잔곽에 모연생하니 그를 슬허하노라

　　설월은 전조색이오=눈우에 비친 달빛은 지난 왕조의 달빛이요.
　　한종은 고국성을=찬바람에 들리는 종소리는 옛나라의 그 종소리로다.
　　잔곽에 모연생하니=허물어진 성곽에 저녁 연기가 끼니.
　　슬허하노라=슬퍼한다.

　　　　　　　　　(가곡원류)

청산이 적료한듸 미록이 벗이로다
약초에 맛들이니 세미를 잊을로다
석양에 낚대를 메고나니 어흥 계워 하노라

　　적료한듸=적적한데.
　　미록=고라니와 사슴.
　　세미=세상에 살아가는 재미.
　　어흥=고기잡는 흥취.

　　　　　　　　　(가곡원류)

전원의 남은 흥을 전나귀에 모도 싣고
계산 익은 길로 흥치며 돌아와서
아해야 금서를 다스려라 남은 해를 보내리라

　　남은 흥=늘그막의 락. 거문고 타기와 책읽기.
　　전나귀=다리를 저는 당나귀. 벼슬살이에 시달린 시인자신을 전나귀에 비유
　　　　　했다.
　　계산=개울을 낀 산.
　　금서=거문고와 서적.
　　남은해=여생.

　　　　　　　　　(가곡원류 하위지)

비파를 두러메고 옥란간에 지혔으니

동풍세우에 듣듣나니 도화이로다
춘조도 송춘을 슬혀 백반제를 하더라

    지혓으니＝기대니.
    동풍세우＝봄바람에 나붓기는 가랑비.
    도화＝봉숭아꽃.
    듣듣나니＝떨어지는것은.
    춘조도 송춘을 슬혀＝뭇새도 봄보내는것이 슬퍼.
    백반제＝갖가지 울음.

                    （가곡원류）

꽃 지자 속잎 피니 록음이 다 퍼진다
솔가지 꺾어내여 류서불 쓰르치고
취하여 계오 든 잠을 환우앵에 깨오거다

    류서＝버들개지.
    쓰르치고＝쓸고.
    계오＝겨우.
    환우앵＝벗을 부르는 꾀꼴새노래.
    깨오거다＝깨여 났도다.

                    （가곡원류）

백천이 동도해하니 하시에 부서귀요
고왕금래에 역류수가 없건마는
어떻다 간장 석은 물은 눈으로서 솟나니

    백천＝모든 강.
    동도해하니＝동으로 흘러 바다에 닿으니.
    하시에 부서귀요＝언제 그 물이 다시 서쪽으로 돌아올것인가.
    고왕금래＝예부터 지금까지.
    역류수＝물이 거꾸로 흐르는것.
    어떻다＝어떻게.
    석은물＝썩은물.

                    （가곡원류）

화산에 춘일난이오 록류에 앵란제라
다정호음을 못내 들어하든차에
석양에 계류청총은 욕거장시하더라

    화산에 춘일난이오=꽃으로 덮인 산에 봄날이 따뜻하고.
    록류에 앵란제라=푸른 버들에서 꾀꼬리가 요란히 우는구나.
    다정호음=정다운 노래소리.
    못내 들어=들어도 또한 더 듣고싶어.
    계류청총=버드나무에 매여둔 청총. 청총은 흰 빛에 푸른 빛이 나는 말.
    욕거장시하더라=길을 떠나고저 하여 길게 울더라.

(가곡원류)

말이 놀라거늘 혁 잡고 굽어보니
금수청산이 물속에 잠겼에라
저 말아 놀라지 말아 그를 보려 하노라

    혁=고삐.
    금수청산=푸른 산의 경치가 아름다와 비단에 수를 놓은것 같다는 형용.

(가곡원류)

우는것이 뻐꾸기냐 푸른것이 버들숲가
어촌 두세 집이 모연에 잠겼에라
아희야 새 고기 오른다 헌 그물 내여라

    버들숲가=버들숲인가.
    모연=저녁연기.

(가곡원류)

해 져 황혼이 되면 내 못가도 제 오더니
제 몸에 병이 든지 뉘 손에 잡히였는지
락월이 서루로 나리면 애긂는듯하여라

서무=서쪽 다락.
애=창자.

(가곡원류)

겨울날 다사한 볕을 님에게 비최고저
봄미나리 살진 맛을 님에게 들이고저
님계서 무엇이 없으랴마는 내 못잊어하노라

다사한 볕=따뜻한 해빛.

(가곡원류)

오동에 듣는 비발 무심히 듣건마는
내 시름하니 잎잎이 수성이로다
이후이야 잎 너른 남이야 심어 무슴 하리오.

듣는=떨어지는.
시름하니=시름이 많으니.
수성=수심겨운 소리.

(가곡원류)

소원 백화총에 나니는 나비들아
향내를 좋이 너겨 가지마다 앉지 말아
석양에 숨꾸든 거미는 그물 맺고 엿는다

나니는=날아다니는.
좋이 너겨=좋게 생각하여.
숨꾸든=숨을 죽이고 움츠린.
엿는다=엿본다.

(가곡원류)

록양방초 안에 소 먹이는 아희들아

비 맞은 행객이 묻나니 술파는 집
저 건너 행화촌이니 게 가 물어보시소

　　　녹양방초안=푸른 버드나무와 향기로운 풀이 우거진 제방.
　　　행객=나그네.

　　　　　　　　(가곡원류)

중천에 떠난 매가 우리 님의 매도 같이
단장고 빠깃체 방울소리 더욱 같이
우리 님 주색에 잠기여 매 떠는줄 모르더라

　　　단장고=매의 꽁지에 단 방울.
　　　빠깃체=꽁지깃에.

청초 우거진 골에 시내는 울어옌다
가대무전이 어디어디 어디메오
석양에 물차는 제비야 네가 알가 하노라

　　　우거진 골=우거진 골짜기.
　　　울어옌다=흐느끼면서 흐른다.
　　　가대무전=노래부르던 대와 춤추던 집.

청산아 웃지 말아 백운아 희롱 말아
백발홍진을 내 좋아 다니나냐
성은이 지중하시니 갚고갈가 하노라

　　　백발홍진=늙은 나이의 속세의 벼슬살이.

　　　　　　　　(가곡원류)

묻노라 저 선사야 관동팔경 어떻더니
명사십리에 해당화 붉어있고

원포에 량량백구는 비소우를 하더라

　　선사=도승, 중.
　　관동팔경=대관령 동쪽(강원도지방)의 팔경으로 통천 총석정, 고성 삼일포,
　　　　간성 청간정, 양양 락산사, 강릉 경포대, 삼척 죽서루, 울진 망양대,
　　　　평해 한송정.
　　원포=먼 포구.
　　량량백구=쌍쌍이 떼지어나는 갈매기.
　　비소우=성긴 비속을 날기를.

　　　　　　　（가곡원류）

북소리 들리는 절이 머다한들 얼마 멀리
청산지상이오 백운지하연마는
그곳에 안개 잦으니 아모 된줄 몰라라

　　청산지상=푸른 산우.
　　백운지하=흰구름밑, 끝 하늘아래.
　　아모된줄 몰라라=어느곳인지 모르겠다.

　　　　　　　（가곡원류）

시비에 개 짖어도 석경에 올이 없다
듣나니 물소리요 보나니 미록이로다
인세를 얼마나 지난지 나는 몰라 하노라

　　석경=두메의 돌길.

　　　　　　　（가곡원류）

닻 뜨자 배 떠나가니 이제 가면 언제 오리
만경창파에 가는듯 단녀 옴세
밤중만 지국총소리에 애굿는듯하여라

가는듯=가자마자.
　　　지국총소리=노젓는 소리.

　　　　　　　(남훈태평가, 가곡원류)

　　빚은 술 다 먹으니 먼데서 손이 왔네
　　술집은 제엿마는 헌옷에 언매나 하리
　　아희야 섞이지 말고 주는대로 받어라

　　　섞이지 말고=다투지 말고.

　　　　　　　　(가곡원류)

　　젓소리 반겨듣고 죽창을 바삐 여니
　　세우장제에 쇠등에 아희로다
　　아희야 그물 내여라 고기잡이 늦었다

　　　젓소리=저대소리.
　　　죽창=대로 결은 창.
　　　세우장제=가랑비 오는 긴 방축.

　　　　　　　(가곡원류)

　　청사검 두러메고 백록을 지줄타고
　　부상지는 해에 동천으로 돌아드니
　　선궁에 종경 맑은 소리 구름밖에 들리더라

　　　청사검=칼이 름.
　　　백록=흰 사슴.
　　　지줄타고=눌러타고
　　　부상=부상은 동쪽이니 본문이 잘못되였다.
　　　동천=하늘.
　　　선궁=절.
　　　종경=쇠로 만든 종과 돌로 만든 경.(악기의 일종)

　　　　　　　(가곡원류)

어와 보완제고 그리던 님을 보완제고
칠년지한에 열구름에 비발본듯이
후에 또다시 만나면 구년지수에 별뉘 본듯하여라

    보완제고＝보았도다.
    칠년지한＝7년이나 계속한 큰 가물.
    열구름＝지나가는 구름.
    구년지수＝9년이나 계속한 대홍수.
    별뉘＝해별.

              （가곡원류）

늙지 말련이고 다시 저머 보려러니
청춘이 날 속이니 백발이 절로 난다
이따금 꽃밭을 지날제면 죄지은듯하여라

    말련이고＝말았으면 좋겠구나.
    저머＝젊어.

              （가곡원류）

꽃이 진다 하고 새들아 슬어 말아
바람에 흩날리니 꽃의 탓 아니로다
가노라 희딧는 봄을 새와 무슴 하리오

    가노라 희딧는 봄을＝제가 간다고 마구 방해를 노는 봄을.
    새와＝시새워서.

              （가곡원류）

삿갓에 되롱이 입고 세우중에 호미 메고
산전을 흩매다가 록음에 누었으니
목동이 우양을 몰아다가 잠든 나를 깨온다

되롱이=도롱이. 띠풀이나 짚으로 만든 우장.
올때다가=이리저리 대강 매다가.
우양=소와 양.

(남훈태평가, 가곡원류)

세우 뿌리는 날에 자지 장옷 뷔여잡고
리화 핀 꼴로 딘동한동 가는 각씨
어디 가뉘 거짓말 듣고 옷 젖는줄 모로나니

장옷=부녀들이 외출에 쓰는 긴 옷.
리화핀 꼴=살구꽃 핀 꼴짜기.
딘동한동=허둥지둥.

(가곡원류)

산외에 유산하니 넘도록 산이로다
로중 다기하니 녜도록 길이로다
산부진 로무궁하니 그를 슬허하노라

산외에 유산하니=산 저쪽에 또 산이 있으니.
로중 다기하니=길이 많아서 여러가닥이니.
녜도록=갈수록
산부진 로무궁하니=산은 다하지 않고 길은 끝나지 않으니.

(가곡원류)

매아미 맵다 하고 쓰라라미 쓰다하네
산채를 맵다더냐 박주를 쓰다더냐
우리는 초야에 묻혔으니 맵고 쓴줄 몰라라

(리정진)

산채=산나물.
박주=그닥 질이 좋지 않은 술
초야=전원.

(가곡원류)

환해에 놀란 물결 림천에 미츨소냐
값없은 강산에 일없이 누었으니
백구도 내 뜻을 아던지 오락가락하더라

　　환해＝벼슬길. 여기서는 험한 벼슬길을 파란많은 바다에 비겼다.
　　림천＝여기서는 산림속의 생활을 숲속의 샘물에 비겼다.

（해동가요, 가곡원류）

희여 검을지라도 희는것이 설우려던
희여 못검는듸 남에 몬저 힐줄 어이
희여서 못검는 인생이니 그를 슬허 하노라

　　힐줄어이＝어이 희는가.

（가곡원류）

오려 고개 숙고 녈무우 살졌는대
낚시에 고기 물고 게는 어이 나리는고
아마도 농가 흥미는 이뿐인가 하노라

　　오려＝올벼.
　　녈무우＝어린 무우.

（가곡원류）

청춘소년들아 백발로인 웃지 말아
공번된 하늘아래 넨들 언마 젊었이리
우리도 소년행락이 어제런듯하여라

　　공번된＝공평한.
　　언마＝얼마.

　　　　소년행락=소년시절의 즐거운 놀이.
　　　　어제런듯=바로 어제인듯.

　　　　　　　　　　　(남훈태평가, 가곡원류)

　　시내 흐르는 끝에 바회 지어 초당 짓고
　　달아래 밭을 갈고 구름속에 누웠으니
　　전곤이 날더러 니르기를 함께 늙자 하더라

　　　　바회 지어=바위를 의지해서.

　　　　　　　　　　　(가곡원류)

　　기러기 풀풀 다 날아드니 소식인들 뉘 전하리
　　수심이 첩첩하니 잠이 와샤야 꿈인들 꾸랴
　　차라로 저 달이 되여 비쵸여나 볼가 하노라

　　　　첩첩하니=쌓이고 쌓이니.
　　　　차라로=차라리.

　　　　　　　　　　　(가곡원류)

　　백사정 홍료변에 굽어기는 백로들아
　　구복을 못메워 져다지 굽니느냐
　　일신이 한가할선정 살쪄 무슴 하리오

　　　　백사정=바다가 또는 강가의 흰 모래사장.
　　　　홍료변=역귀풀이 우거진 강가.
　　　　굽니느냐=구부정하고 다니느냐.
　　　　한가할선정=한가할망정.

　　　　　　　　　　　(가곡원류)

　　전원에 봄이 드니 이 몸이 일이 하다

나는 그물 깁고 아희는 밭을 가니
뒷뫼헤 엄기는 약을 언제 캐려하나니

    전원=논밭과 동산.
    일이 하다=일이 많다.
    뒷뫼헤=뒷산에.
    엄기는 약=싹이 자라나는 약초.

백초를 다 심어도 대는 아니 심으리라
젓대는 울고 살대는 가고 그리나니 붓대로다
구트나 울고 가고 그리는 대를 심어 무슴하리오

    살대=화살.
    그리나니=그리는것이.
    구트나=구태여.

                            (가곡원류)

도화는 무슨 일로 홍장을 지여 서서
동풍세우에 눈물을 머금었노
삼춘이 쉬우냥하여 그를 슬허하노라

    홍장=붉은 단장.
    세우=가랑비.
    삼춘=봄의 석달.
    쉬우냥하여=빨리도 지나가는듯하여.

십년을 경영하여 초로 한간 지어내니
반간은 청풍이오 반간은 명월이라
강산은 들일데 없으니 둘러두고 보리라

    경영하여=일을 다스리여.
    초로=초가집.

                    (가곡원류)

적설이 다 녹아도 봄소식을 모로더니
귀홍득의천공활이오 와류생심수동요이라
아희야 새 술 걸러라 새봄맞이 하리라

   적설=쌓인 눈.
   귀홍득의천공활이오=돌아오는 기러기 뜻을 얻으니 하늘은 트이고.
   와류생심수동요이라=버드나무 누운가지에 싹이 돋으니 물이 출렁이더라.

          (해동가요, 남훈태평가, 가곡원류)

산촌에 밤이 드니 먼데 개 짖어온다
시비를 열고 보니 하늘이 차고 달이로다
저 개야 공산 잠든 달을 짖어 무슴 하리오

          (천금)

          (남훈태평가, 가곡원류)

나뷔야 청산에 가자 범나뷔 너도 가자
가다가 저물어든 꽃에 들어 자고 가자
꽃에서 푸대접하거든 잎에서나 자고 가자

   저물어든=저물거든.

          (가곡원류)

먼듸 개 급히 짖어 몇사람이나 지내였노
오지 못할세면 오만 말이나 말오되야
가뜩에 다 석은 간장어봄눈 스듯하여라

   먼듸=먼데.
   말오되야=말았으면 좋겠다.
   가뜩에=그러지 않아도.
   다 석은= 다 썩은.
   봄눈스듯=봄눈이 녹듯.

          (가곡원류)

꽃은 밤비에 피고 빛은 술이 다 익거다
거문고 가진 벗이 달 함께 오마더니
아희야 모첨에 달 오른다 벗 오시나 보아라

      다 익거다=다 익었다.
      모첨=띠로 이은 집.

                         (가곡원류)

비오는 날 들에 가랴 사립달고 소 먹여라
마이 매양이랴 장기연장 다스려라
쉬다가 개는 날 보와 사래 긴 밭 갈리라

      마이매양이랴=장마가 그냥 지겠느냐.
      장기연장=논밭갈이하는 기구들.
      다스려라=수리정돈하여라.
      사래 긴 밭=이랑이 긴 밭.

                    (해동가요, 남훈태평가, 가곡원류)

목 붉은 산상치와 홰에 앉은 송골매와
집앞 논 무살미에 고기 엿는 백로이로다
초당에 너희 곳 없으면 날 보내기 어려웨라

      산상치=산꿩.
      송골매=몸이 작고 힘이 세찬 매의 한 종류.
      무살미=물을 대고 써레질을 한 논.
      엿는=엿보는.

                    (남훈태평가, 가곡원류)

내 집이 어듸메오 이 뫼 너머 긴 강우회
죽림 푸른 곳에 외사립 닫은 집이

그앞에 백구가 떴으니 게가 물어보아라

    외사립＝외짝으로 달린 사립문.

(가곡원류)

어인 벌리완대 락락장송을 다 먹는고
부리 긴 저고리는 어느 곧에 가있는고
공산에 벌목성 들릴제면 애긋는듯하여라

    벌리＝벌레.
    저고리＝딱다구리.
    벌목성＝나무를 베는 소리.
    애긋는듯＝창자가 끊어지는듯.

(가곡원류)

죽어 잊어야 하랴 살아서 그려야 하랴
죽어 잊기도 어렵고 살아서 그리기고 어려워라
저 님아 한 말삼만 하소라보자 사생결단하리라

    하소라보자＝하여보시오.

(가곡원류)

락엽성 찬바람에 기러기 슬피울제
석양강두에 고운 님 보내나니
석가와 토담이 당한들 아니 울고 어이리

(김시경)

    락엽성＝잎 지는 소리.
    강두＝강가.

석가＝석가무니. 불교의 시조
로담＝중국 고대철학가 로자.

(가곡원류)

백운이 일어나니 나무끝이 흔덕인다
밀물에 동호 가고 혈물에는 서호가자
아희야 넌 그물 걷어 서리담고 닻을 들고 돛을 높이 달아라

혈물＝빠져나가는 조수. 썰물.

(해동가요, 윤선도, 가곡원류)

오려논물 실어두고 면화밭 매오리라
울밑에 외를 따고 보리 능거 점심하소
뒤집에 술이 닉거든 외잘망정 내여라

오려논＝올벼논.
능거＝찧어서 속껍질을 벗겨.
외잘망정＝외상일망정.

(해동가요, 가곡원류)

보거든 슬믭거나 못보거든 잊하거나
네 나지 말거나 내 너를 모로거나
차라로 내 몬저 취여서 네 그립게 하리라

슬믭거나＝싫고 밉거나.
취여서＝죽어서.

(남훈태평가, 가곡원류)

룩양 춘삼월을 잡아 매혀둘 양이면

—139—

센 머리 뽑아내여 찬찬 동혀 두련마는
해마다 매든 못하고 늙기 슬허하노라

　　　록양=푸른 버들.

　　　　　　　　　　　(해동가요, 가곡원류 김삼현)

님 그려 겨우 든 잠에 꿈자리도 두리숭숭
그리던 님 잠간 만나 얼픗 보고 어드러로 간거이고
잡을것을 잠깨여 곁에 없으니 아조 간가 하노라

　　　어드러로=어디에로.
　　　간거이고=간것인가.

평사에 락안하고 강촌에 일모이로다
어정은 돌아들고 백구는 잠든적에
어디서 일성장적이 나의 흥을 돕나니

　　　평사=강가 모래판.
　　　락안하고=기러기떼가 내려앉고.
　　　강촌에 일모이로다=강가마을에 날이 저물도다.
　　　어정은=고기배는.
　　　일성장적=긴 저대소리.

청풍북창하에 갈건을 젓게 쓰고
희황베개우에 취하여 누웠으니
석양에 단발초동이 룽적환을 하더라

　　　청풍북창하=맑고 시원한 바람이 부는 북쪽 창문밑.
　　　갈건=갈포로 만든 평민이 쓰던 두건.
　　　젓게 쓰고=기울게 쓰고.
　　　희황=아무 근심걱정이 없었다고 하는 태고시대의 제왕의 하나.

```
   단발초동=머리짧은 초동, 초동은 나무하는 아이
   룡적환을=피리를 불면서 돌아오기를
```

(가곡원류)

고인무부락성동이오 금인환대락화풍을
년년세세화상사여늘 세세년년인부동이라
인부동화상사하니 그를 슬허하노라

```
   고인무부락성동=옛사람은 꽃피는 락양성 동쪽에 다시 돌아오지 않고.
   금인환대락화풍=지금 사람이 도리여 그 꽃 날리는 바람을 맞더라.
   년년세세화상사=해마다 꽃은 같은 그 꽃이여도.
   세세년년 인부동=그 꽃 보는 사람은 해마다 서로 다르구나.
   인부동화상사=사람은 같지 않고 꽃만 같다.
```

(남훈태평가, 가곡원류)

추상에 놀란 기러기 섬거온 소리 말아
가득에 님 여희고 하물며 객리로다
밤중만 네 울음소리에 잠못들어 하노라

```
   섬거온=싱거운.
   가득에=가뜩이나.
   님여회고=님 리별하고.
   객리로다=려행중이로다.
   밤중만=한밤중.
```

(가곡원류)

길 아래 두 돌부처 벗고 굶고 마주 서서
바람비 눈서리를 맞을만정
평생에 리별 누이 없으니 그를 좋아 하노라

```
   리별누이=리별의 괴로움
```

(가곡원류)

꿈이 날 위하여 먼데 님 더려오늘
탐탐이 반기 너겨 잠을 깨여 닐어보니
그 님이 성내여 간지 긔도망도 없에라

(리정진)

더려 오늘＝데리고 오거늘.
탐탐이＝탐탁하게도.
반기너겨＝반갑게 생각하여.
닐어보니＝일어나 보니.
긔도망도＝아무 흔적도.

(가곡원류)

통같이 한걸는 말게 자남은 보라매 받고
석양산로로 개 부르며 들어가니
아마도 장부의 놀이는 이 좋은가 하노라

한걸는 말＝잘 걸는 말.
자남은＝한자 넘는.
석양산로＝석양이 기운 산길.

(가곡원류)

꽃 피자 술이 익고 달밝자 벗이 왔네
이같이 좋은 때를 어이그저 보낼소니
하물며 사미구하니 장야취를 하리라

사미구하니＝꽃, 술, 달, 벗의 네개의 아름다운것을 다 갖추었으니.
장야취＝밤새도록 취하기를.

(가곡원류)

말타고 꽃밭에 드니 말굽아래 향내 난다
주천당 돌아드니 아니 먹은 술내 난다

어쩌타 눈정에 거론님은 말이 몬저 아나니

　　　주천당＝술이 솟아나는 샘. 여기서는 집이름.

　　　　　　　　（가곡원류）

갓벗어 석벽에 걸고 우선을 홀부치며
록수음중에 취하여 누었이니
송풍이 짐짓 불어 쇄로정을 하났다

　　　홀부치며＝건성으로 부치며.
　　　록수음중＝푸르른 나무그늘속.
　　　쇄로정을 하났다＝맨머리를 시원하게 씻어주누나.

듣는 말 보는 일을 사리에 비겨보와
옳으면 할지라도 그르면 말을것이
평생에 말삼을 갈희면 시비될줄 있이랴

　　　비겨보와＝견주어보아.
　　　갈희면＝가리면, 조심하면.

　　　　　　　　（가곡원류）

세사는 상거울이라 헛틀고 맺혔에라
거귀여 드러치고 내 몸 내가 하고지고
아희야 덩덕궁 북쳐라 이야지야 하리라

　　　상거울＝삼거울. 부처배속을 채운 물건.
　　　거귀여＝거두어내고.
　　　이야지야＝이렇게나 저렇게나.

그러하거니 어이 아니 그러하리

이려도 그러그러 저려도 그러그러
아모도 그러하니 한숨겨워 하노라

    아모도=누구나.

(가곡원류)

술을 내 즐기더냐 광약인줄 알건마는
일촌간장에 만곡수 실어두고
취하여 잠든 덧이나 시름 잊자 하노라

    광약=미치는 약.
    일촌간장=한매디의 창자. 즉 짧은 창자.
    만곡수=만섬이나 되는 수심.
    잠든 덧이나=잠든 사이나.

(가곡원류)

삼각산 푸른 빛이 중천에 솟아올라
울총가기란 상궐에 붙여두고
강호에 잔 잡은 늙은이란 매양 취케 하소서

    삼각산 푸른빛=삼각산의 름름한 푸른 기색.
    울총가기=무성한 파와 같이 얼킨 상서로운 기운.
    상궐=궁궐.
    매양 취케=항상 취하게.

(가곡원류)

내 집이 초당 삼간 세사는 바히 없네
차 달이는 돌탕관과 고기잡는 낚대로다
뒷뫼희 절로 난 고사리 긔 분인가 하노라

    뒷뫼희=뒤 산에.
    긔 분인가=그것이 내 분복에 맞는다.

(가곡원류)

늙고 병든 몸이 가다가 아모되나
절로 솟은 뫼희 손죠 밭갈리라
결실이 언마리마는 연명이나 하리라

    손죠=스스로.
    언마리마는=얼마 안될것이지마는.
    연명이나 하리라=목숨이나 이어가리라.

                  (해동가요, 가싹원류)

말하면 잡류이라 하고 말 아니면 어리다 하네
빈한을 남이 웃고 부귀를 새오는듸
아마도 이 하늘아래 사롤 일이 어려웨라

    잡류=잡스러운 사람.
    어리다 하네=어리석다고 하네.
    새오는듸=시기하는데.
    사롤 일=살 일.

                (해동가요, 가곡원류, 김상용)

가마귀 검거라 말고 해오리 힐줄 어이
검거니 세거니 일편도 한져이고
우리는 수릐 두루미라 검도 세도 아네라

    검거라 말고=검다 말고.
    힐줄 어이=흰것은 어쩌된 일인가.
    세거니=희거니.
    일편도 한져이고=한쪽으로 편벽도 하구나.
    수릐 두루미=소리개, 두루미.
    아네라=아니 하여라.

십년 가온 칼이 갑리에 우노메라
관산을 바라보며 때때로 만져보니

장부의 위국공훈을 어느 때에 드리울고

　　갑리＝상자속.
　　관산＝변경의 적을 막는 관소와 산.
　　위국공훈＝나라를 위하여 세우는 공훈.

　　　　　　　　　（가곡원류）

흉중에 맺은 뜻을 속절없이 못닐오고
반세홍진에 남의 우움 된저이고
두어라 시호 시호이니 한할줄 있이랴

　　흉중＝마음속.
　　못닐오고＝이루지 못하고.
　　반세홍진＝반평생의 바쁜 생활.
　　우움＝웃음.
　　된저이고＝되였구나.
　　시호시호이니＝세월탓이니. 때가 아닌 탓이니.

　　　　　　　　　（가곡원류）

나의 님 향한 뜻은 죽은 후면 어떠할지
상전이 변하여 벽해는 되려니와
님 향한 일편단심이야 가실줄이 있이랴

　　상전벽해＝세상이 변천하는것.
　　가실줄이＝변하는 일이.

　　　　　　　　　（가곡원류）

바람에 휘였노라 굽은 솔 웃지 말아
춘풍에 핀 꽃이 매양에 고아시랴
풍표표 설분분할제야 날을 부러리라

　　풍표표＝바람이 회오리치고.
　　설분분할제야＝눈 설레일 때야.

　　　　　　　　　（가곡원류）

바람에 우는 머귀 버혀 내여줄 메오면
해온 남풍에 순금이 되련마는
세상에 알이 없으니 그를 슬허 하노라

    머귀＝오동나무.
    해온 남풍＝백성들의 고통과 불평을 덜어준다는 여름바람.
    순금＝오현금.

                   （가곡원류）

충신은 만조정이오 효자는 가가재라
우리 성주는 애민적자하시는듸
명천이 이 뜻 알으셔 우순풍조하소서

    만조정이오＝조정에 가득 차고.
    가가재라＝집집에 있더라.
    애민적자＝백성을 사랑하는것.
    우순풍조하소서＝가물없이 비를 때맞추어 내리시고 바람을 잔잔히 불게
      하소서.

                   （가곡원류）

늙은이의 불사약과 저문이 불로초를
봉래산 제일봉에 가면 얻을법 있건마는
아마도 리별없을 약은 못얻을가 하노라

    저문이＝젊은이.
    봉래산＝신선이 산다는 상상의 산, 또는 금강산의 별칭.
    제일봉＝가장 높은 봉우리.

                   （가곡원류）

백발이 공명이헌들 사람마다 다들지니
날 같은 우즐은 바라도 못할랐다

세상에 지극한 공도는 백발인가 하노라

　　　공명=훈공과 명예.
　　　우졸=어리석고 보잘것 없는 사람.
　　　공도=공평하고 공통된 도리.

　　　　　　　　（가곡원류）

꿈으로 차사를 삼아 먼듸 님 오게 하면
비록 천리라도 순식에 오련마는
그 님도 님 둔 님 아니니 올동말동 하여라

　　　차사=여기서는 심부름군을 말함.
　　　순식=눈깜짝할사이.

　　　　　　　　（가곡원류）

어리거든 채 어리거나 미치거든 채 미치거나
어린듯 미친듯　아는듯 모르는듯
이런가 저런가 하니 아모란줄 몰라라

　　　어리거든=어리석거든.
　　　채=완전히.

　　　　　　　　（가곡원류）

우연이 흥을 계워 시내로 내려가니
수류상 어약도 좋거니와 층암절벽에 장송이 더욱 좋다
그곳에 반길이 없으니 다만 두견화인가 하노라

　　　흥을 계워=흥이 나서
　　　수류상어약=고기가 물우로 뛰여오름도.
　　　장송=소나무.
　　　두견화=철쭉꽃

　　　　　　　　（가곡원류）

아희야 그물 내여 어정에 실어놓고
덜 괸 술 막 걸러 주준에 담아두고
어즈버 배놓지 말아 달 기다려 가리라

  어정=고기배.
  덜 괸 술=아직 채 익지 않은 술.
  주준=술단지.
  어즈버=감탄사(애닯다. 슬프다. 아…둥의 뜻).

       (가곡원류)

고원화죽들아 우리를 웃지 말아
림천구약이야 잊은적 없건마는
성은이 지중하시니 갚고가려 하노라

  고원화죽=사랑하던 고향의 꽃밭과 대숲.
  림천구약=산야에 파묻혀 살자던 옛 맹세.

       (가곡원류)

가마귀 검다하고 백로야 웃지 말라
겉이 검은들 속조차 검을소냐
겉 희고 속 검은이는 너뿐인가 하노라

     (남훈태평가 리직, 가곡원류)

락양삼월시에 곳곳지 화류이로다
만성춘광이그림에 들었에라
아마도 당우세계를 다시 본듯하여라

  화류이로다=꽃과 버들이로다.
  만성춘광=온 성에 찬 봄빛.
  당우세계=태평한 세월의 뜻.

      (해동가요, 가곡원류)

섬겁고 놀라올슨 추천에 기러기로다
너 날아 나올제 님이 분명 알아마는
소식을 못밎어 맨지 울어 넬만 하더라

     섬겁고＝겁많고.
     알아마는＝알았건마는.
     넬만＝가기만, 날기만.

                            （가곡원류）

일생에 얄미올슨 거미 외에 또있는가
제 배알 풀어 내여 망양 그물 널어두고
꽃보고 춤추는 나비를 다 잡으려 하더라

     망양그물＝거미줄.

                            （가곡원류）

나는 가거니와 사랑으란 두고 감세
두고 가거든 날본듯이 사랑하소
사랑아 푸대접하거든 피는 듸로 이거라

     피는 듸로＝사랑하는데로.
     이거라＝가거라, 지내여라.

                            （가곡원류）

쓴 나물 데온 물이 고기도곤 맛이 좋희
초옥 좁은 집이 긔 더욱 분이로다
다만지 님 그린 탓으로 시름계워 하노라

     고기도곤＝고기보다.
     맛이 좋희＝맛이 좋아.

                       （가곡원류, 송강가사）

강촌에 그물 멘 사람 기러기란 잡지 말아
새북 강남에 소식인들 뉘 전하리
아모리 강촌어부인들 리별이야 없으랴

(김치우)

새북강남=먼 북쪽과 남쪽.

(가곡원류)

세사를 내 아더냐 가리라 위수빈에
세상이 나를 핀들 산수조차 날 필소냐
강호에 일간어부 되여있어 대천시나 하리라

위수빈=강태공이 때를 기다리면서 위수가에서 고기를 낚았다.
핀들=피한들.
대천시나=때를 기다리기나.
일간어부=한낱 낚시군.

(가곡원류)

산영루 비개인 후에 백운봉이 새로와라
도화뜬 맑은 물이 풀풀이 솟아난다.
아희야 무릉이 어디메오 나는 옌가 하노라

산영루=서울근처의 다락이름.
백운봉=북한산에서 가장 높은 봉우리.
무릉=복숭아꽃 숲에 에워싸인 리상의 마을.

(가곡원류)

일호주로 송군봉래산하니 봉래상인이 소상영이라
소상영 여군가 일곡하니 만이천봉 옥층층이로다

아마도 해동풍경이 이뿐인가 하노라

　　일호주＝한 병 술.
　　송군봉래산하니＝그대를 금강산으로 보내니.
　　봉래상인이 소상영이라＝금강산의 선인이 나와 미소로 서로 맞더라.
　　소상영여군가일곡하니＝웃으며 서로 맞아 그대와 노래 한가락을 읊으니.
　　육총총이로다＝육으로 총을 쌓 올린것 같도다.
　　해동＝조선.

(가곡원류)

선으로 패한 일 보며 악으로 이룬 일 본다
이 두 즈음에 취사아니 명백하냐
평생에 악된 일 아니하면 자연위선하리라

　　즈음＝사이.
　　취사＝선택하는것과 버리는것.
　　자연위선하리라＝절로 착한 일을 하리라.

(가곡원류)

유마유금 겸유주하니 소비친척강위친을
일조마사 황금진하니 친척이 환위로상인이로다
세상에 인사가 변하니 그를 슬허 하노라

　　유마유금 겸유주하니＝말 있고 돈 있고 겸하여 술이 있으니.
　　소비친척강위친을＝본시 친척이 아닌 사람도 억지로 친척을 맺더니.
　　일조마사황금진하니＝하루아침에 말은 죽고 황금이 없어지니.
　　친척이환위로상인이로다＝친척이 다시 길 가는 나그네처럼 딴사람이 되도다.

(가곡원류)

시절도 저러하니 인사도 이러하다
이러하거나 어이 저러 아닐소냐

이런자 저런자 하니 한숨계워하노라
                        (리항복)

　　인사＝사람들의 행동.
　　이런자 저런자 하니＝이렇고 저렇고 하니.

                        (해동가요, 가곡원류)

솔아 심은 솔아 네 어이 심였난다
지지간반을 어듸 두고 예 와셨노
진실로 울울한 만취를 알이 없어 하노라

                        (랑원군)

　　지지간반＝천천히 흐르는 산골짜기 시내가.
　　울울한 만취＝울창한 숲속에서 나무잎이 떨어지는 겨울에도 색이 변치 않는
　　　소나무.

                        (가곡원류)

말은 가려 울고 님은 잡고 아니 놓네
석양은 재를 넘고 갈길은 천리로다
저 님아 가는 날 잡지 말고 지는 해를 잡아라

　　재＝큰 고개.

                        (가곡원류)

헌 삿갓 자른 되롱이 입고 삽 짚고 호미메고
논뚝에 물 보리라 밭김이 어떻던고
아마도 박장기 보리술이 틈 없은가 하노라

자른=짧은.
박장기=박 瓢으로 만든 장기.

(해동가요, 조현명, 가곡원류)

대붕을 손으로 잡아 번개불에 구어먹고
곤륜산 옆에 끼고 북해를 건너뛰니
태산이 발끝에 차이여 왜각데각 하더라

　　대붕=가상적인 새이름. 새중에서 제일 크다고 일컬음.

(가곡원류)

기러기 저 기러기 네 행렬 부럽고야
형우제공이야 제 어이 알랴마는
다만지 주야에 함께 남을 못내 부러허노라

　　형우제공이야=형은 우애롭고 아우는 공순한것이야.

(가곡원류)

내 청춘 누를 주고 뉘 백발 가져온고
오고 가는 길 아듯던들 막을것을
알고도 못막을 길이니 그를 슬허 하노라

　　아듯던들=알았던들.

(가곡원류)

바람 불어 쓰러진 낢이 비 온다 싹이나며
님 그려 든 병이 약 먹다고 하릴소냐

저 님아 널로 든 병이니 네 고칠가 하노라

　　　하릴소냐＝나올소냐.

　　　　　　　　　(가곡원류)

첨피기오 한데 록죽의의로다
유비군자여 낚대 하나 빌리려믄
우리도 지성명덕을 낚아볼가 하노라

　　　첨피기오한데＝저 기수(강이름)가를 바라보니.
　　　록죽의의로다＝푸른 대가 아름답고 무성하도다.
　　　유비군자여＝덕이 있는 아름다운 군자여.
　　　지성명덕을＝지극한 정성으로 덕을 밝히는것을.

　　　　　　　　　(해동가요 박영. 가곡원류)

림고대 림고대하야 장안을 굽어보니
운리제성 쌍봉궐이오 우중춘수 만인가로다
아마도 번화승지는 이뿐인가 하노라

　　　림고대하야＝높은곳에 올라.
　　　운리제성 쌍봉궐이오＝구름속에 잠긴 서울에는 쌍봉궐이 있고.
　　　우중춘수 만인가로다＝봄비에 나무는 푸르른데 만호의 집이 잠겨있다.
　　　번화승지＝번화하고 경치좋은데.

　　　　　　　　　(해동가요. 가곡원류, 우조)

새벽 서리 지샌 달에 외기러기 울어옌다
반가온 님의 소식 행여 온가 여겼더니
다만지 창망한 구름밖에 빈소리만 들리더라

　　　지샌달＝아침이 밝아오는데 아직 채 떨어지지 않은 달.
　　　창망한＝넓고 큰.

　　　　　　　　　(가곡원류)

태산이 평지토록 부자유친군신유의
북악이 붕진토록 부부유별장유유서
사해가　변하여 상전토록 붕우유신하리라

　　　부자유친군신유의＝부자사이에는 육친의 사랑이 있어야 하고 군신사이에는
　　　　　의리가 있어야 한다.
　　　북악＝서울뒤산.
　　　붕진토록＝허물어져 없어질 때까지.
　　　부부유별 장유유서＝부부사이에는 각기 남녀의 지킬분이 있고 어른과 아
　　　　　이들 사이에는 손우와 손아래의 질서가 있어야 한다.
　　　사해가 변하여 상전토록＝바다가 변하여 뽕밭이 될 때까지.
　　　붕우유신하리라＝친구사이에는 신의를 지킬것이다.

　　　　　　　　　　　　　　（가곡원류）

대해에 관어약이오 장공에 임조비라
장부가 되여나서 지개를 모를것가
하물며 박시제중이니 병 되움이 있으랴

　　　관어약이오＝큰 바다는 물고기가 뛰는곳이요.
　　　임조비라＝넓은 하늘은 새들이 날으는곳이라.
　　　지개＝지조와 기개.
　　　박시제중이니＝은혜를 넓게 베풀어 대중을 구하니.

　　　　　　　　　　　　　　（가곡원류）

주렴을 반만 걷고 벽해를 바라보니
십리파광이 공장천일색이로다
물우헤 량량백구는 오락가락하더라

　　　주렴＝구슬로 꾸민 발.
　　　파광＝물빛.
　　　공장천일색이로다＝멀리 하늘과 맞닿았는데 같은 빛이로다.
　　　량량백구＝쌍쌍이 나는 갈매기.

　　　　　　　　　　　　　（가곡원류 홍춘경）

월락오제 상만천하니 강풍어화 대수면이라
고소성외 한산사에 야반종성 도객선이라
밤중만 애내일성에 산수록이로다

　　월락오제상만천하니＝달이 오제 산에 지고 서리기운 온 하늘에 차니.
　　강풍어화대수면이라＝강언덕 단풍잎과 고기불이 마주 조누나.
　　고소성외한산사에＝고소성밖 한산사의.
　　야반종성도객선이라＝깊은 이 밤 종소리가 객선까지 들리누나.
　　애내일성＝배소리 한가락에.
　　산수록이로다＝산과 물이 푸르도다.

　　　　　　　　　（가곡원류）

유자는 근원이 중하여 한꼭지에 둘씩 셋씩
광풍대우에 떨어질줄 모로더고
우리도 저 유자같이 떨어질줄 모로리라

　　근원＝부부의 연분.
　　광풍대우＝된 바람과 큰비.

　　　　　　　　　（가곡원류）

두견홍도 영산홍은 지지춘심만점홍을
락양청가 축성옥과 패강명금국심으로
신추에 월향부용명할제 큰 노리를 하리라

　　　　　　　　　（김민순）

　　두견홍도 영산홍＝두견이 울고 복숭아꽃 피여 온 산이 붉었는데.
　　지지춘심만점홍을＝가지가지 봄뜻은 가득이 붉었구나.
　　락양청가축성옥과＝서울의 명가수 축성옥과.
　　패강명금국심으로＝평양의 거문고 명수 국심으로.
　　신추＝초가을에.
　　월향부용명할제＝달빛에 련꽃이 밝을 때.

　　　　　　　　　（가곡원류）

부용당 소쇄한 경이 한벽당과 백중이라
만산추색이 여기 저기 일반이로다
아희야 환미주하여라 취코 놀려 하노라

   부용당=전라도 전주에 있다.
   소쇄한 경이=맑고 깨끗한 경치가.
   한벽당=전라도 전주에 있다.
   백중이라=맞먹는다 서로 비슷한것.
   환미주하여라=술을 사오너라.

          (가곡원류)

화작작 범나비 쌍쌍 양류청청 꾀꼬리 쌍쌍
날즘생 길버러지 오로다 쌍쌍이로다
우리도 새 님을 거러두고 백년쌍쌍하리라

   화작작=꽃은 만발하고.
   양류청청=버들은 싱싱하고.
   오로다=모두 다.

          (가곡원류)

내 사랑 남 주지 말고 남의 사랑 탐치 마소
우리 두 사랑이 행여 잡사랑에 섞일세라
우리난 이 사랑 가지고 백년동주하리라

   동주하리라=함께 살리라.

          (가곡원류)

포향사창 롱미휴할제 반함교태 반함수이라
저성암문 상사부아 수정금차로 소점두이로다
네 부모 너 생겨 날만 피라 생겼도다

모향사창 롱미휴할제=서로 사창 (비단을 바른 창)을 향해 즐김은 그칠줄
   을 모르는데.
반합교태 반합수이라=절반 애교, 절반 수집음을 품었더라.
저성암문상사부아=가만히 나를 사랑하는가 물음에.
수정금차로=손으로 금비녀를 매만지며.
소점두이로다=머리를 끄덕이도다.
피라=사랑하라고.

(가곡원류)

롱산삼개 동작지간에 늙은 돌이 있다 하데
이 아해 거즛말 마라 돌 늙난 대 보았나냐
옛 사람 이르기를 로돌이라 하데

삼개=마포.
동작지간=동작나무 사이.
로돌=돌 이름.

(가곡원류)

사랑을 알알이 모와 말로 되야 섬에 넣어놓고
세찬 말게 허리추어 실어두고
아해야 채 져겨놓아라 님계신데 보내리라

세찬말게=힘 센 말에다.
져겨=다우쳐.

(가곡원류)

백년을 다 못살아 칠팔십만 살지라도
벗고 굶지 말고 병없이 누리다가
평생에 유자코 유손하면 긔 원인가 하노라

유자코 유손하면=아들낳고 손자 보면.

괴여 둘고 기여 나는 집에 픰도 필사삼색도화
어룬자 범나비야 너는 어이 넘노나니
우리도 새 님 거러두고 넘놀아 볼가 하노라

　　　픰도필사=피였구나.
　　　어룬자=감탄사.
　　　삼색도화=한 나무에 세가지색의 꽃이 피는 복숭아

　　　　　　　　（가곡원류）

세여아이 상위하니 전원에 돌아와서
열친척락금서와 붕우유신 일삼으니
두어라 요부천명이니 부해의를 하리오

　　　세여아이=세상과 내가.
　　　상위하니=뜻이 서로 다르니.
　　　열친척 락금서와=친척과 함께 생활을 즐기고 거문고와 독서로 락을 삼는
　　　　것과.
　　　붕우유신일삼으니=친구간에 신의를 지키기를 힘쓰니.
　　　요부천명이니=타고난 운을 즐기니.
　　　부해의를=또한 어찌 의심하기를.

　　　　　　　　（가곡원류）

어와 보완제고 저 선사님 보완제고
저렇듯 고온 양자 헌 누비에 싸이였는고
랍설중 동백화 한가지가 로송속에 들미라

　　　보완제고=보시오.
　　　선사님=중.
　　　헌 누비=헌 누비옷.
　　　랍설중=섣달 눈보라속.

　　　　　　　　（가곡원류）

담안에 섰는 꽃이 모란이냐 해당화인다

햇득밝긋 피여있어 남의 눈을 놀래난다
저 꽃이 임자 있으랴 내 꽃보듯하리라

  해당화인다=해당화인가.

          (가곡원류)

아해는 약 캐라 가고 죽정은 뷔였는데
흩어진 바둑을 뉘 쓸어 쥐여담으리
취하고 송하에 누웠으니 철 가는줄 몰라라

  죽정=대나무 정자.

          (남훈태평가, 가곡원류)

춘풍에 떨어진 매화 이리저리 날리다가
낡에도 못오르고 걸리고나 거미줄에
저 거미 매환줄 모르고 나비 감듯하더라

  걸리고나=걸리였고나

          (가곡원류)

그려사지 말고 차라리 시여져서
월명 공산에 두견새넋이 되여
밤중만 살아저 울어 님의 귀에 들리리라

  그려사지말고=그리워하면서 살지 말고.
  시여져서=죽어서.
  월명공산=달밝고 적적한 산.
  살아저 울어=자지러지게 울어.

          (가곡원류)

김기성(金箕性)

광은 부위벼슬을 하였다 그가 여덟살때 지은것이다.
光恩副尉八歲 所作

 추월이 만정한듸 슐이 우는 저 기러기
 상풍이 일고하면 돌아가기 어려왜라
 밤중만 중천에 떠있어 잠든 나를 깨오나니

  만정한듸=뜰에 가득한데.
  상풍=서리바람.
  일고하면=해 높아지면.

       (가곡원류, 송종원)

 뫼잠방이 호미메고 논밭 갈아 기음 매고
 농가를 부르며 달을 띄여 돌아오니
 지어미 술을 거르며 래일뒤밭 매옵세 하더라

       (신희문)

  농가=농부들의 노래.
  지어미=안해.

       (가곡원류)

 논밭갈아 기음 매고 돌통대 기사미 피여물고
 코노래 부르면서 팔둑춤이 제격이라
 아희는 지어자하니 허허 웃고 놀리라

       (상 동)

  돌통대=끕돌로 만든 대.
  기사미=썬 담배.
  제격이라=제 격식에 어울린다.
  지어자=가무의 곡조를 맞춰주며 흥을 돋는 소리.
  허허 웃고=크게 웃고.

       (가곡원류)

그린듯한 산수간에 풍월로 울을 삼고
연하로 집을 삼아 시주로 벗지 되니
아마도 요시유거를 알이 적어하노라
　　　　　　　　　(상　동)

　　울을 삼고＝울타리를 삼고.
　　연하＝안개와 노을. 여기서는 산천의 자연이라는 뜻.
　　벗지＝벗이.
　　요시유거＝호젓이 숨어서 사는 락.

　　　　　　　　(가곡원류)

암화에 춘만한듸 송애에 석양이라
평무에 내 걸으니 원산이 여화이 로다
소쇄한 수변정자에 대월음풍하리라
　　　　　　　　　(상　동)

　　암화＝이끼 낀 바위.
　　춘만한듸＝봄이 저문데.
　　송애＝소나무가 서있는 절벽.
　　평무＝평평한 들판.
　　여화이로다＝그림과 같도다.
　　소쇄한＝깨끗한.
　　수변정자＝물가에 선 정자.
　　대월음풍하리라＝달맞이하면서 시를 읊으리라

　　　　　　　　(가곡원류)

린평대군 (麟平大君)

주인이 호사하여 원객을 위로할식
다정가관이 배앗나니 객수이로다
어지버 밀성금일이 태평인가 하노라

　　호사하여＝일을 즐겨서.
　　원객＝먼데서 온 손님.
　　위로할식＝위로할제.
　　다정가관＝다정한 음악.

배앗나니=뺏았으니.
　　　밀성=안주의 옛이름.

　　　　　　　　(해동가요, 가곡원류)

세상 사람들이 입들만 성하여서
제 허물 전혀 잊고 남의 흉 보는고나
남의 흉 보거라 말고 제 허물을 고치고쟈

　　　보고라 말고=보려고 하지 말고.
　　　고치고쟈=고쳤으면 좋겠다.

　　　　　　　　(가곡원류)

셋째치 잦은 한잎(三數大葉)

석양에 취흥을 계워 나귀등에 실렸이니
십리 계산이　몽리에 지나거다
어디서 수성어적이 잠든 나를 깨오나니

　　　십리계산=십리나 뻗친 개울이 흐르는 산.
　　　몽리에=꿈 가운데.
　　　수성어적=몇가락의 어부들의 저대소리.
　　　깨오나니=깨우느냐.

　　　　　　　　(가곡원류)

약산동대 여즈러진 바위틈에 왜철쭉 같은 저 내 님이
내 눈에 덜 밉거든 남인들 지나보랴
새 많고 쥐꼬인 동산에 오조간듯하여라

　　　약산동대=평북녕변의 명승지.
　　　여즈러진=이지러진.
　　　왜철쭉=진달래꽃의 일종.
　　　쥐꼬인=쥐가 덕실덕실한.
　　　오조=까마귀.

　　　　　　　　(가곡원류)

이러니 저러니 하고 날더려란 잡말 마소
내 당부 님의 맹서가 오로다 허사로다
정밧긔 못이를 맹서이야하야 무슴하리오

　　　오로다=모두 다.
　　　못이를=실천하지 못할.

(가곡원류)

원문번장이 기웅호하니 칠척장신에 패보도이라
대렵음산삼장설하고 장중귀음벽포도이라
대취코 남만을 헤아리니초개런가 하여라

　　　원문번장=왕궁을 지키는 장수.
　　　기웅호하니=기백이 웅장하고 호방하니.
　　　칠척장신=칠척이나 되는 큰키.
　　　패보도이라=보배로운 칼을 찼도다.
　　　대렵음산삼장설하고=세길이나 눈깊은 음산에서 큰 사냥을 하고.
　　　장중귀음벽포도이라=장막에 돌아와 푸른 포도주를 마시도다.
　　　남만=남쪽 오랑캐.
　　　초개=지푸레기.

(가곡원류)

락엽이 말발에 차이니 잎잎이 추성이로다
풍백이 뷔되여 다 쓸어바린 후에
두어라 기구산로를 덮어둔들 어뗘하리

　　　풍백=소위 바람을 맡은 신. 여기서는 바람.
　　　뷔되여=비가 되여.
　　　기구산로=험한 산길.

(가곡원류)

엊그제 쥐빛은 술을 주동이째 두러메고나니

집안 아희들은 허허쳐 웃는고나
강호에 봄 간다 하니 전송하려 하노라

　　쥐빚은=손으로 주물러 담근.
　　주동이재=술동이채.
　　허허쳐=소리치며.

（가곡원류）

기러기 석양천에 나지 말고 네 나래를 날 빌려든
심송미귀처에 잠간 다녀오마스라
가다가 고인상봉하여드란 즉환래를 하리라

　　석양천=저녁하늘.
　　나지말고=가지 말고.
　　빌려든=빌려준다면.
　　심송미귀처=마음을 보냈으나 아직 돌아오지 않는곳.
　　오마스라=오자꾸나.
　　고인 상봉하여드란=옛친구를 만나거든.
　　즉환래를=곧 돌아오기를.

（가곡원류）

우레같이 소래난 님을 번개같이 번듯 만나
비같이 오락가락 구름같이 허여지니
흉중에 바람같은 한숨이 나서 안개같이 피더라

（남훈태평가, 가곡원류）

엊그제 쥐빚은 술이 익었느냐 설었느냐
앞내 후린 고기 굽느냐 회치느냐 속고왔느냐
아희야 어서 차려내여라 벗님 대접하리라

　　후린 고기=후리그물로 잡은 고기.

속고왔느냐=보글보글 끓여왔느냐.

(가곡원류)

록라로 전작삼춘류하고 홍금을 재성이월화이라
약사공후로 쟁차색인댄 춘광이 부도야인가이로다
아마도 지극공도는 하늘인가 하노라

록라=초록비단.
전작삼춘류하고=잘라서 봄 버들을 만들고.
홍금=붉은 비단.
재성이월화이라=말라서 2월의 피는 꽃을 만든다면.
약사공후로 쟁차색인댄=만약 공후(고관대작)로 하여금 버들과 꽃 만들기를
　　　　다투게 했다면.
춘광이 부도야인가이로다=봄이 보통사람의 집에는 오지 못할것이다.
지극공도=지극히 공평된것.

(가곡원류)

이러니 저러니 하고 세속기별을 전치 말아
남의 시비는 나의 알배 아니로다
와준에 술이 익었으면 긔 좋은가 하노라

세속기별=속세의 소식.
와준=질그릇으로 만든 술단지.

(가곡원류)

록이상제는 력상에 늙고 룡천설악은 갑리에 운다
장부의 먹은 뜻을 속절없이 못 이루고
귀밑에 백발이 흩날리니 그를 슬허하노라

록이상제=좋은 말의 이름.
력상=외양간.

통천설악=유명한 칼이름.
갑피=갑 속.

(가곡원류)

각씨 네 차오신 칼이 일척검가 이척검가
통천검 태아검에 비수단검이 아니여든
장부의 촌 만한 간장을 수울수울 긋나니

일척검가=일척검인가.
통천검=명검의 이름.
태아검=명검의 이름.

(가곡원류)

만 횡(蔓橫)

백마는 욱어장시하고 청아는 석별견의로다
석양은 이경서령이오 거로는 장정단정이로다
아마도 설운 리별이 백년삼만륙천일에 오늘뿐인가 하노라

욱어장시하고=가자고 길게 울고.
청아는 석별견의로다=각씨는 리별을 서러워 웃을 잡고 아니놋네.
이경서령이오=이미 서산에 기울어지고.
거로는 장정단정이로다=갈 길은 멀고도 가깝도다.

(가곡원류)

청천 구름밖에 높이 떠난 백송굴이 사방천지를 지척만치
　　　　　　　　　　　　　　　　　　　너기는듸
어쩌타 시궁치 뒤져 얻먹는 오리는
제 집 문지방 넘나들기를 백천리만치 너기나니

백송굴=매의 한 종류.
얻먹는=얻어먹는.

(가곡원류)

내 집이 본디 산중이라 벗이 온들 무엇으로 대접하리
앞내에 후린 고기를 캐여 온 삽주에 속고와라
엊그제 쥐빚은 술을 많이 걸러내여라

    삽주=국과에 붙은 숙근초.
    속고와라=끓여라.

              (가곡원류)

두고 가는 의안과 보내고있는 의안과
두고 가는 의안은 설옹람관에 마부전뿐이어니와
보내고있는 의안은 방초년년에 한불궁인가 하노라

    의안=속마음.
    설옹람관에 마부전=눈이 쌓여 앞이 나아가지 못하듯이 쉽게 떠나지 못한
        다는 뜻.
    방초년년에 한불궁인가=방초가 해마다 돋을 때 원한이 끝없는가.

              (가곡원류)

남아의 쾌한 일이 그 무엇이 제일인고
협태산이초북해와 승장풍만리파랑과 주일두 시 백편이라
세상에 초개공명은 부족도인가 하노라

    협태산이초북해=태산을 양쪽에 끼고 북해를 뛰여 건느는것.
    승장풍만리파랑=큰 바람을 타고 만리 바다를 건느는것.
    주일두 시백편=하루에 술을 한 말 마시고 시를 백편 짓는것.
    초개공명은 부족도인가=공명은 지푸레기 같이 가벼워 말할것도 못되는가.

              (해동가요, 가곡원류)

뒤 뫼회 고사리 뜯고 앞내에 고기 낚아 술제자 모약손하고
일감지미를 한듸 앉아 나눠먹고 담소자약하야 만실환희하고
    우락없이 늙었으니

아마도 환해영욕은 나는 아니 구하노라

　　　솔제자 포약손=여러 아들은 거느리고 손자는 품안고.
　　　일감지미=맛좋은 음식.
　　　담소자약하야=아무 구김새없이 이야기하고 웃으며.
　　　만실환회하고=온 방에 기쁨이 가득히 차고.
　　　우락없이=큰 근심과 큰 즐거움없이 무사히.
　　　환해영욕=벼슬살이길의 영화와 굴욕.

　　　　　　　　　　　　　（가곡원류）

시비에 개 즞거늘 님이신가 반기녀겨
도착의상하고 경측망견하니 광풍이 진진하여 권렴하는 소래
　　로다
함소코 출문간하니 참귀참천하여라

　　　시비=사립문.
　　　도착의상하고=옷을 거꾸로 입고.
　　　경측망견하니=허리를 기울여 옆으로 바라보니.
　　　진진하여=결결이 일어나서.
　　　권렴하는=발을 걷어올리는.
　　　함소코=웃음을 머금고.
　　　출문간하니=문에 나와보니.
　　　참귀참천하여라=귀신과 하늘이 부끄럽도다.

　　　　　　　　　　　　　（가곡원류）

우리 둘이 후생하여 네 나 되고 나 너 되여
내 너 그려 궂던 애를 너도 날 그려 궂쳐 보면
전전에 내서워하던줄을 돌려봄이 어떠하니

　　　후생하여=죽어서 다시 태여나서.
　　　궂던 애를=애타던것을.
　　　돌려봄이=바꾸어 겪어봄이.

　　　　　　　　　　　（남훈태평가, 가곡원류）

엇롱(言弄)

꿈아꿈아 어리쳐쳐한 꿈아 왔는 님을 보내넌것가
왔는 님 보내느니 잠든 날이나 깨오났다
이후에 님이 오셔드란 잡고 날 깨와라

　깨오났다=깨웠으면 좋았겠다.

(가곡원류)

십재를 경영옥수연하니 금강지상이오 월봉전이로다
도화읍로홍부수이오 류서는 표풍백만선을 석경귀승은 산영
　　외어늘　연사면토우성변이로다
약령마힐로 유어차이런들 불필당년에 화망천을 하리라

　십재를 경영옥수연하니=십년동안 가사를 다스리여 수간 집을 지으니.
　금강 지상=금강(충청도에 있음)우.
　월봉전이로다=월봉산앞이로다.
　도화읍로홍부수이오=젖은 도화꽃은 붉게 물에 떠있고.
　류서는 표풍백만선을=흰 버들개지는 바람에 휘날려 배에 가득하거늘.
　석경귀승은 산영외어늘=돌길로 돌아가는 중은 산그림자밖에 있거늘.
　연사면토우성변이로다=연사에 조는 해오라기 비속에 있도다.
　약령마힐로유어차이런들=만약 시인왕마힐로 하여금 여기에서 놀게 하였던들.
　불필당년에 화망천을 하리라=반드시 당년에 망천을 그리지 않았을것이다. 왕
　　마힐이 망천의 자연을 사랑하여 거기 별장을 두고 유명한 묵화 망천도를
　　그렸다.

(남훈태평가, 가곡원류)

청천에 떠서 울고 가는 외기러기 나지 말고 내 말 들어
한양성내에 잠간 들러 부듸 내 말 잊지 말고 웨웨쳐 불러 니르
　기를(혹은 적막공규에 더지둥 홀로 앉어) 월황혼계워 갈
　제 님 그려 차마 못살레라 하고 한 말을 전하여 주렴

우리도 님보라 바뻬 가옵는 길이오매 전할동말동 하여라

　　한양성=서울.
　　공규=빈 안방.
　　더지듯=내여던진듯이.
　　월황혼제워갈제=어스럼달이 돋 황혼이 저물어갈 때.

（가곡원류）

앞논에 오려를 뷔여 백화주를 빚어두고
뒤동산 송지전통우에 활지여걸고 손조 구글무지낚아 움버
　　들에 꿰여 물에 채와두고
아희야 날 볼 손 오셔드란 뒷여흘로 살와라

　　오려를 뷔여=올벼를 베여.
　　백화주=찹쌀술.
　　전통=화살을 넣는 통.
　　활지여=활에 시위를 얹어.
　　손조=손수.
　　여흘=여울.
　　살와라=사뢰라. 아뢰여라.

（가곡원류）

귀돌이 저 귀돌이 어여쁘다 저 귀돌이
어인 귀돌이 지는 달 새는 밤에 긴 소리 저른 소리 절절 설
　　흔 소리 제 혼자 울어예어 사창 여윈 잠을 살뜰히 깨오는
　　제고
두어라 제 비록 미물이나 무인동방에 내 뜻 알이는 저뿐인가
　　하노라

　　귀돌이=귀뚜라미.
　　울어예어=울어서.
　　사창=비단으로 바른 창.
　　여원잠=설은 잠.
　　깨오는제고=깨우는구나.
　　무인동방=아무도 없는 그윽한 방.

（가곡원류）

재우에 우뚝 섰은 소나무 바람 불적마다 흔들흔들
개울에 섰는 버들은 무음일 좇아서 흔들흔들 흔들흔들 하노
님그려 우는 눈물은 옳거니와 입하고 코는 무음일 좇아서 후루
　　룩 빗쭉 하나니

　　무음일좇아서=무슨 일때문에.

　　　　　　(가곡원류)

양덕 맹산 철산 가산나린 물은 부벽루로 감돌아들고
마호락이 공류소 두미월계 나린 물은 제천정우로 감돌아들고
님그려 우는 눈물은 벼개소호로 흐르더라

　　　　　　(가곡원류)

증경은 쌍쌍 록담중이오 호월은 단단영창롱이로다
처량한 라유안에 실솔은 슬피 울고 인적야심한듸 옥루는 잔잔
　금로에 향진참횡월락토록 유미가인은 백마금편으로　어디를
　다니다가 뉘 손에 잡히여 돌아올줄을 잊었는고
님이야 날 생각하랴마는 나는 님뿐이매 구회간장을 촌촌이 스
　루다가 사라져 죽을망정 나는 아니 잊으리라

　　증경=비오리.
　　록담중이요=초록빛나는 못속에 떠있고.
　　호월=흰 달.
　　단단영창롱이로다=둥글게 큰 창에 비치도다.
　　라유안=비단장막안.
　　실솔=귀뚜라미.
　　인적야심한듸=인기척은 고요하고 밤은 깊은데.
　　옥루는 잔잔=무수기(물시계)의 물은 잦아들고.
　　금로에 향진=향로에는 향이 다타고.
　　창횡월락토록=뭇별이 기울어지고 달이 떨어지도록.

극목천애에 한고안지실려하고 회모량상에 선쌍연지동소이로다
원산은 무정하여 능차천리지망안이오 명월은 유의하여　상조량

　　　　향지사심이로다
　　화부대 이삼지월에 예발어금중하고 월부당 삼오지야에 원명어
　　침상하니 님 뵈온듯하여라

　　　극목천애에＝시야가 끊어지는 하늘가에 맨 가장자리에.
　　　한고안지실려하고＝외기러기떼 읽음을 한하고.
　　　회모량상에 선쌍연지동소이로다＝눈동자를 돌보우에 돌림에 한쌍 제비의 한 보
　　　　금자리가 부럽도다.
　　　원산＝먼 산.
　　　능차천리지망안이오＝능히 천리밖을 내다보는 시야를 가리우고.
　　　명월은 유의하여 상조량향지사심이로다＝명월은 뜻이 있어 서로 그리운 마음을
　　　　비치도다.
　　　화부대이삼지월에 예발어금중하고＝꽃은 봄 2, 3월을 기다리지 않고 이불에 미
　　　　리 피고.
　　　월부당삼오지야에 원명어침상하니＝달은 보름도 아닌데 베개맡에 둥글고 밝게
　　　　빛나고.

　　　　　　　　　　（가곡원류）

　　　　　　　　　弄（롱）

　　천고희왕지천과 일촌무회지지에
　　명구승지를 갈희여 수간모옥 지어내니 운산연수 송풍라월과 야
　　수산금이 절로 기물이 되저고나
　　아희야 산옹부귀를 갈희고 남더러 행혀 니르리라

　　　천고희황지천과＝먼 옛날 복희씨때의 태평세상과.
　　　일촌무회지지＝조금도 낯익지 않은 땅.
　　　갈희고 갈희여＝가리고 가려서.
　　　모옥＝띠집, 자그마한 초가집.
　　　운산연수＝구름 낀 산과 안개 낀 물.
　　　송풍라월＝소나무에 부는 바람과 겨우살이에 비친 달.
　　　야수 산금＝들짐승과 산새.
　　　기물＝내것.
　　　산옹부귀＝산에 사는 늙은이의 부귀.

　　　　　　　　　　（가곡원류）

어믄자 박너출이야 에 어믄자 박너출이야
어일 너출이 담을 넘어 손을 주노
어룬님 이리로 저리로 갈적에 손을 쥐려 하더라

    어믄자＝감탄사.
    박너출이야＝박넌출아.
    어일＝어찌.

            (가곡원류)

가마귀 가마귀 좃아 들거고나
뒤동산에 느러진 고양낡에 휘드느니 가마귀로다
새는 날 못가마귀 한데 나려 뒤덤벙덤벙 두루업져서 싸우니 아
모 그 가마귄줄 몰라라

    좃아들거고나＝좃아 날아들었구나.
    고양낡에＝고양나무에.
    휘드느니＝휘몰아 날아드는것이.
    두루업져서＝두루 덮쳐서.
    아모그＝누구의.

            (가곡원류)

곡구롱 곡구롱하니 유조의황곡구롱이라
성애곡구록음번하여 매세춘만곡구롱을 조조곡구모곡구에 일롱
    이롱롱부롱이라
세인이 위이곡구리하니 위이장재곡구롱이나 정간곡구천교목하
    니 미필장재곡구롱을

    곡구롱＝꾀꼬리의 울음소리.
    유조의황곡구롱이라＝몸이 누른 새가 골짜기에서 울음이라.
    성애곡구록음번하여＝성질이 골짜기의 투음 우거진곳을 좋아하여.
    매세춘만곡구롱을＝해마다 늦은봄에 곡구롱하고 울거늘.
    조조곡구모곡구에＝아침마다 저녁마다 골짜기에.
    일롱이롱롱부롱이라＝울고울고 또 우짖는지라.

—175—

세인이=세상사람이.
위이곡구리하니=너를 가리켜 꾀꼬리라 하니.
위이장재곡구통이냐=너를 일러 언제나 골짜기에서 운다 하나.
정간곡구천교목하니=조용히 골짜기에서 교목을 옮기는것을 보니.
미필장재곡구통을=언제나 골짜기에서만 운다고는 하지 못할것을.

청강일곡에 포촌류하니 장하강촌사사유를
자거자래당상연이오 상친상근수중구이라 로처는 화지위기국이
　　오 치자는 고침작조구이로다
다병소수가 유약물이니 미구차외에 갱하구를 하리오

　　청강일곡=맑은 강 한굽이.
　　포촌류=마을을 안고 흐르니.
　　장하강촌사사유=긴 여름날 강마을의 모든것이 유유하도다.
　　자거자래당상연이오=오락가락 당우에 깃든 제비는 날고.
　　상친상근수중구이라=서로 친밀히 서로 가까와하는 물갈매기로다.
　　화지위기국이오=종이에 그려서 바둑판을 만들고.
　　치자=어린아이.
　　고침작조구이로다=바늘을 두들겨서 낚시를 만들도다.
　　다병소수가 유약물이니=병이 많은 몸에는 모름지기 약이 생각나니.
　　미구차외에 갱하구를 하리오=하잘것 없는 몸이 이외에 또 무엇을 구하리오.

　　　　　　　　　　(가곡원류)

나무아미타불 나무아미타불한들 중놈마다 성불하며
공자왈 맹자왈한들 사람마다 득도하랴
아마도 득도성불은 도량난인가 하노라

　　성불하며=부처가 되며.
　　득도하랴=도를 깨달고 본뜻을 체득하랴.
　　도량난인가=둘다 어려운가.

　　　　　　　　　　(가곡원류)

달바자는 쟁쟁 울고 잔듸속에 속잎 난다 삼년 묵은 말가죽은

　　　　외용지용 우지는듸 로처녀의 거동보소
함박 족박 드더지며 역정내여 니른말이 바다에도 섬이 있고(콩
　　　팥헤도 눈있네, 봄꿈자리 사오나와) 동뢰연 첫　사랑을
　　　꿈마다 하여뵈네
글로사 월로승의 인연인지 일락패락하여라

　　　달바자=달로 결은 바자.
　　　함박=함지박.
　　　드더지며=던지며.
　　　니른말이=하는 말이.
　　　동뢰연=결혼잔치.
　　　글로사=그를사.
　　　월로승=결혼을 맡아본다는 신인 월하로인의 붉은 끈.
　　　일락패락=될듯 말듯.

강원도 설화지를 제 장광에 연을 지어
대사황사백사줄을 통얼네에 살이 없이 바람이 한창인제　삼간
　　　토김 사간 근두 반공에 솟아올라 구름에 걸쳤으니 풍력
　　　도 있거니와 줄맥이 없이 그러하랴
먼데님 줄맥을 길게 대여 낚고아올가 하노라.

　　　설화지=강원도 평강에서 나는 백지의 한 종류.
　　　제 장광에=제 길이와 폭대로.
　　　대사=굵은 실.
　　　황사=빛이 누른 실.
　　　백사=윤이 도는 흰 명주실.
　　　통얼네=연실을 감는 기구.
　　　토김=연을 날릴제 얼레로 실을 감다가 통줄을 주어 연을 거꾸로 박이게 하
　　　　는것.
　　　근두=연을 곤두잡이 치게 날리는것.

사랑사랑 고고이 맺힌 사랑 온 바다를 두루덮는 그물같이 맺힌
　　　사랑
왕십리라 담십리라 참외넌출 외넌출 수박넌출 얽어지고 틀어져
　　　서 물물이 벋어가는 사랑

아마도 이 님의 사랑은 끝간데 몰라하노라

 고고이=그물코마다.
 뿔뿔이=밭고랑마다.
 왕십리. 답십리=고장 이름들.

저멋고저 저멋고저 열다섯만 하였고저
어여쁜 얼굴이 내가에 섰는 수양버드나무 광대등걸이 되거고나
우리도 소년 행락이 어제런듯하여라

 저멋고저=젊고싶다.
 광대등걸=말라 비틀어진 썩은 나무등걸.
 소년행락=소년시절의 즐거운 놀이.

(가곡원류)

달밝고 때좋은 밤에 남대천 너른 뜰에
잎 없은 보류수낡에 앉아 설리화야 우는 저 깁수리새야
아무리 설리화이야 운들 낸들 어이 하리오

 보류수=보리수.
 설리화이야=서러워서

(가곡원류)

고대광실 나는 마다 금의옥식 더욱이 슳희
은금보화 노비전택 비단장옷 대단치마 밀화주겹칼 자지 상직저
 고리 땋은머리 석웅황 오로다 꿈자리로다
평생 나의 원하는바는 말 잘하고 인물 개자하고…(11자 생략)
 저믄 서방인가 하노라

 금의옥식=비단옷과 맛있는 음식.
 더욱이 슳희=더욱 싫도다.

노비전택=종과 밭과 집.
비단장옷=비단으로 지은 외출할 때 쓰는 옷.
석웅황=광물의 일종으로 댕기에 달아 장식한다.
꿈자리로다=꿈이로다.
개자하고=깨끗하고.

(가곡원류)

백운은 천리만리 명월 전계후계
과조귀래할제 낚은 고기 꿰여들고 단교를 건너 행화촌주가로
　돌아드는 저 늙은이
묻노니 네 흥미언매뇨 금 못칠가 하노라

　　백운은 천리만리=흰구름은 천리만리 아득히.
　　명월은 전계후계=명월은 앞개울과 뒤개울에 비치였도다.
　　과조귀래할제=낚시질을 끝마치고 돌아올 때.
　　단교=위태로운 다리.
　　행화촌주가=행화 촌 술집.
　　네 흥미언매뇨=네 흥취가 얼마나 한가.
　　금 못칠가 하노라=값을 매기지 못할가 하노라.

(가곡원류)

산정하니 사태고이요 일장하니 여소년이라
창선은 영계하고 락화만정한듸 오수가 초족커늘 독주역국풍 좌
　　씨전 리소 태사공서 도두시와 한소문 수편하고 흥도즉
　　출보계변하여 해후원옹계우하여 문상마설갱도 상여극담
　　반향타가 귀이의장시문하러니 이윽고 석양이 재산한대
　　자록만상이라 변환경각에 황가인목이라
우배적성이 량량귀래할제 월인전계의러라

　　산정하니=산이 고요하니.
　　사태고이요=태고때와 비슷하고.
　　일장하니=해가 기니.
　　여소년이라=소년때와 같도다.
　　창선은=푸른 이끼는.
　　영계하고=섬돌에 가득차고.

-179-

오수가 초족커늘=낮잠을 한참 달게 잤기에.
홍도죽 출보계변하여,=흥이 나면 곧 개천가를 거닐어.
해후원옹계우하야=농사 짓는 늙은이와 개천을 거니는 벗들을 만나.
문상마 설갱도 상여극담반향타가=뽕농사와 삼농사에 대하여 묻고 메벼와 논벼 농사를 서로 말하면서.
귀이의장시문하러니=돌아와 사립문에서 지팽이에 의지하여 섰으니.
재산한대=아직 서산에 머물러있는데.
자록만상이라=저녁노을에 모든것이 보라빛이나 초록빛으로 되더라.
변환경각에 황가인목이라=삽시간에 무수히 변화하는것이 가히보는 눈을 황홀케 하더라.
우배적성=소등에(걸타 부는 목동들의) 저대소리.
량량귀래할제=쌍쌍이 돌아올 때.
월인전계의러라=달빛이 앞개울에 비치더라.

(가곡원류)

물 우희 사공 물아래 사공놈들이 삼사월 전세대동 실어갈제
  일천석 싣는 대중선자귀 대혀 꾸며 낼제 삼색 실과 머리
  갖은것 갖초와 피리 무고를 둥둥 치며 오강 성황지신과
남해 통왕지신께 손고초와 고사할제 전라도이라 경상도
  이라 울산바다 라주바다 칠산바다 휘돌아 안흥목이라 손
  돌목 강화목 감돌아들제 평반에 물담은듯이 만리창파에
  가는듯 돌아오게 고스릐 고스릐 소망일제 하오소셔
어어라 저어라 이어라 배뜨여라 지국총나무아미타불

전세대동=리조 봉전정부가 농민들에게서 세금의 명목으로 략탈해가던 량곡.
자귀=나무를 깎는 도구.
무고=무당북.
오강=한강의 중요한 나루들가운데서 서울 부근에 있는 한강, 룡산, 마포, 현호, 서강.
성황지신=성이나 요새를 지킨다는 신.
고사=옛날 미신에서 일이 무사하라고 수호신에게 빌던 제사.
가는듯=가자마자 곧.
고스릐=고사지낼 때 음식을 던지면서 비는 말.

(해동가요, 가곡원류)

이십사교 월명한듸 가절은 월정상원이라

억조는 란가환동하고 귀유도 휴공보섭이로다
사시에 관등 상화 세시복랍도 틀어만성동락함이 오날인가 하
　　노라

　　　이십사교 월명한되=스물네명의 미인이 단소를 불었다는 다리에 달은 밝은데.
　　　가절=좋은 때.
　　　월정상원=정월보름.
　　　억조=백성.
　　　란가환동=란간에 기대여 노래하며 함께 즐기는것.
　　　귀유=고귀한 사람.
　　　휴공보섭=지팽이를 짚고 나막신으로 거닌다는 뜻.
　　　관등=음력 사월 파일의 등놀이.
　　　상화=삼월의 꽃놀이.
　　　세시=한해의 네 절후 또는 새해.
　　　복랍=여름의 삼복과 겨울의 랍일.
　　　만성동락=만백성이 함께 즐기는것.

　　　　　　　　　（가곡원류）

공명을 헤여하니 영욕이 반이로다
동문에 패관하고 전려에 돌아와서 성경현전 헤쳐놓고 읽기를 파
　　한 후에 앞내에 살진 고기도 낚고 뒷뫼혜 엄긴 약도 캐
　　다가 림고원망하여 임의소요할제 청풍은 시지하고 명월
　　이 자래하니 아지못게라 천양지간에 이같이 즐거움을 무
　　엇으로 대할소냐
아마도 이리저리 노니다가 승화귀진함이 긔 좋은가 하노라

　　　헤여하니=생각하니.
　　　영욕=영화로운 일과 욕된 일.
　　　패관=벼슬을 내여놓는것.
　　　전려=시골 농사집.
　　　성경현전=성인의 책과 현인의 전기.
　　　림고원망=높은데 올라서 먼곳을 바라보는것.
　　　임의소요=뜻대로 거니는것.
　　　시지=때맞춤 불어오는것.
　　　자래=절로 돌아오는것.
　　　아지 못게라=감탄사.
　　　승화귀진=죽어 돌아가는것.

　　　　　　　　　（가곡원류）

어촌에 락조하고 수천이 일색인제
소정에 그물 싣고 십리사정 나려가니 만강로적에 하목은 섞어
　　　날고 도화류수에 궐어는 살졌는듸 류교변에 배를 매고
　　　고기주고 술을 사서 명정케 취한 후에 오애성 부르며
　　　달을 띄며 돌아오니
아마도 강호지락은 이뿐인가 하노라

　　　라조＝석양 저녁해.
　　　소정＝작은 배.
　　　사정＝모래가 깔린 물가.
　　　만강로적＝온 강에 깔린 갈밭.
　　　하목은 섞어날고＝노을과 따오기는 서로 엇섞여날고.
　　　도화류수＝복사꽃잎이 떠 흐르는 물.
　　　궐어＝쏘가리.
　　　류교변＝버드나무가 선 다리
　　　명정케 취한＝대취한.
　　　오애성＝배노래.
　　　강호지락＝봉건사회에서 량반계급들이 사회정치생활에서 떨어져 강파 호수가, 자
　　　　연속에서 사는 재미.

　　　　　　　　　　　　　　　（남훈태평가, 가곡원류）

한벽당소쇄한 경을 비갠 후에 올라보니
백천원룡이오 일천화월이라 가인은 만좌하고 중악이 훤공한듸
　　　호탕한 풍연이오 랑자한 배반이로다
아희야 잔 가득 부어라 대취고가하여 원객수회를 씻어볼가 하
　　　노라

　　　한벽당＝전주에 있는 다락이름.
　　　소쇄한 경＝맑고 깨끗한 경치.
　　　백척원룡＝높은 다락을 가리킴.
　　　일천화월＝내가 가득히 꽃과 달 그림자라는 뜻.
　　　가인＝미인.
　　　중악＝여러 음악.
　　　훤공한듸＝하늘이 요란한데.
　　　배반＝술상에 차려놓은 그릇들의 총칭.
　　　원객수회＝외로운 나그네의 시름겨운 회포.

　　　　　　　　　　　　　（가곡원류）

이 시름 저 시름 여러가지 시름 방패연에 세세성문하온 후에
춘정월 상원일에 서풍이 고이 불제 올백사한 어레를 끝까지 풀
　　어띄올제 마지막 전송하자 둥계둥계 높이 떠서 백룡의
　　　구뷔 같이 굼틀굼틀 뒤틀어 저 구름속에 들거고나 동해
　　　바다건너가서 외로이 선 낡에 걸리였다가
풍소소 우라라할제 자연소멸하리라

　　방패연=구멍이 없고 네모가 반듯하여 방패처럼 생긴 연.
　　세세성문=자세하게 글을 써서.
　　상원일=음력정월 대보름날.
　　풍소소 우라라=바람이 솔솔 불고 비가 뚝뚝 떨어지는것.

　　　　　　　　　（해동가요, 가곡원류）

시비에 개 즞거날 님만 녀겨 나가보니
님은 아니 오고 명월이 만정한듸 일진금풍에 잎 떨어지는 소리
　　로다
저 개야 추풍락엽성 헛도이 즞어 날 속일줄이 있이라

　　시비=사립문.
　　일진금풍=몰아쳐 부는 가을바람.

　　　　　　　　（가곡원류）

리화에 로습도록 뉘게 잡히여 못오는가
옷자락 뷔여잡고 가지 마소 한난듸 무단이 떨치고 오자함도 어
　　려왜라.
저 님아 혜여 보소라 네오 긔오다로랴

　　로습=이슬이 내려 젖는것.
　　혜여 보소라=생각해보시오.

　　　　　　　　（가곡원류）

님 그려 깊이 든 병을 무삼 약으로 고쳐낼고
태상로군 초환단과 서왕모의 천년반도 락가산관세음감로수와진
　　　원자의 인삼과며 삼산십주 불사약을 아무만　먹은들
　　　하릴소냐
아마도 그리던 님을 만나량이면 긔 량약인가 하노라

　　　　　　　　　　（김시경）

　　　태상로군 초환단＝죽은 사람을 살린다는 약.
　　　서왕모 천년 반도＝옛 이야기에 서왕모라는 신선이 사는곳에는 삼천년에　한번
　　　　　씩 열매를 맺는 복숭아가 있는데 먹으면 오래 산다고 하였음.
　　　삼산십주＝소위 신선세계에 있다는 3개의 산과 열개의 주.
　　　하릴소냐＝나을소냐.
　　　긔 량약인가＝그것이 좋은 약인가.

　　　　　　　　　　（가곡원류）

가마귀 검으나다나 해오리 희나다나
황새다리 기나다나 오리다리 저르나다나
아마도 흑백장단은 나는 몰라 하노라

　　　검으나다나＝검으나 마나.
　　　흑백장단＝검고 흰것과 길고 쩌른것.

　　　　　　　　　　（가곡원류）

춘풍장책 상잠두하여 한양형지를 굽어보니
인왕삼각은 호거룡반세로 북극을 피야있고 한수 종남은 천부금
　　　탕이라 형국장구함이 만천세지무장이로다
군수덕 신수정하니 례의동방 요지일월이오 순지건곤인가　하
　　　노라

　　　춘풍장책 상잠두＝봄바람을 쏘이며 지팽이를 훑어짚으면서 서울남산 잠두머리에
　　　　　오른다는 뜻.
　　　한양형지＝서울의 지형.

인왕삼각=인왕산과 삼각산.
호거 룡반세=범이 도사려앉고 룡이 굽이굽이 서린 기운.
한수 종남=한강과 남산.
천부금탕=자연의 요새는 무쇠와 같이 견고한 성과 같다는 뜻.
형국장구=나라를 보전하고 다스려나감이 오래 간다는 뜻.
군수덕 신수정=임금은 덕을 닦고 신하는 정치를 한다는 뜻.
요지일월=태평한 세월.
순지건곤=태평한 천지.

(가곡원류)

곡구롱 우는 소리에 낮잠 깨여 니러보니
적은 아들 글 니루고 며늘아기 베짜는듸 어린 손자는 꽃놀이
    한다
맛초아 지어미 술거르며 맛보라고 하더라

(오경화)

곡구롱=꾀꼬리의 딴 이름.
맛초아=때마침.

(가곡원류)

개얌이 불개얌이 잔등 똑 부러진 불개얌이
강릉새음재 넘어들어 갈험의 허리를 가로 물어 추혀들고 북해
    를 뛰여 건넌단 말 있어이다
님아님아 열놈이 백말을 할지라도 님이 짐작 하시소

개얌이=개미.
불개얌이=불개미.
새음재=강릉에 있는 고개이름.
갈험=칡범.

(가곡원류)

님 다리고 산에 가도 못살것이 촉백성에 애긇는듯
물가에 가도 못살것이 물 우희 사공과 물아래 사공이 밤중만

　　　　배 떠날제 지국총 어사와 닻채는 소리에 한숨지고 돌아
　　　눕네
이후란 산도 물도 맑고 들희가 살려 하노라

　　촉백성=소쩍새 소리.
　　애=창자.
　　지국총 어사와=배저으며 흥얼거리는 소리.
　　닻채는=닻을 드는.
　　들희가=들에 가.

　　　　　　　　　(가곡원류)

내 본시 상계인으로 황정경 일자 오독하고
진환에 적하하여 오복을 누리다가 승피백운하고 제향에　올라
　　가서 네 노던 군선을 다시 만나
팔극에 주유하여 장생불사하리라

　　상계인=천상의 사람.
　　황정경=도교의 경전.
　　일자오독하고=글자하나를 잘못 읽고.
　　진환=속세상.
　　적하=인간세상에 귀양오는것.
　　오복=인간의 다섯가지 복. 즉 수, 부, 강녕, 호덕(덕을 좋아하는것), 고종명(제
　　　　명대로 사는것).
　　승피백운=죽어 구름을 타고 가는것.
　　제향=천상 백옥경(소위 하느님이 있다는곳).
　　팔극=널리.
　　주유=두루 돌아다니는것.

월황혼 계워갈제　　정처없이 나간 님이
백마금편으로 어디를 다니다가 불념규중화조란하고 돌아올줄을
　　모르는고
독수공방하여 장상사루여우에 전전반측하소라

　　월황혼=달 뜬 저녁.
　　계워갈제=늦어갈 때.

백마금편=흰 말께 금으로 꾸민 사치한 채찍.
불념규중화조란=안방에 안해가 정겨워 기다림을 생각지 않고.
장상사루여우=그리운 상사로 비같이 내리는 눈물.
전전반측=잠을 이루지 못하여 몸을 뒤치는것.

(가곡원류)

금화금성수수대 반단만 얻어 조고만 말만치 주푸루여움을 뭇고
조죽 니죽 백양저로 지어 자네 자오 나는 마의 서로 권할 만정
평생에 리별루 없으면 긔 좋은가 하노라

금화금성=강원도에 있는 지명.
말만치=말(斗)처럼.
주푸루여=좁혀서.
뭇고=짓고.
조죽 니죽=좁쌀로 쑨 죽과 입쌀로 쑨 죽.
백양저=백양나무가지로 만든 저가락.
나는 마의=나는 싫어.
리별루=리별의 피로움.

(가곡원류)

왕거미 덕거미들아 진지동산 진거미 납거미들아
줄을 늘우느니 마천령 마운령 공덕산 나린 외로 멍덕 해룡산
　　진천고개 넘어들어 삼수이라 갑산 초계동산으로 내내 긴
　　줄 늘어주면
전젙에 그리던 님의 소식을 네줄로 런신하리라

늘우느니=늘쿠니.
마천령 마운령=함경도에 있는 큰 재이름.
전전=오랜 이전.
런신=소식을 런락하는것.

(가곡원류)

어우화 벗님네야 님의 집에 승전가세
전영장 후영장 군무위 천총주라 라팔 태평소쟁 북을 난우난 투

－187－

　　　　둥 쾡쾡치며 임의 집으로 승전하라 가세
　　그결에 초패왕이 있은들 두릴 줄이 있이랴

　　　　승전가세=승전놀이를 하러 가세.
　　　　전영장 후영장 군무위 천총=각영의 장수들.
　　　　초패왕=초나라 항우.

　　　　　　　　　　(가곡원류)

　　진시황 한무제를 뉘라서 장타던고
　　동남동녀 합긔 싣고 만경창파에 배를 듸여 채약구선하고 백량
　　　　대 높은 집에 승로반에 이슬받아 만천세 살랴터니 오로
　　　　다 허사이로다
　　우리는 주색을 삼가하고 절식복약하여 백년까지 하리라

　　　　진시황=불사약을 구하기 위하여 동남동녀(나어린 처녀, 총각) 3천명을 바다가
　　　　　　　운데 있다는 봉래산에 보냈다 한다.
　　　　한무제=불로 장생약을 만들기 위하여 하늘가 구름속의 이슬을 받으려고 승로
　　　　　　　반을 만들었다. 승로반은 이슬을 받는 그릇.
　　　　채약구선=불로초를 캐며 선인을 찾는것.
　　　　백량대=한나라 무제가 향나무를 사용하여 지은 다락이름.

　　　　　　　　　　(가곡원류)

　　종남산 누에머리 끝에 밤중마치 흥히 우는 부헝아
　　장안백만가에 뉘 집을 향하여 부헝부헝 우노
　　평생에 얄밉고 잘뮈온 님을 다 잡아가려 하노라

　　　　종남산=서울 남산.
　　　　누에머리=남산 봉우리의 이름.
　　　　잘뮈온=얄미다를 더 얄잡아 쓴것.

　　　　　　　　　　(가곡원류)

김조순(金祖淳)

자는 사원이고 호는 풍고이다. 순조대왕의 장인이며 문형벼슬

을 지냈다. 영안부원군으로 정조묘정에 배향하였다.
字士源号楓皐純祖大王國舅文衡永安府院君正祖廟庭配亨.

비파야 너는 어이 간곳마다 앙조아리느니
싱금한 목을 에후릐여 진득 안고 염파 같은 손으로 배를 잡아
　　뜯거든 아니아니 앙조아리랴
이따감 대주소주 락옥반할제 떠날뉘를 모르리라

　　　앙조아리느니=앙알거리느냐.
　　　대주소주락옥반할제=비파소리가 크고 작은 구슬이 옥소반에 떨어지는것과 같이
　　　　　쟁쟁하다는 뜻.
　　　떠날뉘를=떠날줄을.

　　　　　　　　　　　(가곡원류)

묵은 해 보내올제 시름 함께 전송하자
흰 권모 콩 인절미 자채술 국안주에 빙등에 불 밝히고 정신채
　　려 앉았으니
이윽고 사경 닭 자초 울고 자미중 지나가니 새해온가 하노라

　　　　　　　　　　　(오경화)

　　　흰 권모=흰 골무떡.
　　　자채술=자채벼(올벼)로 빚은 술.
　　　자초울고=재촉하여 울고.
　　　자미중=동냥얻으러 다니는 중.

대설이 만공산할제 흑초구를 떨쳐입고
천근 각궁 풀어걸고 백우장전 허리에 차고 철총마 빗기 달려
　　간학으로 돌아들제 크나큰 토끼 놀라 뛰여내닫거늘 적
　　발시인 만사의하야 칼을 빼혀 다혀놓고 장꼿에 꿰여 구
　　어내니 고혈이 점적커늘 거호상절이담지하고 취지에 혼
　　연앙간하니 학운이 편편여금하야 취한 낮에 표박할제 미

재라 차중지미를 제 뉘 알리
아마도 남아의기장사는 이뿐인가 하노라

흑초구=흑돈피 갖옷.
친근 각궁=뿔로 꾸민 큰 활.
백우장전=흰 깃을 단 긴 화살.
철총마=몸에 검푸른 점이 박힌 말.
잔학=제곡.
적발시인 만사의하야=활시위를 팽팽히 당겨 쏘아맞히여.
장꼿=긴 꼬리.
고혈=기름과 피.
점적=뚝뚝 떨어지는것.
거호상절이담지하고=상에 걸터앉아 썰어서 맛보고.
취지에=취하고나서.
혼연앙간=호뭇하여 처 다보는것.
학운=끌짜기의 구름.
편편여금=쪼각쪼각 금처럼 빛나는것.
표박할제=떠들며 머물을제.
미재라=아름다와라.
차중지미=이 속의 재미.
남아의기장사=남자의 기개를 펴는 장한 일이란 뜻.

(가곡원류)

완산리 돌아들어 만경대에 올라보니
삼한고도에 일춘광경이라 금포라군과 주효란만한대 백운가 한
　　곡조를 관현에 섞어내니
장부의 역려호유와 명구장관이 오늘인가 하노라

완산리=전주 뒤들.
만경대=전주에 있는 대의 이름.
삼한고도=삼한시대의 서울.
일춘광경이라=봄경치라.
금포라군=비단 도포와 치마.
주효=술과 안주.
백운가=노래이름.
관현=관악기와 현악기.
섞어내니=엇섞어내니.
역려호유=나그네의 호탕한 놀음.
명구장관이=명승지의 볼만한 광경.

(가곡원류)

인간 비막비는 만고소혼 리별이라
방초는 처처하고 류색이 푸를적에 하교송별하야 뉘 아니 암연
　　하리
하물며 기러기 슬피울고 락엽이 소소할제 리별일곡에 아니 울
　　이 없더라

　　　인간비막비＝인간에게 있어 더없는 슬픔.
　　　만고소혼 리별＝만고에 간이 마르는 리별.
　　　처처하고＝무성하고.
　　　하교송별＝리별. 나그네와 다리께서 리별함을 말함.
　　　암연하리＝눈앞이 캄캄하리.
　　　리별일곡＝리별곡 한곡조.

　　　　　　　　　（해동가요, 가곡원류）

저 건너 흰옷 입은 사람 잔밉고도 얄미웨라
작은 돌다리 건너 큰 돌다리 넘어 밤뛰여가며 가로 뛰여가는고
　　나 내 사랑이나 삼고라지고
진실로 내 사랑 못되거든 벗의 님이 될가 하노라

　　　밤뛰여＝앞으로 뛰여.
　　　가로 뛰여＝옆으로 뛰여.
　　　삼고라지고＝삼고싶구나.
　　　벗의 님＝벗 님.

　　　　　　　　　（가곡원류）

대 들에 자리등매를 사오 저 장사야 네 등매 값 언매니 사　깔
　　아 보자
두필 싼 등매에 한필 받삼네 한필 못싸의 반필 받소 반필 아니
　　받네 하우온 말 마소
한번 끝 사깔아 보시면 아모만을 줄지라도 매양사 까자하오리

　　　자리등매＝자리가를 꾸민 꽃돗자리.
　　　두필 싼 등매＝두필 값어치의 꽃돗자리.

못싸의=그 값에 가지 못하네.
하우온말=매우 우스운 말.
아모만을=아무리 많이

(가곡원류)

각씨네들이 여러층이울네 송골매도 같고 줄에 앉은 제비도 같애
백화총리에 두루미도 같고 록수파란에 비오리도 같고 따해 퍽
　　　앉은 소로개도 같고 석은 등걸에 부헝이도 같데
그려도 다 각각 님의 사랑이니 개일색인가 하노라

이울네=이구료.
송골대=몸이 작고 세차며 빠른매의 한 종류.
백화총리=온갖 꽃이 핀 수풀속.
록수파란=푸른 물결.
비오리=새이름.
따해=땅에.
소로개=소리개.
석온등걸=썩은 나무 밑둥.
님의 사랑=제 님의 사랑.
개일색인가=모두 미인인가.

(해동가요, 가곡원류)

산밑에 집을 지어두고 넬것 없어 초새로 네였이니
밤중만 하여서 비오는 소리는 우루룩 주루룩 몸에 옷이 없어
　　　초의를 입었으니 살이 다 드러나서 울긋불긋 불긋울긋
다만지 칩든 아니 하되 님이 볼가 하노라

넬것=이을것.
초새=띠.
초의=풀로 엮은 옷.

(가곡원류)

어이하야 아니 오던다 무삼 일로 못오던가
너 오는 길에 무쇠로 성을 쌓고 성안에 담을 쌓고 담안에 집을

짓고 집안에 궤 짜놓고 궤 안에 너를 찬찬 동여놓고 쌍
　　　배목 외결쇠에 금거북 자물쇠로 뚝딱 박아 잠가판대 네
　　　어이 그리 못오던가
한해라 열두 달이오 한달 서른날에 날보라 올 할리 설마 없으
　　　랴 하더라

　오던다=오는가.
　쌍배목=쌍으로 된 문고리를 거는 쇠.
　외결쇠=한개로 만든 결쇠.
　할리=하루가.

　　　　　　　　　(가곡원류)

천지간 만물지중에 저 무엇이 무서운고
백액호 시랑이며 대망독사 오송지주 야차가 두억신과 리매망량
　　　요피사기며 호정령 몽달귀신 염라사자와 십왕차사를 다
　　　물속 겪어보았으나 아마도 님을 못보면 간장에 불이 나
　　　서 사라져죽게 되고 불지라도 놀랍고 끔즉하야
사지가 절로 녹아 어린듯 취한듯이 말도 아니 나기는 님이신가
　　　하노라

　백액호=이마에 흰점이 박힌 범.
　시랑=승냥이와 이리.
　대망=대망이. 큰 뱀.
　오송지주=지네와 거미.
　야차=어둑신이.
　두억신=야차와 같은 귀신의 일종.
　리매망량=도까비의 종류.
　요피사기=요사스러운것과 요사스러운기운.
　호정령=소위 여우 귀신.
　염라사자=소위 염라대왕이 보낸 사자.
　십왕차사=소위 저승에 있다는 십대왕의 사자.
　어린듯=미친듯.

　　　　　　　　　(가곡원류)

지당에 월백하고 하향이 습의할제

금준에 술이 있고 절대가인 통금커늘 일흥을 못이기여 청가예
곡 옮어내니 송죽은 휘두르며 정학이 우즘으니 한중에
흥미하야 늙을 뉘를 모로노라
이중에 열친척락붕우로 이종천년하리라

    지당=못.
    원백=달이 밝은것.
    하향=련꽃향기.
    습의할제=옷에 스며들 때.
    통금커늘=거문고를 타니.
    일흥=세속을 떠난 고상한 흥취.
    늙을 뉘를=늙을줄을.
    열친척락붕우=친척들과 함께 기뻐하며 친구들과 즐기는것.
    이종천년=제 목숨대로 사는것.

                    (해동가요, 가곡원류)

아흔 아홉 곱먹은 로장중이 박주를 가득 부어 량까지 취케 먹
고
납족조라한 길로 이리로 빗독 저리로 빗독 빗독뷔걸어갈제 늙
은의 망령을 웃지 말아 저 청춘소년 아해들아
우리도 원상한산 석경사에 류환장드더지며 임의거래할적이 어
제론듯 하여라

    로장중=나이가 많고 도를 닦는중.
    박주=탁주.
    량까지=량껏.
    원상한산석경사에=멀리 한산에 비긴 돌길을 오름에.
    류환장=중의 지팽이의 하나.
    임의거래할 적이=마음대로 오가던 때가.

인생천지 백년간에 부귀공명 총부운이라
찰하로 다 떨어지고 통문에 장유하야 제주구점연에 산하원기
와 동정호 운몽택을 흉금에 삼킨후 락안봉 고처울라 사
조의 경인구를 청천에 랑음하고 장건의 팔월차를 은하수

에 훌리놓아 월궁에 올라가서 옥비를 만나보고 그제야
봉래산에 안기생 선문자와 장년경도세술을 슬카장 의론
하니
세상에 취사몽생하야 영영록록지배야 널러 무엇 하리오

총부운이라=다 뜬 구름이라.
찰하로=차라리.
통문에 장유하야=훌륭한 인물들과 사귀여 통쾌히 놀아.
제주구점연에=멀리 가지런히 아홉개의 연기(천하의 경치)를 바라보매.
산하원기=산천의 기운.
동정호, 운몽택=큰 호수들.
고쳐올라=다시 올라.
사조의 경인구=사 조는 시인으로 그의 사람을 놀래울만한 시구.
장건의 팔월차=장건은 사람의 이름. 전설에 장건이 떼를 타고 은하수를 건넜다
   는 그 때를 팔월차라고 한다.
봉래산=신선이 산다던 삼신산의 하나.
안기생=신선의 이름.
선문자=신선의 이름.
장년경도세술=길이 경사롭게 장수할 도술을.
슬카장=실컷.
취사몽생하야=한평생을 뜻 없이 보내여.
영영록록지배야=사욕에 탐탐하여 이리저리 빌붙는 하찮은 무리야.

(해동가요)

각도 각선이 다 올라올제 상고사공이 다 올라왔네
조강 석물 막창들이 배마다 찾을 때 사내놈의 먼정이와 통산삼
   개 당도리며 평안도 독대선에 강진해남죽선들과 령산삼
   가이지토선과 메욱 실은 제주배와 소금 실은 옹진배들이
   스르룩 올라들 갈제
어디서 각진놈의 나로배야 쬐야나볼줄 있이랴

각도각선=각도의 갖가지 배.
상고사공=장사배의 사공.
조강=한강과 림진강이 합수한 강
석물=청석물.
막창=주막의 창녀.
먼정이=배머리가 뾰죽한 큰배.

당도리=당두리. 바다로 다니는 큰배.
지토선=지방 토민들이 소유한 배.
각신놈의=각 나루의 사공놈들의.

(가곡원류)

논밭 갈아 기음 매고 뵈잠방이 다임쳐 신들메고
낫갈아 허리에 차고 도끼 벼려 두러메고 무림산중들어가서 삭
　　　다리 마른 섶을 뷔거니 버히거니 지게에 짊어 짚팡이 받
　　　쳐놓고 새옴을 찾아가서 점심도슭 부시이고 곰방대를 툭
　　　톡 떨어 잎담배 피여물고 코노래 조오다가
석양이 재 넘어갈제 어깨를 추이즈며 긴 소래저른 소래　하며
　　　어이 갈고 하더라

무림산중=숲이 무성한 산속.
삭다리=나무에 붙어있는 마른가지.
새옴=샘물.
도슭=고리버들로 갸름하게 만들어 점심밥 같은것을 담는 그릇.
추이즈며=추썩거리며.

(가곡원류)

별안에 춘심한제 유회를 둘듸 없어
림풍추창하야 사우를 둘러보니 백화가 란만한듸 류상황앵은 쌍
　　　쌍이 비껴날아 하상기음할제 어쩐지내 귀에는 유정 하야
　　　들리난고
어떻다 최귀인생은 저새만도 못한고

별안에=끔쩍이는 로인의 눈에도.
춘심한제=봄이 깊은 때에.
유회=아득한 회포.
림풍추창하야=바람을 만나 서러워져서.
사우=사방.
류상황앵=버들가지에 앉은 꾀꼴새.
하상기음할제=나무아래 가지에서 웃가지로 노래부르며 날아갈 때.
최귀=가장 귀한.

(가곡원류)

시미산세네 박회 감돌아들제
오류월 낮즈음에 살얼음 지뛴 우희 즌서리 섞어치고 자최눈 뿌
   린것을 보았는가
       님아님아 오인놈이 오인말을 할지라도 님이 짐작하시소

   시미산=수미산. 불교에서 말하는 가상적인 산.
   지뛴 우희=살짝 얼은 우에.
   즌서리=된서리.
   자최눈=자국눈.

              (가곡원류 송상가사)

물네난 줄로 돌고 수래는 박회로 돈다
산진이 수진이 해동청 보라매 두죽지 넓희 끼고 태백산 허리를
   안고 도는고나
우리도 그리던 님 만나 안고 돌가 하노라

   박회=바퀴.
   산진이=산에서 자란 매.
   수진이=길들여 키운 매.
   넓희=옆에.

                (가곡원류)

오동열매 동실동실하고 보리 뿔희는 맥근맥근
묵은 풋나모동과 쓰던 숯섬이오 검은 로송에 작은 대조이로다
구월산중에 춘초록이오 오경루하에 석양홍이라 하더라

   동실동실=동글동글한 모양과 오동열매의 한문자인 《동실》이 합쳐진 희어.
   맥근맥근=매끈하다와 보리뿌리의 한문자인 《맥근》이 합쳐진 희어.
   묵은 풋나모동=풋나무동은 가을에 때려고 푸초를 베여 묶은 나무동. 그것은 오
      래되여 묵어도 풋자풋자를 붙여 풋나무동이라 한다는 희어.
   쓰던 숯섬=숯섬은 아무리 쓰던것도 숯(숯된것 즉 쓰지 않던이란 뜻과 통함)이
      라 부른다는 희어.
   검은 로송=젊고 싱싱해도 로송(늙은 술이란 뜻과 통함)이라 한다.

　　　　구월산중에 츈초록이오＝산이름은 구월산이라 가을을 의미하는데 봄풀이 무성
　　　　　하고.
　　　　오경루하에 셕양홍이라＝다락이름은 오경이라 새벽을 표시하는데 저녁해빛이 붉
　　　　　다.

（가곡원류）

바둑이 검둥이 쳥삽사리즁에 조 노랑 암캐 같이 얄밉고 잣믜오
　　　라
믜온 님 오게 되면 꼬리를 회회치며 반겨 내닫고 고온님 오게
　　　되면 두발을 버디디고 코살을 찡그리며 무르락 나오락
　　　캉캉 짖는 요 노랑 암캐
이튿날 문밖긔 개 사옵세웨는 장사 가거드란 찬찬 동혀내야 주
　　　리라

　　　　잣믜오라＝얄밉다를 더 얄잡아 이르는 말.
　　　　믜온님＝미운님.
　　　　고온님＝고운님.
　　　　내닫고＝내달아 나가고.
　　　　나오락＝앞으로 나아가기도 하며.

（가곡원류）

관운장의 쳥룡도와 조자룡의 날랜창이
우주를 흔들면서 사해에 횡행할제 소향무적이언마는 더러운 피
　　　를 묻혔으되 어찌한 문사의 필단이며 변사의 셜단으란
　　　도창검극아니 쓰고 피 없이 죽이오니
무섭고 우셔울손 필셜인가 하노라.

（김　영）

　　　　소향무적이언마는＝향하는곳에 적이 없지마는.
　　　　필단＝붓 끝.
　　　　변사＝말재간 있는 사람.
　　　　셜단으란＝혀끝은.
　　　　도창검극＝칼과 창.
　　　　필셜＝붓과 혀.

（가곡원류）

발가벗은 아해들이 거미줄 테를 들고 게천으로 왕래하며
발가숭아 발가숭아 저리가면 죽나니라 이리 오면 사나니라 부
　　　르나니 발가숭이로다
아마도 세상일이 다 이러한가 하노라

　　　　　　　　(리정진)

계면락시조(界面樂時調)

람색도 아닌 내오 초록색도 아니왼 나오
당다홍 진분홍에 연반물도 아니왼 내외
각씨네 물색을 모르넌지 나는 진람인가 하노라

　　당다홍=산뜻한 붉은 빛.
　　연반물=검은 빛이 연하게 나는 남빛.
　　진람=진한 남색.

　　　　　　　　(가곡원류)

그대 고향으로부터 오니 고향일을 응당 알리로다
오던 날 기창앞에 한매 피였더냐 아니 피였더냐
피기는 피였더라마는 님자그려하더라

　　한매=봄 추위에 피는 매화.
　　님자 그려=임자를 그리워.

　　　　　　　　(가곡원류)

한해도 열두달이오 윤삭들면 열석달이 한 해로다
한달도 서른 날이오 그 달 적으면 스무 아흐레 그믐이로다
밤 오경 낮 일곱 때에 날 볼 할니 없으랴

　　　　　　　　(조경림)

밤 오경 낮 일곱 때에=밤은 오경으로 되고 일곱 때로 된 하루 열두때에.
날 볼 할니=나를 볼 하루.

(가곡원류)

각씨네 옥모화용 어슨체 마소
동원도리편시춘이라도 추풍이 건듯 불면　상락두변한내하뿐이
로다
아무리 마음이 교앙하고 나히 어려신들 이르는 말을 아니 듣나니

옥모화용=옥같은 태도와 꽃 같은 얼굴.
어슨체=마음에는 있으나 겉으로는 태연한체.
동원도리편시춘이라도=동쪽 뜰에 복숭아 살구꽃이 봄 한철 피더라도.
상락두변한내하=서리가 머리우에 치면 원한을 어쩌할것인가.
교앙하고=교만하고 코가 세고,

(가곡원류)

산촌에 객불래라도 적막든 아니하이
화소에 조능언이오 죽헌에 인상어이라 송풍은 거문고요 두견성
의 노래로다
두어라 남의 부귀를 눈 홀긔리 뉘 있으리

객불래라도=손이 오지 않아도.
화소=꽃이 피여 웃는것 같다는 뜻.
조능언=새가 지저귀는것이 말을 하는듯하다는 뜻.
죽헌=대잎이 바람에 설레이는것이 떠드는것 같다는 뜻.
인상어이라=사람이 서로 말하는것 같다는 뜻.
송풍은=소나무가 지사이로　스쳐지나가는 바람소리.
두견성=소쩍새소리.
눈 홀긔리=눈을 가로 뜨고 노려보는것.

(해동가요. 가곡원류)

춘산에 봄춘 자드니 퍼귀퍼귀 꽃화 자라
일호주한병가질지 자하고 내천자 변에 앉을 좌자

아희야 잔상들거하니 좋을 호자인가 하노라

  춘산=봄산.
  퍼귀퍼귀=모기모기.
  일호주=한병술.
  잔상=술잔.

     (가곡원류)

김약정자내난 술을 장만하고 로풍헌손 당장은 안주를 많이 장
 만하쇼
해금비파적피리 장고무고공인으란 내다 담당함세
구시월단풍명월야에 모혀 취코 놀리라

  김약정=김가성 가진 고을 자치기판의 한 소임.
  로풍헌=로가성 가진 고을 자치기판의 한 소임.
  손당장=손가성 가진 서원(공부하는곳)의 소임.

댁들에 연지분들 사오 저 장사야 네 연지분 곱거든 사자
곱든 비록 아니 하되 바르면 예없던 교태 절로 나고 님피시는
 연지분이오니
진실로 그러곳 하량이면 닷말아치나 사자

  예없던=이전에 없던.
  교태=예쁜 태도.
  님피시는=님이 사랑하는.
  그러곳 하량이면=그렇기만 하다면.
  닷말아치=닷말어치.

가마귀 깍깍 아모리 운들 님이 가며 낸들 가랴
밭가는 아들 가며 베틀에 앉은 아기딸이 가랴
재너머 물 길라간 며늘아기 네나 갈가 하노라

  님이 가며=님이 죽으며.
  아기딸이=딸아이가.

재너머=고개너머.
며늘아기=며느리.

눈아눈아 뒤멀어질 눈아 두손 장가락으로 꾹 질러 머르지를 눈아
미온 님 보나 고온 님 보나 본동만동 하라고 내 언제부터 정 다술라 하고 너더러 아니 일렀더냐
아마도 이 눈의 련좌로 시비될가 하노라

정 다술라 하고=정을 억제하라고.
련좌로=탓으로, 련좌는 남의 죄에 련관되여 심문을 받는것.
시비될가=말밥에 오를가.

(가곡원류)

창내고저 창내고저 이 내 가슴에 창내고저
들장지열장지고 목장지세살장지 암돌쩌귀 수돌쩌귀 쌍배목 외걸쇠를 크나큰 장도리로 뚝딱 박아 이내 가슴에 창내고저
님 그려 하답답할제면 여달어나볼가 하노라

창내고저=창을 내고저.
들장지=들창.
고목장지=다락에 붙인 장지.
쌍배목=쌍으로 된 문고리를 거는 쇠.

(가곡원류)

락양동촌 리화정에 마고선녀의 술익단 말 반겨 듣고
청려에 안장지어 금 돈 싣고 들어가서
아해야 숙랑자계시냐 문밖에 리랑왔다살외라

락양동촌 리화정=숙향이(소설 《숙향전》의 너주인공)가 인간세상에 환생하여 마

고선녀에게 안내되여간곳이 락양동촌의 리화정이며 여기서 리랑을 만나
게 된다.
청려=청노새.

(가곡원류)

우락시조(羽楽時調)

누구서 술을 대취하면 온갖 시름을 다 잊는다던고
망미인어천일방할제 백잔을 나마 먹어도 촌공이 바히 없네
허물며 백발의문망을 못내 슬허하노라

누구서=누가.
망미인어천일방할제=임금을 하늘가 멀리 우러러볼 때.
바히없네=전혀 없네.
촌공=자그마한 효험.
백발의문망을=백발이 성성한 어버이가 자식이 돌아옴을 기다리는것을.

(가곡원류)

홍홍 노래하고 덩더럭궁 춤을 추니
궁상각치우를 맞초리라 하였더니
어긔고 다 저어하니 후후 웃고 마노라

궁상각치우=음악에서의 다섯개 기본음계.
저어하니=어긋나니.
후후 웃고=크게 하하 웃고.

가을해 긔똥 몃츳 가리 나귀 등에 안장차루지 말아
운산은 거머어득 침침석경은 기구잔잔한듸 저 뫼흘 넘어 내
   어이 가리
산당에 값없은 명월과 함긔 놀고 가리라

긔똥=제가 기껏해야. 고작해야.
몃츳가리=얼마 가리.

운산=구름에 잠긴 산.
침침석경=어둑컴컴하고 돌이 많은 좁은 길.
기구잔잔한되=험하고 조용한데.
산당=산에 있는 집.

(가곡원류)

술 먹기 비록 좋을지라도 한두잔밖긔 더 먹지 말며
색하기 좋을지라도 패망에란 말을지니
평생에 이 두 일 삼가하면 백년 천금구를 병들일줄 있이랴

패망에란=패망에 이르기까지는.
백년천금구=백년까지 살 천금같은 몸.
병들일줄=병 생길 일이

(가곡원류)

조으다가 낚시대를 잃고 춤추다가 되롱이 잃헤
늙은이의 망녕으란 백구야 웃지말아
십리에 도화발하니 춘흥계워하노라

되롱이=띠나 짚으로 엮은 우장.
도화 발하니=복숭아꽃 피니.
춘흥계워=봄의 흥취를 이기지 못하여.

(가곡원류)

물아래 그림자 지니 다리 우회중이 간다
저 중아 거긔 서거라 너 어디 가노 말 물어보자
손으로 백운을 가리키며 말 아니코 가더라

(가곡원류)

정이삼월두신행 도리화좋고

사오류월은 록음방초놀기 좋희 칠팔구월은 황국단풍이 더욱이
  좋다
십일이월은 합리춘풍의 설중매인가하노라

　　두신행＝오양의 한가지.
　　합리춘풍＝중문안 봄바람.
　　설중매＝눈속에 피는 매화.

(가곡원류)

우슬부슬 우만공이오 울긋불긋 풍엽홍이로다
다리걸은 사립옹이 긴 호미 둘러메고 홍료안백빈주저에 여백구
  로 구벅구벅
석양중기우적동이 송농공을 하더라

　　우만공＝비가 하늘에 가득 찼다는 뜻.
　　풍엽홍＝단풍잎이 붉다는 뜻.
　　사립옹＝도롱이에 삿갓을 쓴 늙은이.
　　홍료안백빈주저＝붉은 역귀가 핀 강기슭과 흰 마름꽃이 핀 강가.
　　여백구＝흰갈매기와 더불어.
　　기우적동＝소를 탄 피리 부는 목동.
　　송농공＝풍년가.

(가곡원류)

리좌수 검은 암소를 타고 김약정은 질장군 두릐여메고
남권농조당장은 취하여 뷔거르며 장고더더렁 무고 둥둥 치는듸
  춤추는고나
협리에 우맹의 질박천진태고순풍을 다시 본듯하여라

　　좌수＝향청의 우두머리.
　　질장군＝흙을 구워서 장구 모양으로 만든 악기.
　　권농＝리조때 지방자치단체의 소임의 하나로 농사와 부역을 맡아보았다.
　　뷔거르며＝비틀거리며.
　　협리에＝두메뜰에 사는.
　　우맹＝백성.
　　질박천진태고순풍＝검소하고 순진한 태고의 순박한 풍속.

(가곡원류)

장삼뜯어 치마 적삼짓고 념주란 벗어 당나귀 밀치하세
석왕세계 극락세계 관세음보살나무아비타불 십년한 공부도 너
  갈듸로 니게
밤중만 암거의 품에 드니 념불경 없에라

> 밀치=말과 소의 꼬리 밑을 둘러 안장에 매는 끈.
> 석왕세계=불교의 세계.
> 관세음보살=불교에서 자비심이 무한정하다는 부처의 이름. 이것을 많이 외우면
>   고통에서 벗어난다고 했다.
> 나무아미타불=부처의 이름. 자기를 도와달라고 념불에 쓰는 말.
> 암거의 품=녀자의 품.
> 갈듸로 니게=갈데로 가라.
> 념불경=념불할 생각.

(남훈태평가. 가곡원류)

푸른 산중백발옹이 고요 독좌 향남봉을
바람불어 송생슬이오 안개 걷으니 학성홍이라 죽걱 제금은 천
  고한인듸   적다 정조는 일년풍이로다
누고서 산이 적막다턴고 나는 락무궁인가하노라

> 고요독좌향남봉을=고요히 혼자 남산을 향하여 앉으니.
> 송생슬이오=소나무는 슬(악기)소리를 내고.
> 학성홍이라=구렁은 무지개를 이루더라.
> 죽걱 제금=죽겠다고 우는 새.
> 천고한인듸=천고에 사무친 원한을 가졌는데.
> 적다 전조는 일년풍이로다=솥이 작다고 우는 소쩍새는 한해의 풍년을 우짖는다.
> 누고서=누가.
> 락무궁인가=즐거움이 끝없는가.

(남훈태평가. 가곡원류)

닫는 말도 오왕하면 서고 섰는 소도 이라타 하면 가고
심산에 모진 범도 경세곧 하면 도서나니
각씨네 뉘 어미 딸이완데 경세불청하나니

오왕=가는 마소를 멈춰세우기 위해 부르는 소리.
이리타=멈춰선 마소를 가라고 부르는 소리.
경세 곧 하면=타이르기만 하면.
도서나니=해칠 마음을 돌려 도로 가니.
경세불청=타이르는 말을 듣지 않는것.

(가곡원류)

세상 부귀인들아 빈한사를 웃지 말아
석숭은 루거만재로되 필부로 죽고 안자는 일표루항으로도 성현
 에 이르렀나니
평생에 내 도를 닦아 두어시면 남의 부귀부럴소냐

빈한사=가난한 선비.
석숭=옛 중국의 진나라의 거부.
루거만재로되=매우 많은 재산을 가졌으되.
필부=보통사람.
안자=공자의 수제자.
일표루항으로도=재산이라고는 박하나밖에 없고 구차한 거리에서 살았어도.

(가곡원류)

엇 락(言 樂)

간밤에 지게 여던 바람 살뜨리도 날 속여도
풍지소리에 님이신가 나가본 나도 외다마는
진실로 들나 곧 하더면 밤이조차 우을랐다

지게=지게문.
외다마는=그르다마는.
들나 곧 하더면=들어오라고 하였더라면.
밤이조차=밤까지.
우을랐다=웃을번 하였다.

(가곡원류)

눈섭은 수나뷔 앉은듯 니빠듸난박씨 까 세온듯헤
날보고 당싯 웃는 양은 삼색도화 미개봉이 하로밤 비긔운에 반
　만 절로 퓐 형상이로다
광풍에 호접이 되여 간곳마다 좇니리라

　　　삼색도화미개봉＝봉오리를 벌리지 않은 삼색도화가. 삼색도는 한나무에 세가지
　　　　　색의 꽃이 피는 복숭아나무.
　　　광풍＝모진 바람.
　　　호접＝나비.
　　　좇니리라＝쫓아가리라.

　　　　　　　　　　　　　（남훈태평가, 가곡원류）

저 건너 태백산밑에 네 못보던 채마전이 좋을시고
너리너리 너출에 둥글둥글 수박에 다로다 지로지에 단참외　가
　지의 녈였에라
둣다가 다 닉어지거드란 님계신데 보내리라

　　　다로다 지로지에＝달다는 뜻의 음을 비슷하게 재간 피운 말임.
　　　둣다가＝두었다가.

　　　　　　　　　　　　（가곡원류）

어이려뇨 어이려뇨 이를 어이려뇨
싀어머니 소대남딘 밥 담다가 놋주걱 잘늘 부르질너피야
이를 어이하려뇨 싀어머니 저 아가 하 걱정 말아
우리도 젊어서 많이 겪어보았노라.

　　　소대남딘＝소대서방－마음에 들지 않아서 소홀히 대하는 남편.

백구는 편편 대동강상비하고 장송은 락락 청류벽상취로다
대야동두 점점산에 석양은 비꼈는데 장성일면 용용수에 일엽어

정을 홀리 저어
대취코 재기수파하여 (또는 룡라도 백운탄으로)임거래를 하리라

편편=펄펄.
대동강 상비하고=대동강우에서 날고.
청류벽 상취로다=청류벽 낭떠러지우에 푸르도다.
대야동두 점점산에=큰 벌판 동쪽에 산봉우리가 점점이 들어졌고(고려 김 황원
    의 시의 한 구).
장성일면 용용수에=긴 성을 에둘러 잔잔히 흐르는 대동강물에.
일엽어정=한척의 고기배.
재기수파=기생을 태우고 물결을 따라.
임거래를=마음대로 오가기를.

(남훈태평가, 가곡원류)

웃는 양은 니빠듸도 좋고 할긔는 양은 눈찌도 곱다
앉거라 서거라 걸어라 달거라 백만 교태를 다 하여라 보자 어
    허 내 사랑 삼고지고
진실로 너 삼겨 내오실제 날만 피이려하이라

날만 피이려=나만 사랑하려고.

(가곡원류)

살뜬 원쑤이 리별 두 자 어이 하면 영영 아조 없이 할고
가삼의 무읜 불 일어나량이면 얿동혀 더져 살암즉도 하고 눈으
    로 솟은 물 바다히 되면 풍덩 들이쳐 띄우렷마는
아무리 사르고 띄온들 한숨 어이 하리오

살뜬=살뜰한.
가삼의=가슴의.
무읜 불=타는 불.
살암즉도=살아 버림즉도.

벽사창이 어른어른커날 님만 여겨 펄적 뛰여 뚝 나서 보니

님은 아니오고 명월이 만정한데 벽오동 젖은 잎희 봉황이 와서
　　긴 목을 휘여다가 깃다듬는 그림자이로다
맛초아 밤일세만정 행여 낮이런들 남 우일번하여라

　　　벽사창=담벽에 낸 비단천 바른 창문.
　　　만정한데=뜰에 가득한데.
　　　맛초아=때마침.
　　　남 우일번=남 웃길 번.

　　　　　　　　(가곡원류)

발운갑이라 하날로 날며 두더쥐라 따흘 패고 들랴
금종다리 철망에 걸려 풀떡풀떡 푸드덕인들 날다 걸다 제 어디
　　로 갈다
오늘은 내 손에 잡혔이니 풀떡여볼가 하노라

　　　발운갑=바람개비.
　　　패고=파고.
　　　금종다리=종달새.
　　　날다걸다=날겠는가 기겠는가.
　　　갈다=갈것인가.

　　　　　　　　(가곡원류)

전없는 두리놋쟁반에 물 묻은 수은을 가득이 담아이고
황학루 고소대와 악양루 등왕각으로 발 벗고 상금 오르기는 나
　　남 죽 남대되 그는 아모조로나 하려니와
할리나 님 외오 살라 하면 그는 그리 못하리라

　　　황학루 고소대와 악양루 등왕각=누각들의 이름.
　　　나남죽 남대되=나나 남이나 죽 남도 다.
　　　할리나 님 외오 살라하면=하루라도 임과 떨어져 살라고 하면.

　　　　　　　　(가곡원류)

댁들에 나무들 사오 저 장사야 네 나무 값 얼매니 사자

싸리나무 한동에 한말이오 검수나무 한동에 닷되요 합하야 마
　　　닷되오니 사때여 보오 불 잘 붙습네
진실로 한번 끝 사 때면 매양 사때이자 하오리

　　　댁툴에＝때에.
　　　한동＝나무 한몽치.
　　　한말이오＝쌀 한말이요.
　　　검수나무＝검부자기.
　　　마닷되＝한말 닷되.

　　　　　　　（가곡원류）

옥에는 틔나 있지 말 끝 하면 다 서방인가
내 안 뒤여 남 못뵈고 천지간에 이런 답답한 일이 또 어디 있
　　노
열놈이 백말을 할지라도 님이 짐작 하시소

　　　내 안 뒤여＝내 속을 뒤집어.

　　　　　　　（남훈태평가, 가곡원류）

대천바다 한가온듸 중침세침이 풍덩 빠졌는듸
여라문 사공들이 길나문 사엇대로 일시에 소래치며 귀 께여내
　　　단 말이 있도던가
저 님아 열놈이 백말을 할지라도 님이 짐작 하시소

　　　대천바다＝큰 바다, 대천은 이름난 물이란 뜻.
　　　길나문 사엇대로＝한길이 넘는 삿대로.
　　　귀께여내단＝바눌구멍을 께여낸다는.
　　　중침세침＝중바눌과 가는 바눌.
　　　있도던가＝있던가.

　　　　　　　（가곡원류）

간밤에 대취하야 취한 잠에 꿈을 꾸니
칠척검 천리마로 료해를 날아건너 천진을 항복받고 북궐에 돌

아와서 고궐성공하야 뵈니
장부의 강개지심이 흉중에 울울하야 꿈에 시험하야 뵈더라.

　　전진=여기서는 오랑캐.
　　북궐=궁전.
　　고궐성공=임금에게 성공을 보고하는것.

（가곡원류）

화축동방사창밖에 오동나무 성긴 비소래 잠 놀라 깨달아니
만뢰구적한듸 사벽충성 즉즉하고 돋은 달이 치샐적에 관산청추
　　　슬어 하야 두 나래 땅땅 치며 슬피 울고 가는 저 외기
　　력아
밤중만 네 소해 들을제면 불각타루하노라

　　화축동방=새각시가 있는 방.
　　만뢰구적한뒤=만물이 소리 하나없이 고요한데.
　　사벽충성=사방 벽에서 나는 벌레소리.
　　즉즉하고=많이 울고.
　　관산청추=적의 침입을 지키는 관소가 있는 산의 맑은 가을.
　　불각타루=눈물이 절로 난다는 뜻.

（가곡원류）

늙기 설웨란 말이 늙은의 망령이로다
천지강산 무한경이오 인지정명 백년간이니 설웨라 하난 말이 아
　　마도 망령이로다
두어라 망령엣 말을 우어 무슴 하리오

　　무한경=무한한 자연 경치.
　　인지정명=사람의 한정된 생명.
　　망령엣말=망령된 말.
　　우어 무슴하리오=웃어 무엇하리오.

（해동가요, 가곡원류）

창밖에 초록색풍경 걸고 풍경아래 공작미로 발을 다니
바람 불적마다 흘날려서 니애난 소래도 좋커니와
밤중만 잠결에 들어보니 원종성인듯하여라

  풍경=처마끝에 달아 바람에 흔들리여 소리나게 하는 기구.
  니애난 소래=이어서 나는 소리.
  원종성=먼데서 들리는 종소리.

(가곡원류)

편 락 (編樂)

나무도 바히돌도 없은 뫼희 매게 휘좇인 갓토리 안과
대천바다 한가온데 일천석 실은 배헤 로도 잃고 닻도 끊고 용
  총도 꺾고 키도 빠지고 바람 불어 물결쳐서 안개 뒤섞여
  잦아진 날에 갈길은 천리만리 남고 사면이 검어 어득 저
  뭇 천지 적막 가치놀 떠있난뒤 수적만난 도사공의 안과
엇그제 님 여흰 나의 안이사 엇다가 가흘 하리오

  바히돌=바위.
  뫼희=산에.
  휘좇인=급하게 내리좇긴.
  갓토리 안=암꿩의 마음.
  용총=돛을 달기 위한 나무로 만든 대.
  잦아진 날에=해가 다 진 날에.
  저뭇=저물어.
  가치놀=물거품.
  수적=해적.
  도사공=사공의 우두머리.
  님 여흰=님을 잃은.
  엇다가 가흘 하리오=무엇에 비하여 표현하리오.

(가곡원류)

내 얼골 검고 얽기 본시아니 얽고 검위
강남국 대완국 열두바다 건너오신 작은 손님 큰 손님에 홍역뜨

　　　　　리 또야기 후더침에 자연히 검고 얽기
　　그르사 각씨의 방구석에 피셕삼아 두시소

　　　검위=거무나니.
　　　작은 손님 큰 손님=홍역과 천연두를 말함.
　　　홍역 뜨리 또야키=홍역과 천연두를 앓을 때 살이 오툴도툴 돋는것.
　　　후더침에=뒤에 다시 병이 더친 까닭에.
　　　피셕=피상하게 생긴 돌.

　　　　　　　　　　（가곡원류）

　　한숨아 세한숨아 네 어늬틈으로 잘 들어온다
　　고무장지세살장지 들장지열장지에 배목걸 쇠 걸었난듸 병풍이
　　　　라 덜걱 접은 족자이라 댁때글 만다 네 어느 틈으로 잘
　　　　들어온다
　　아마도 너 오는 날 밤이면 잠못 일워 대사이로다

　　　고무장지=다락에 붙이는 장지.

　　　　　　　　　　（가곡원류）

　　　　　　편 잦은 한 잎（編數大葉）

　　갓스물 선머슴적에 하던 일이 다 우습다
　　아랫녁 주탕들과 알간나희며 개성부 통직이와 덩덕궁 치는 무
　　　　당년들이 날 몰래라 할이 뉘 있으리
　　우리도 소년적 마음이 어제론듯하야라

　　　주탕=술집 녀자.
　　　통직이=남의 집의 하인으로 있는 녀자.

　　　　　　　　　　（가곡원류）

　　셋괏고 사오나올손 저 군노놈의 거동보소
　　반룡단몸둥이에 담벙거지 뒤앗고서 좁은 집 내근한데　밤중만

달려들어 좌우로 충돌하야 새도록 나드다가 테라도　기
　　진턴지 먹은 탁주다 거이거다
진실로 후주를 잡으려면 저 군노부텀 잡으리라
　　　　　　　　　(김화진)

셋팟고=무쇠같이 딴딴하고.
사오나울손=사나운.
군노=봉건시기 고을관아에서 죄인을 다스리던 군졸.
반통단 몸둥이=거의 통단 빛과 같이 된 붉은 몸둥이. 통단은 약재의 일종으로
　빛이 뻘겋다.
뒤앗고서=뒤로 제끼고서.
테라도=제 체간에도(그 몸에도).
기진턴지=맥이 다 빠졌던지.
거이거다=토하다.
후주=술주정군.

모란은 화중왕이오 향일화는 충신이로다
련화 군자이오 향화소인이라 국화는 은일사요　매화한사이로
　　다. 박꽃은 로인이오 석죽화는 소년이라　계화무당이오
　　해당화는 창녀이로다
이 중에 리화 시객이라 홍도벽도 삼색도는 풍류랑인가 하노라

　　향일화=해바라기.
　　은일사=공명을 저버리고 전야에 한가히 노니는 선비.
　　한사=빈한하나 청백한 선비.
　　시객=시를 잘 짓는 사람.
　　풍류랑=풍류를 일삼는 사람.

　　　　　　　　　　(가곡원류)

세상 의복수품제도 침선고하허도하다.
양루비두울뜨기 상침하기 깎음질과 새발스침 감침질에 반당침
　　대울뜨기 긔 다 좋다 하려니와
우리의 고운 님 일등 재질 사뜨고 박음질이 제일인가 하노라

　　수품제도=솜씨와 법식.

침선고하=바느질 재주의 높고 낮음.
사뜨고=단추 구멍 수눅들에 사를 놓는것.
박음질=반땀침, 온땀침이 있는데 바느질의 일종.

떳떳 상평할 평통할 통보뷔 보자
구멍은 네모지고 사면이 둥그래서 떼대글 구으러 간곳마다 반기
　　는고나
어떻다 조고만 금조각을 두 창이 다토거니 나는 아니 좋왜라

상평통보=엽전의 이름(엽전에 상, 평, 통, 보의 네글자가 새겨져있음).
두 창=두 기녀.

(가곡원류)

수박겉이 두렷한 님아 차뮈 겉은 단 말슴 마소
가지가지 하시는 말이 말마다 왼말이로다
구시월씨동아 겉이 속성 건말 말으시소

왼말이로다=그릇된 말이로다.
씨동아=씨를 받으려고 남겨둔동아.

(가곡원류)

저 건너 명당을 얻어서 명당안에 집을 짓고
밭갈고 논 맹그러 오곡을 갖초 심은후에 뫼밑에 우물 패고 지
　　붕제 박 올리고 장독에 더덕 놓고 구월 추수 다한후에
　　술빚고 떡 맹글어 우리 송치 잡고 남린북촌 다 청하여
　　취회동락하오리라
평생에 이렁성 노닐면 긔 좋은가 하노라

우물패고=우물을 파고.
우리 송치=《어우리 송치》의 《어》의 탈락인듯. 어우리 송치는 어울러 먹이는
　　송아지.

취회동락=모여서 잔치하며 같이 즐기는것.

(가곡원류)

하사월 첫 여드렛날에 관등하려 림고대하니
원근고저에 석양은 비꼈는듸 어룡등 봉학등과 두루미 남성이며
　　　종경등 선등북등이며 수박등 마늘등과 련꽃속에 선동이
　　　며 란봉 우희 천녀이로다 배등 집등 산듸등과 영등 알
　　　등 병등 벽장등 가마등 란간등과 사자 탄 체궐이며 호랑
　　　이 탄 오랑캐라 발로 툭 차 구을등에 칠성등 벌어있고 일
　　　월등 밝았는듸 동령에 월상하고 곳곳지불을 현다　　어언
　　　홀언간에 찬란한저이고
이윽고 월명 등명 천지명하니 대명본듯하여라

　　관등=연등놀이를　　구경하는것.
　　림고대=높은 대에 올라 바라보는것.
　　체궐=북국 종족의 하나.
　　어언 홀언간=어느 사이.
　　월명 등명 천지명=달 밝고 등불 마저 밝아 천지가 밝다는 뜻.
　　대명=대낮.

(해동가요, 가곡원류)

각씨네 하 어슨체 마소 고와로라 자랑 마소
자네 집 뒷동산에 산국화를 못보신가
구시월 된서리 맞으면 검부남이 되느니

　　하 어슨체 마소=그다지 비쌔지 마시오.
　　고와로라=곱다 하며.
　　검부남이=검불나무가.

(자곡원류)

저 건너 님이 오마커늘 저녁밥을 일하여 먹고
중문지나 대문나서 한문밖 내달아 지방우희 치달아 서서 이수

　　　　로 가액하고 오는가 가는가 건넌 산 바라보니 거머훳득
　　　　서있거늘 어화 님이로다 갓 벗어 등에 지고 보선　벗어
　　　　품에 품고 신으란 벗어 손에 들고 즌듸 마른듸 가리지 말
　　　　고 월형 축정 건너가서 정의말 하려하고 곁눈으로 얼풋
　　　　보니 님은 아니 오고 상년칠월열사훗날 갉아벗어　성이
　　　　말뢰온 휘츄리 삼단 관연이도 날 속여고나
마초와 밤일세만정 행혀 낮이런들 남 우일번하여라

　　　　일하여=일찍 지어.
　　　　지방 우회=문지방우에.
　　　　치달아서서=치올라서서.
　　　　이수로 가액하고=손을 이마에 얹고.
　　　　월형 축정=
　　　　정의 말=정다운 말.
　　　　성이 말뢰온=햇볕에 매우 말린.
　　　　휘츄리 삼단 관연이도=회초리를 묶은 단과 삼을 묶은 단이 분명히도.
　　　　남　우일번=남 웃길번.

　　　　　　　　　　　(가곡원류)

천한코 설심한 날에 님을 따라 태산으로 넘어갈제
갓 벗어서 등에 지고 버선 벗어 품에 품고 신으란 벗어　손에
　들고 천방지방 지방천방　한번도 쉬지 말고 허위허위 넘어
　가니
버선 벗은 발은 아니 스리되 난 여러번 넘먼 가슴이 산득산득
　하여라

　　　　천한코 설심한 날=차고도 눈이 깊이 내린 날에.
　　　　천방지방=허둥지둥.
　　　　넘먼=여민.

　　　　　　　　　　　(가곡원류)

이제사 못보게 하여이 못볼시도 적실하다
만리가는 길에 해구절식하고 은하수 건너뛰여 북해가로질듸 마
　리산 갈가마귀 태백산기슭으로 풀각갈곡 우짖으면서 차

둘도 바히 못얻어먹고 굶어죽는 따희 내 어듸가 님 찾
아보리
아희야 님이 오셔드란 주려 죽단말 생심도 말고 쌀쌀이
그리다가 물수에 병이 들어 갖과 뼈만 남아 달바자밑으로
아장밧삭 건니다가 기운이 시진하여 적은 소마 보온후에
한다리 추혀들고 되이암 벗어더진듯이 벌떡 나뒤처져 장
탄일성에 엄연명진하여 죽어가는 적귀되여 님의 몸에
찬찬감겨 슬커장 알리다가
나종에 부디 잡아가렸노라 하더라 살와라

못보제 하여이=못보제 되였네.
못불시도=못불것도.
해구절식하고=갈매기가 밥을 못먹고.
북해가로진듸=북쪽 큰 바다가 가로 막힌데.
마리산=강화도에 있는 산.
갖과 뼈만=가죽과 뼈만.
달바자=달로 엮어 친 바자.
시진하여=기운이 다하여.
소마=소변.
되이암=머리에 쓰는 방한구의 일종.
장탄일성=긴 한숨을 한번 내는것.
엄연명진하여=갑자기 숨이 끊어져.
적귀=귀신.
슬커장=실컷.

(가곡원류)

제 얼굴 제 보와도 더럽고도 슬뮈웨라
검버섯 구름 낀듯 코춤은 장마진듯 이전에 없든 뼈새 바회 엉
   덩이에 올근불근
우리도 소년행락이 어제런듯하여라

슬뮈웨라=싫고 미워라.
검버섯=로인의 살결에 생기는 얼룩점.

(가곡원류)

일신이 사자하니 물겻 계워 못살리로다

피겨같은 가랑니 보리알같은 수퉁니 잔벼룩 굵은 벼룩 뛰는놈
긔는 놈에 비파같은 빈대삿기 사령같은 등에아이 갈따
귀 사뮈야이 센 박휘 누른 박휘 바금이 거저리 부리 뾰
족한 모긔 다리 기다한 모긔 살진 모긔 야윈 모긔 그리
마 뾰룩이 주야로 빈틈 없이 물거니 빨거니 뜯거니
쏘거니 심한 당비루에 어려왜라
 그중에 차마 못견딜손 오뉴월 복더위에 쉬파린가 하노라.

일신=한몸.
물것겨워=무는것이 하도 많아서.
피겨=피의 계.
등에어이=등에아비.
사뮈야이=범아재비.
바금이=바구미. 쌀 보리들을 파먹는 검고 작은 벌레.
그리마=모양은 지네같이 발이 많고 걸음이 빠른 벌레.
뾰룩이주야로=불개미새끼가 밤낮으로.

(해동가요)

시어미 며늘아기 나빠 벽바닥을 치지 마소
빗에 처온 며느린가 값에 받은 며느린가 밤나무 석은 등걸에
 휘추리나니 같이 앙살퓌신 시아버니 별뙤신 쇠똥같이 되
 종고신 시어머니 삼년결은 노망탁이에 새 송곳부릐같이
 뾰족하신 시누의님의 당피 가온겨테 돌피나니같이 새노
 라한 외꽃같이 피똥 누는 아들 하나 두고
전밭에 메꽃 같은 며느리를 어디를 나빠 하시오

빗에 처온=빚값으로 데려온.
값에 받은=물건값으로 데려온.
휘추리나니같이=등걸에 난 회초리같이.
별뙤신=별에 말린.
되종고신=말라 쪼그러들은.
노망탁이=노나끈으로 엮은 망태. 노망태기.
당피가온겨테=당피 가운데. 당피는 키큰 돌피.
돌피나니=작은 돌피.
전밭에=기름진 밭에.

(가곡원류)

우조 둘째치 잦은 한잎(羽調二數大葉)

청계상초동외에 봄은 어이 늦엿느니
리화백설향에   류색 황금눈이로다
만학운 촉백성중에 춘사망연하여라

　　청계상＝맑은 시내우.
　　초당외에＝초가집밖에.
　　리화백설향＝눈송이처럼 흰 배꽃향기.
　　류색황금눈＝버들색은 황금같이 곱다는 뜻.
　　만학운 촉백성중에＝온 산의 골짜기는 봄안개로 덮이고 두견새소리 잦은 속에.
　　춘사망연＝봄일이 분주하다는 뜻.

　　　　　　　（가곡원류）

중서당백옥배를 십년만에 고쳐보니
맑고 흰 빛이 녜로온듯하다마는
어떻다 세상인사는 조석변을 하나니.
　　　　　　（정　철）

　　중서당＝홍문관의 딴 이름. 옥당이라고도 함.
　　백옥배＝백옥으로 만든 잔. 임금이 옥당 신하들에게 몸가짐이 백옥과 같이 맑
　　　　　으라 하여 백옥배에 술을 담아 때때로 내렸다고 함.
　　녜로온듯＝옛날과 같은듯.
　　조석변＝아침 저녁으로 변하는것.

　　　　　　　（해동가요. 가곡원류）

인생이 둘가 셋가 이 몸이 네다섯가
빌어온 인생이 꿈의 몸 가지고서
평생에 사올 일만 하고 언제 놀려 하나니

　　둘가 셋가＝둘인가 셋인가.

　　　　　　　（남훈태평가. 가곡원류）

간밤에 부던 바람에 만정도화가 다 지거다
아희는 비를 들고 쓰로려 하는고나
락화인들 꽃이 이니랴 쓸어 무삼 하리요.

　　만정도화=온 뜰에 가득한 복숭아꽃.
　　쓰로려=쓸려고.

　　　　　　　　　　　　（남훈태평가. 가곡원류）

버들은 실이 되고 꾀꼬리는 북이되여
구십 삼춘광에 짜내느니 나의 시름
누구라 록음방초를 승화시라 하던고

　　북=베 짤 때 실을 감아서 좌우로 먹이는 기구.
　　구십삼춘광=봄 석달.
　　록음방초를 승화시라 하던고=록음과 방초가 우거진 때가 봄의 꽃시절보다 낫
　　　　다고 하였는가

　　　　　　　　　　　　（남훈태평가. 가곡원류）

나무도 병이 드니 정자라고 쉴이 없다
호화이 섰을제는 올이 갈이 다 쉬더니
잎지고 가지 젖은 후이니 새도 아니 오더라

　　　　　　　　　　　　（정　　철）

　　쉴이=쉬는 사람.
　　호화이 섰을제는=사치스럽고 화려하게 섰을 때는.
　　올이 갈이=오고 가는 사람.
　　젖은 후니=꺾어진 후니.

　　　　　　　　　　　　（해동가요. 가곡원류）

간밤에 우던 여흘 슬피 울어 지내거다

이제 와 생각하니 님이 울어 보내도다
저 물이 거스리 흐르고저 나도 울어 보내리라

　　여흘＝여울, 물살이 세고 빠른곳.
　　거스리 흐르고저＝거꾸로 흘렀으면 좋겠다.

　　　　　　　　（남훈태평가, 가곡원류 원관란）

간밤 비 오더니 석류꽃이 다 퓌거다
부용당반에 수정렴 걸어두고
눌향한 짚은 시름을 못내 풀려 하노라
　　　　　　　（신 흠）

　　부용당반＝련못가.
　　수정렴＝수정으로 꾸민 발.
　　눌 향한＝누구를 생각하는.
　　짚은＝깊은.

　　　　　　（가곡원류）

주렴에 빗친 달과 멀리 오는 옥적소리
천수만한을 네 어이 도도는다
천리에 님 리별하고 잠 못들어 하노라

　　천수만한＝천가지 시름과 만가지 원한.
　　도도는다＝돋구는가.

　　　　　　　（가곡원류）

청조야 오도피야 반갑도다
님의 소식 약수 삼천리를 네 어이 건너온다
우리의 만단정회를 네다 알가 하노라

　　오도피야＝왔구나.
　　약수＝가상적인 강이름. 터럭같이 가벼운것도 갈아앉는다고 함.

만단정회=가지가지의 생각.

(남훈태평가, 가곡원류)

동창에 돋았던 달이 서창으로 도지도록
못오실 님 못오신들 잠 어이 가져간고
잠조차 가져간 님이니 생각 무슴 하리오

도지도록=도로 질 때까지.

(가곡원류)

사랑뫼여 불이 되여 가슴에 피여나고
간장석어 물이 되여 두눈으로 솟아나니
일신이 수화상침하니 살동달동 하여라

석어=썩어.
일신이 수화상침하니=한몸에 물과 불이 서로 침범하니.

(가곡원류)

적무인엄중문한듸 만정화락 월명시라
독이사창하여 장탄식 하든 차에
원촌에 일계명하니 애긋는듯하여라.

(리명한)

적무인=고요하여 사람이 없고.
엄중문한듸=겹문을 닫았는데.
만정화락월명시라=온 뜰에 꽃은 떨어지고 달은 휘영청 맑은 때라.
독이사창하여=홀로 사창에 기대여.
원촌=먼 마을.
일계명하니=닭 한마리 우니.

(남훈태평가, 가곡원류)

-224-

이리하여 날 속이고 저리하여 날 속이니
원쑤이 님을 잊엄즉도 하다마는
전전에 언약이 중하니 못잊을가 하노라

    전전=이전.

(가곡원류)

해지면 장탄식하고 촉백성이 단장회라
일시나 잊자 하니 궂은 비는 무삼일고
천리에 님 리별하고 잠 못들어 하노라

    촉백성=두견새(소쩍새)소리.
    단장회=애끓는 회포.

(가곡원류)

일각이 삼추라 하니 여흘이면 몇 삼추오
제 마음 즐겁거니 남의 시름 생각하랴
가뜩에 다 썩은 간장이 봄눈 스듯하여라

    일각=리조때 류수기(옛날 물시계)에서 하루를 백각으로 구분했다.
    삼추=삼년.
    봄눈스듯=봄눈이 녹듯.

(남훈태평가, 가곡원류)

한숨은 바람이 되고·눈물은 세우되여
님자는 창밖에 불면서 뿌리고저
날 잊고 깊이 든 잠을 깨와볼가 하노라

    세우=가랑비.

(가곡원류)

이몸 싀여져서 접동새 넋이 되여
리화피온 가지 속잎에 싸였다가
밤중만 사라져 울어 님의 귀에 들리리라

    싀여져서=죽어가서.
    접동새=두견새(소쩍새).
    사라져 울어=자지러지게 울어.

(가곡원류)

이리 혜고 저리 혜니 속절 없는 셈만 난다
험궂은 이 몸이 살고저 살았느냐
지금에 아니 죽은 뜻은 님뵈오려 함이라

    이리 혜고=이리 생각하고.
    셈만난다=생각만 난다.
    험궂은=신세가 험하고 궂은.

(가곡원류)

식불감 침불안하니 이 어인 모진 병고
상사일념에 님그린 탓이로다
저 님아 널로 든 병이니 네 고칠가 하노라

    식불감 침불안=음식의 맛을 잃고 잠도 잘 자지 못하는것.
    상사일념=님을 사랑하는 한 마음.

(남훈태평가. 가곡원류)

계면 둘째치 잦은 한잎(界面二數大葉)

황하원상백운한하니 일편고성만인산을
춘광이 예로부터 못넘나니 옥문관을

어디서 일성강적이 원양류를 하나니

> 황하원상백운한하니=황하우 멀리 바라보이는 산에 흰 구름이 한가한데.
> 일편고성만인산을=한쪽 외로운 성이 만인(인은 여덟자)이나 되는 높은 산에
>   었였도다.
> 옥문관=옛 관소(적을 막기 위해 지키는 요새가 있는 산)의 이름.
> 일성강적=한가닥 오랑캐의 저대소리.
> 원양류를 하나니=버들가지를 원망하노나.

(가곡원류)

금로에 향진하고 루성이 잔하도록
어디가 있어 뉘 사랑 바치다가 월영이 상란간까야 맥받으러 왔
  느니

(김상용)

> 금로에 향진하고=향로에 분향이다 타고.
> 루성이 잔하도록=파루 소리가 다 끝날 때까지. 파루는 새벽 네시에 큰 종을
>   서른세번 치던것.
> 월영=달그림자.
> 상란간까야=란간우에 올라와서야.
> 맥받으러=눈치 보러.

(가곡원류)

추강에 밤이 드니 물결이 차노메라
낚시 드리우니 고기 아니 무노메라
무심한 달빛만 싣고 빈배 홀로 오노메라

> 추강=가을 강.
> 차노메라=차구나.

(가곡원류)

창오산붕 상수절이라야 이내 시름이 없을것을

구의봉구름이 가지록 새로왜라
밤중만 월출어동령하니 님뵈온듯하여라

　　창오산봉 상수절이라야＝창오산이 무너지고　소상강물이 다 없어져야.
　　구의봉＝봉우리의 이름.
　　가지록＝갈수록.
　　월출어동령＝달이 동산에 돋는것.

　　　　　　　　　　　　　　　　（남훈태평가. 가곡원류）

은하에 물이 지니 오작교가 뜨단말가
소 이끈 선랑 못건너오리로다
직녀의 촌만한 간장이 봄눈 스듯하여라

　　소 이끈 선랑＝견우성을 말함.
　　촌만한 간장＝적은 마음이.
　　봄눈 스듯＝봄눈 녹듯.

　　　　　　　　　　　（가곡원류）

서산에 일모하니 천지에 가이 없다
리화 월백하니 님 생각이 새로왜라
두견아 너는 눌을 그려 밤새도록 우나니

　　　　　　　　　　　（리명한）

　　일모하니＝해 저무니.
　　가이 없다＝한계가 없다.
　　리화 월백하니＝배꽃에 서린 달빛이 희니.

　　　　　　　　　　　（가곡원류）

내 가슴 두충복판되고 님의 가슴 화류등되여
인연진 부레풀로 시운지게 붙였이니

아무리 석달 장맨들 떨어질줄 있이랴

　　두충복판＝두충나무로 만든 등받치개.
　　화류등＝결이 곱고 가장집물에 많이 쓰는 화류(재목의 일종)로 만든 등잔.
　　부레풀＝민어의 부레로 만든 아교.
　　시운지게＝힘있게.
　　장맨들＝장마인들.

　　　　　　　　（가곡원류）

불로초로 빚은 술은 만년배에 가득 부어
잡수신 잔마다 비너니 남산수를
이 잔 곧 잡수시면 만수무강하오리라

　　남산수＝남산과 같이 무궁한 목숨.

　　　　　　　　（가곡원류）

산밑에 사자하니 두견이도 부끄럽다
내 집을 굽어보며 솔적다 우는피야
두어라 안빈락도이니 한할줄이 있이랴

　　우는피야＝우는구나.
　　솔적다＝솔이 적다. 두견새는 소쩍소쩍하고 우는데서 온 말.
　　안빈락도＝가난한것에 만족하며 사람이 행할 도를 즐기는것.

　　　　　　　　（가곡원류）

언약이 늦어가니 벽도화가 다 지거다
아침에 우던 가치 유신타하랴마는
그러나 경중아미를 다스려볼가 하노라

　　벽도화＝빛이 흰 복숭아꽃.
　　다 지거다＝다 지도다.

유신타=믿을수 있다고야. 까치가 울면 좋은 소식이나 손님이 온다는
　　　　　이야기가 있다.
　　　경중아미=거울속에 비친 나비눈섭; 즉 고운 모습.

(가곡원류)

내 정령술에　섞여 님의속에 흘러들어
구회간장을 촌촌이 찾아가서
날 잊고 남 향한 마음을 다 슬루려 하노라

(김삼현)

　　　정령=혼백.
　　　구회간장=아홉 굽이 간장.
　　　촌촌=마디 마디.
　　　다 슬우려=모두 녹이게.

(해동가요. 남훈태평가. 가곡원류)

추풍이 살 아니라 북벽중방 뚫지 말아
원앙침참도 찰손 님 없은 탓이로다
다만지 한야 잔등에 전전반측하여라

　　　살 아니라=화살이 아니니.
　　　북벽중방=북쪽벽에 잇닿은 가운데 방.
　　　원앙침=원앙새를 수놓은 부부가 베는 베개.
　　　한야 잔등=차거운 밤 까물거리는 등불.
　　　전전반측=잠을 이루지 못하여 뒤척거리는것.

(가곡원류 김교최)

요지에 봄이 드니　가지마다 꽃이로다
삼천년 맺힌 열매 육합에 담았으니
진실로 이것 끝 받으시면 만수무강하오리다

　　　요지=신선이 산다는 곳.
　　　열매=반도(삼천년에 한번씩 열매를 맺는 소위 신선이 먹는다는 복숭아)를

　　　　먹으면 장생불로한다고　 했다.
　　옥합=옥으로 만든 함. 합은 뚜껑 달린 그릇의 하나.

　　　　　　　　　　(가곡원류 익종).

대천바다 한가운데 부릐 없은 낡이 나서
가지는 열둘이요. 잎은 삼백예순잎이로다
그 낡에 여름이 열리되 다만 둘이 열렸더라

　　부릐=뿌리.
　　낡이=나무가.
　　여름이=열매가.

　　　　　　　　　　(가곡원류)

누구나 자는 창밖에 벽오동을 심으돗던고
월명정반에 영파사도 좋거니와
밤중만 굵은비 소리에 애긋는듯하여라

　　심으돗던고=심었던고.
　　월명정반=달 밝은 물가.
　　영파사=여기서는 꽃잎이 너울거리는 그림자.
　　애긋는듯=속마음을 태우는듯.

　　　　　　　　　(남훈태평가. 가곡원류)

뒤뫼혜 떼구름 지고 앞내에 안개뛴다
비올지 눈이 올지 바람불어 즌서리 칠지
먼디 님 오실지 못오실지 개만 홀로 죷더라

　　뒤뫼혜=뒤 산에.
　　뛴다=피여오른다.
　　먼디=먼데.

　　　　　　　　　　(가곡원류)

꽃보고 춤추는 나비와 나비 보고 당싯 웃는 꽃과
저 둘의 사랑을 절절이 오건마는
어떻다 우리의 사랑은 가고 아니 오느니

   절절이=매년 절기마다.
   오느니=오는가.

         (가곡원류)

엇그제 님 리별하고 벽사창에 지었이니
황혼에 지는 꽃과 록류에 걸린 달이
아무리 무심이 보와도 불승비감하여라

   지었이니=기대였으니.
   벽사창=엷고 고운 비단으로 바른 창.
   불승비감=비통한 감정을 어찌할줄 모르는것.

         (가곡원류)

남도 준배 없고 받은바도 없건마는
원쑤백발이 어드러 온거이고
백발이 공도가 없도다 나를 몬져 배힌다

   온거이고=온것인가.
   공도=공평한 도리가.
   배힌다=재촉한다.

         (가곡원류)

한창하니 가성열이오 수번하니 무수지라
가성열 무수지는 님 그린 탓이로다
서룽에 일욱모하니 애긋는듯하여라

   한창=원한을 품고 노래하는것.
   가성열=노래소리가 목에인것.

수번=수심에 차서 몸을 뒤채는것.
무수지=춤가락이 느리다는 뜻.
서룡에 일몰모=서산에 해가 지려고 하는것.

(남훈태평가, 가곡원류)

사랑인들 님마다 하며 리별인들 다 설우랴
평생에 처음이오 다시 못얻어볼 님이로다
이후에 다시 만나면 연분인가 하노라

(남훈태평가, 가곡원류).

꽃이 퓌나마나 접동새 우나 마나
그리던 님을 다시 만나 보량이면
구트나 울고 퓌는것을 스러 무삼 하리오

접동새=두견새. 소쩍새. 슬적다새. 자규. 서촉새 등으로 불리운다.
우나 마나=울거나 말거나.
보량이면=볼것 같으면.
구트나=구태여.
스러=싫어해서

(가곡원류)

세상에 약도 많고 드는 칼이 있다 하되
정버힐 칼이 없고 님 잊을 약이 없네
두어라 잊고 버히기는 후천에 가 하리라

후천=저승.

(가곡원류)

춘수가 만사택하니 물이 많아 못오더냐
하운다기봉하니 산이 높아 못오더냐

추월이 양명휘여든 무음 탓을 하리오

  춘수가 만사택=봄물이 모든 못에 가득 찼다는 뜻.
  하운다기봉=여름 구름은 기묘한 봉우리마다에 많다는 뜻.
  추월이 양명휘=가을달이 한층 더 밝다는 뜻.
  무음 탓=무슨 탓.

       (가곡원류)

초당 추야월에 실솔성도 못 금커든
무삼 하리라 야반에 홍안성고
천리에 님 리별하고 잠못들어 하노라

  초당 추야월=초당에 비친 가을달.
  실솔성=귀뚜라미소리.
  무삼 하리라=무엇을 하려는.
  야반=밤중.
  홍안성=기러기소리.

       (가곡원류)

닭아 우지 말아 옷을 벗어 중천을 주료
날아 새지 말아 닭의 손대 빌어노라
무심한 동녁다이는 점점 밝아오는구나

  중천을 주료=인정(뢰물)을 주마. 중천은 중전의 잘못인듯.
  닭의 손대=닭에게.
  동녁다이는=동쪽땅은.

       (가곡원류)

닭의 소리 길어지고 봄이 장차 젊었에라
바람은 품에 들고 버들빛이 새로왜라
님 향한 상사일념을 못내 슬허하노라

  젊었에라=늙어졌도다.
  상사일념=님을 그리워하는 한마음.

       (가곡원류)

뉘뉘 이르기를 청강소이 깊다던고
비오리 가슴이 반도 아니 잠겼에라
아마도 깊고 깊을슨 님이신가 하노라

  뉘뉘 이르기를=누가 누가 이르기를.
  청강소=청강의 소(가장 깊은곳).
  비오리=입이 뾰족한 물새.

(가곡원류)

락엽에 두자만 적어 서북풍에 높이 띄여
월명장안에 님 계신데 전하고저
님께서 보기곧 보면 반기실가 하노라

  월명장안=달 밝은 서울.

(가곡원류)

옥황께 울며 발괄하되 벼락상재 나리오서
벽력이 진동하며 깨치고저 리별 두자
그제야 그리던 님을 만나 백년 동주하리라

  옥황=하늘에 있다는 옥황상제.
  발괄하되=사뢰되. 청원하되.
  벽력이 진동하며=벼락을 쳐.

(가곡원류)

롱(弄)

북두칠성 하나 둘 셋 넷 다섯 여섯 일곱분긔 민망한 발괄소지
    한장 아뢰니이다
그리던 님을 만나 정엣 말씀 채 못하여 날이 쉬새니 글로 민망

밤중만 삼태성차사놈와 샛별없이 하시소

발괄소지=진정서.
정엣말쏨=정다운 말.
삼태성차사놈와=삼태성(하느님을 지킨다는 세개의 별)을 차사로 하여 놓아
 보내여. 차사는 왕명으로 파견하는 사신.

(남훈태평가, 가곡원류)

초당뒤헤 와앉어 우는 솟적다새야 암솟적다샌다 수솟적다 우
 는 샌다
공산을 어디 두고 객창에 와앉어 우는다 저 솟적다새야
공산이 하고 많으되 울듸달라 우노라

우는 샌다=우는 새인가.
공산=빈 산.
객창에=나그네가 쉬는 창가에.
하고 많으되=많고 많으되.

(남훈태평가, 가곡원류)

옥도최 돌도최니 무되든지 월중계수이나 낡이니 시위도다
광한전뒷뫼헤 잔 다복솔 서리여든 아니 어득져 뭇하랴
저 달이 김뮈 끝 없으면 님이신가 하노라

옥도최 돌도최니=옥도끼, 돌도끼이기때문에.
무되든지=날이 무디든지.
월중계수이나=달속의 계수나무이나.
시위도다=오래 걸리도다.
광한전=소위 달속에 있다는 집.
서리여든=엉키어 무성하니.
아니 어득져뭇하랴=어두우며 컴컴하지 않겠는가.
김뮈=기미.

(가곡원류)

초산에 나무 뷔는 아희 나무 뷜제 행혀 대 뷜세라
그대 자라거든 버혀 휘우리라 낚시대를
우리도 그런줄 아오매 나무만 뷔려 하노라

    뷜세라=뷜가 두렵도다.

(남훈태평가, 가곡원류)

록음방초 우거진곳에 꾀꼬리롱 우는 저 꾀꼬리새야
네 소리 어엿부다 마치 님의 소리도 같을시고
아마도 너 앉고 님 앉으면 아모귄줄 몰라라

    꾀꼬리롱=꾹구롱 즉 꾀꼬리 울음소리.
    아모귄줄=누가 누구인줄을.

(가곡원류)

아자아자 나 쓰던 되황모시필
수양매월 검게 갈아 흠벅 찍어 창전에 얹여더니 댁대글 구르
    러러 똑 나려지거고 이제 돌아가면 얻어올법 있으련마는
아모나 얻어가져서 그려나 보면 알리라

    아자 아자=감탄사.
    되황모시필=족제비털로 만든 새 붓.
    수양매월=해주서 나는 먹이름.

(가곡원류)

생매 잡아 길들여 두메 꿩산영보내고 백마 씻겨 바느려 뒤동산
    송지에 매고
손조 구굴무지 낚아 움버들에 께여 물에 채와두고
아희야 날 볼 손 오셔드란 뒷여흘로 오너라

    바 느려=바줄을 늘이여.
    손조=손수.

(가곡원류)

우락시조(羽樂時調)

님과 나와 부듸 둘이 리별없이 사자 하였더니
평생 원쑤악인연 있어 리별로 구트나 여위여진고
명천이 이 뜻을 아오사 리별없이 하소서

    구트나=구태여.
    여위여진고=떨어졌는가.
    명천=밝은 하늘.

(가곡원류)

앞내나 뒤내나 중에 소먹이는 아희놈들아
앞내 고기와 뒷내 고기를 다몰속 잡아 내 다락기에 너허 주어
    든 네 소 궁둥치혜 걸쳐다가 주렴
우리도 바뻐 가는 길히오매 전할동말동 하여라

    다몰속=다 몽땅.
    너허 주어돈=넣어 주자돈.

(가곡원류)

바람은 지동치듯 불고 궂은 비는 퍼붓듯이 오는 날 밤에
눈정에 거른 님을 오늘밤 서로 만나자 하고 판 척 쳐서 맹서받
    았더니 이 풍우중에 제 어이 오리
진실로 오기 끈 오량이면 연분인가 하노라

    판 척 쳐서=장담해서.
    오기끈 오량이면=오기만 한다면.

(가곡원류)

님이 가오실제 노고 네을 두고 가니
오노고 가노고 보내노고 그리노고 그중에 가노고 보내노고 그
　　리노고란
다몰속 깨쳐 바리고 오노고만 두리라

　　노고=노구솥(여기서는 노고를 인용하여 비유한것).
　　네을=네개를.

　　　　　　　(가곡원류)

물아래 세가락모래 아무리 밟다 발자최 나며
님이 나를 아무리 핀들 내 아더냐 님의 정을
광풍에 지붓친사공 결이 겊이를 몰라 하노라

　　세 가락모래=세모래.
　　핀들=사랑한들.
　　광풍=돌개바람.
　　지붓친=바람에 불려간.
　　사공결이=사공과 같이.

　　　　　　　(가곡원류)

사랑을 찬찬 얽동여 뒤설머지고 태산준령을 허위허위 넘어가니
모르는 벗님네는 그만하여 바리고가라 하건마는
가다가 지즐려 죽을망정 나는 아니 바리고 가려 하노라

　　얽동여=얽고 동여서.
　　뒤설머지고=등뒤에다 걸머지고.
　　태산준령=높은 산 험한 령마루.
　　허위허위=가쁘게 걷는 모양.
　　지즐려=깔려.

　　　　　　　(가곡원류)

사랑을 사자 하니 사랑 팔이 뉘 있으며

리별과자 하니 리별살이 뉘 있이랴
사랑 리별을 팔고 살이 없으니 장사랑 장리별인가 하노라

장사랑 장리별=긴긴 사랑 긴긴 리별.

(가곡원류)

사랑 사랑 긴긴 사랑 개천 같이 내내 사랑
구만리장공에 넌즈러지고 남는 사랑
아마도 이 님의 사랑은 가없은가 하노라

내내사랑=끝치지 않는 사랑.
넌즈러지고=다 퍼지고.
가없은가=끝이 없는가.

(가곡원류)

계락시조(界樂時調)

청산도 절로절로 록수이라도 절로절로
산 절로 물 절로 산수간에 나도 절로절로
그중에 절로절로 자란 몸이니 늙기도 절로절로 하리라

록수이라도=푸른 강물이라도.
산 절로 물 절로=산도 자연도 그대로 솟았고 강물도 그 자연대로 흐르며.

(해동가요, 남훈태평가, 가곡원류)

청산리벽계수야 수이 감을 자랑 말아
일도창해하면 다시 오기 어려오니
명월이 만공산하니 쉬어 간들 어떠리

(허 강)

청산리 벽계수=청산속에서 흐르는 푸른 시내물. 벽계수는 시내물이란 뜻과 당시
      왕족으로 벽계수라 하던 사람 이름의 두 뜻을 가진다.
수이감을=쉽게 가는것을.
일도창해하면=한번 푸른 바다에 이르면.
명월=밝은 달이란 뜻과 황진이의 호인 명월의 두 뜻을 가진다.
만공산=공산에 가득 찼다는 뜻.
쉬이간들=쉬여간들.
※ 본 시조는 황진이작으로 알려져있으며 가곡원류에도 진이로 밝혀져있음.

(해동가요. 남훈태평가 가곡원류.)

한자쓰고 눈물지고 두자쓰고 한숨지니
자자행행이 수묵산수가 되거고나
저 님아 울고 쓴 편지이니 눌러볼가 하노라

   자자행행=글자마다 줄줄마다.
   수묵산수=먹으로 그린 산수.
   눌러볼가=짐작하여서 좋게 볼가.

(남훈태평가. 가곡원류)

편 잦은 한잎(編數大葉)

오날도 저물어지게 저물며는 새리로다 새면 이 님 가리로다
가면 못오려니 못오면 그리려니 그리면 응당 병들려니 병 끝
    들면 못살리로다
병들어 못살줄 알양이면 자고나 갈가 하노라

(남훈태평가. 가곡원류)

사랑이 어떻더니 둥그더냐 모나더냐
기더냐 저르더냐 밟고나마 자일너냐
하 그리 긴 줄은 모르되 끝간데를 몰라라

   밟고나마 자일너냐=발로 재고나도 또 자가 남더냐.

(가곡원류)

대인난대인난하니 계삼호하고 야오경이라
출문망출문망하니 청산은 만중이오 록수는 천회로다 이윽고 개
　　짖는 소리에 백마야유랑이 넌즈시 돌아들제 반가운 마음
　　이 무궁탐탐하여
오늘밤 서로 즐기움이야 어내 그지 있이리

　　대인난=님을 기다리기가 어렵다는 뜻.
　　계삼호=닭이 세홰를 우는것.
　　야오경=새벽 네시.
　　출문망=문에 나가 님 오기를 바래는것.
　　청산은 만중이오=청산은 만겹이나 겹쌓였고.
　　록수는 천회로다=강물은 천굽이나 돌았도다.
　　백마야유랑=흰말을 탄 놀음에 팔린 랑군.
　　무궁탐탐=한없이 탐탐스러운것.
　　어내=어찌.

　　　　　　　　　　（가곡원류）

모시를 이리 저리 삼아 두루 삼아 감삼다가
가다가 한가운데 뚝 긊쳐 지읍거든 호치단순으로 훔빨며
　　감빨아 섬섬옥수로 두 끝 마조 잡아 뱌뷔쳐 이으리라
저 모시를 우리 님 사랑 긊쳐갈제 저 모시같이 이으리라

　　삼아=모시를 잘 실을 뽑는것.
　　감삼다=손들여 잘 삼아.
　　호치단순=흰 이와 붉은 입술.
　　섬섬옥수=분결 같은 손.
　　뱌뷔쳐=비비여.

　　　　　　　　　　（가곡원류）

해동가요

해동가요 서문

대체로 글자로 된 문장과 시는 세상에 간행되여 영구히 전해져서 천년이 지나도 오히려 없어지지 않는다. 그러나 말로 된 노래는 바람앞에 지는 꽃잎같고 귀가를 스쳐지나는 새, 짐승들의 좋은 소리와 같아서 한때 입으로 불리우고는 자연히 사라져버리고 후세에 전해지지 않는다. 어찌 아깝지 않은가.

고려말부터 리조에 들어선 이래 력대임금들의 작품과 이름난 재상과 큰 선비, 명창, 어부, 서리, 거리의 호유객(놀이군)들, 명기와 무명씨의 작품에다 내가 지은 장가, 단가 149편을 일일이 수집하여 와전된것을 바로잡아 고쳐베끼고 정리하여 한권을 만들어 《해동가요》라고 이름붙였다. 당시의 모든 뜻있는 사람들이 입으로 부르고 마음속으로 생각하며 펼쳐서 읽을수 있도록 하여 널리 세상에 보급하려고 한다.

계미(1763)년 봄 정월 상순 완산후인 일흔네살난 늙은이 로가재 김수장

海東歌謠 序

夫文章詩律 刊行于世 傳之永久 歷千載而 猶有所未泯者 至若歌謠則 如花草榮華之飄風 鳥獸好音之過耳也 一時諷詠於口而 自然沈晦 未免湮没于後豈不惜哉 自麗季 至國朝以來 列聖御製及 名公碩士 歌者漁者吏胥閭巷豪遊 名妓與無名氏之作及自製長短歌 百四十九章 一一蒐輯正訛繕寫 釐為一卷 名之曰海東歌謠 使凡當世之好事者 口誦心惟 手披目覽 以圖廣傳焉

歲癸未 春正月 上澣 完山後人七四翁 老歌斋 金壽長書

각 조 체격

평조(平調) 는 순임금이 남훈전에 나아가 오현금을 타서 백성들의 근심을 더니 음률들이 정대 화평하다.

우조(羽調) 는 장수가 말을 달리면서 고함을 치고 꾸짖어 일만군사의 혼백이 날아나니 음률이 맑게 통하며 웅장하면서 격려하는듯 하다.

계면조(界面調) 는 왕소군이 한 나라를 떠나 호나라에 들어갈 때 눈보라는 휘날리고 바람은 차니 성률이 목메여우는듯 처창하다.

오음(五音) 은 궁, 상, 각, 치, 우를 말한다.

팔음(八音) 은 금, 석, 사, 죽, 포, 토, 혁, 목의 여덟가지의 소리다. 그

음조에 따라 노래를 부르는데 노래는 끝 말을 길게 빼는것으로서 사설은 짧게 소리는 느리게 낸다.

평조(平調)는 슬프나 평탄하며 크고 깊고 화평하여 황종을 / 한번 울리면 만물이 다 봄을 만난것 같다.

우조(羽調)는 소리를 지르면서 들며 맑고 기운차게 격려하는듯하니 옥으로 만든 술구기를 깨뜨리니 그 마사지는 소리가 쟁그랑하는것과 같다.

계면조(界面調)는 맑으면서 멀고 애원처창하여 마치 강에 빠져 죽은 굴삼려의 충혼의 남은 원한이 초나라에 가득히 찬것과 같다.

옛날 음강씨때 백성이 각기병을 앓았는데 노래와 춤을 배움으로써 고쳤다고 한다. 가무가 이로부터 시작되였다.

옛날 진청과 한아는 노래를 잘 부르는 사람들이였다. 진청의 소리는 숲속의 나무를 뒤흔들고 그 울림은 떠가는 구름을 멈추었다. 한아가 부른 노래의 여음은 들보사이를 맴돌면서 사흘동안이나 그치지 않았다.

당나라 무종의 병이 위중했는데 맹가성을 가진 가수는 노래로써 총애를 받았다. 그에게 노래 한곡을 청했더니 《하만자》를 부르다가 기가 막혀 죽었다. 왕이 의원에게 진찰케 하니 의원이 말하기를 맥은 아직 따스하나 창자가 이미 끊어졌다고 하였다.

로나라 사람 우흥이 소리를 내면 들보우의 먼지가 울려 떨어졌다.

※노래의 풍도와 형용에 대한 14조목은 《청구영언》과 중복되므로 생략.

各調体格

平調; 舜御南薰殿 彈五絃琴解民愠由 聲律正大和平
羽調; 項羽躍馬 暗啞叱咤 萬夫魂飛 聲律清激壯励
界面調; 王昭君 辞漢入胡時 雪飛風寒 聲律鳴咽棲愴

五音; 宮 商 角 徵 羽
八音; 金 石 糸 竹 匏 土 革 木 依
　　　其音咏以歌 歌即永言 語短聲遲
平調; 哀而安 雄深和平 黃鐘一動 萬物皆春
羽調; 厲而擧 清壯激勵 玉斗撞破 碎屑鏘鳴

界面調; 淸而遠 哀冤悽愴 忠魂沈江 余恨滿楚

昔陰康氏時 民得重腿之疾 學歌舞以解之 歌舞自此始焉
古之奏靑韓娥 善歌者 奏吉 聲振林木 響遏行雲 韓娥 余音繞梁攦
三日不絶 唐武宗疾篤 孟才人者 歌獲寵 請歌一曲 何滿子気函立
殞 上令医候之 日脈尚温而 腸已斷
魯人虞興聲盡動 梁上塵歌之風度 形容十四條目 ……省略一

각종 노래의 형태상 서로 같지않은격식

바다너머 먼 땅의 산천이 서로 다른것 같고
궁성문을 높이 열고 임금에게 읍하는것 같으며
맑기가 닦은 거울 같고 은하수가 환히 트인것 같더라

철마를 멀리 몰아 층진 얼음을 밟고 건너가는듯하며
방축을 따라 봄은 저물었는데 버들개지가 눈처럼 휘날리는듯하고
변방의 날빛이 어두운데 북방 호족의 저대소리 슬프도다

푸른 바다가 하늘과 닿은 만리길을 쏜살처럼 저어가며
황석공의 륙도와 공명의 팔진병법인듯하고
온 천지가 구름에 뒤덮여 처참하고 궂은 안개로 사면이 어두운듯

맑은 물에 련꽃은 천연하여 꾸밈이 없고
창공의 날빛어 실버들 드린 련당에 비치며
본시 배운것이 없어 다만 어깨너머로 들었도다

바다를 마음대로 기울이니 신산을 받든 자라가 질겁을 하고
바람을 잡고 그림자를 던져 둔갑법으로 몸을 감추나
속에 지략이 없고 겉만 분식했도다

맑은 소리 하늘에 서리니 백운이 저절로 멎고
광채가 찬란하니 산모양이 절승하나

끝은길을 밟지 않으니 발자국이 위태하다

화양도사가 황정경을 떠듬떠듬 읽는듯하고
룡궁에 돌기둥이 우뚝 솟아 움직이지 않고
금활과 옥살촉은 견줄 물건이 없도다

봄산에 대가 마르고 두견새는 피를 토하네
발해에 양을 치니 장수의 지휘기발 간데없고
하늘에 백설이 가늑 차니 나무는 모두 소리를 거두도다

낚시질 그만두고 돌아서니 눈길이 멀고
비틀거리는 사나이의 취한 눈이 몽롱한데
행단의 금슬은 륙률과 륙려의 격조를 맞추도다

영천수에 귀를 씻고 잎새로 물 마시고
가지에 남은 꽃이 가을물에 떨어져 구슬처럼 염여수에 떠돌고
달빛은 삼경인데 추위에 옴츠린 원숭이가 슬피 울도다

전야에 묻혀 살며 산나물을 캐고 고기를 낚으며
향로봉에 청송이 울울하고 은빛폭포 구슬을 뿜는것 같고
섣달 흰 매화꽃에 달빛이 희게 밝도다

정해(1767)년 봄 정월로가재 일흔여덟 난 늙은이 김수장은 이 몇마디 말로써 노래를 배우는 사람을 깨우쳐주기 위하여 쓴다.

各歌体容 異別不同之格

海外絶域　山川異別　　　　鐵馬長驅　踏破層氷
轅門高開　長楫天子　　　　隨堤春暮　楊花如雪

潔如明鏡　星河瀅激　　　邊日色苦　羌笛聲悲
碧海長天　萬里飛楫　　　清水芙蓉　天然去飾
黃石六韜　臥龍八陣　　　太字天光　照耀柳塘
六合雲慘　陰霧露昧　　　本無所學　釣得傍聽

滄海任傾　六鷔鶩愀　　　清音盤空　白雲自過
捕風捉影　遁甲藏身　　　光彩炫耀　山容奇絶
内無智略　外飾粉華　　　不入直路　足跡險阻

華陽道士　打点黃庭　　　春山枯竹　杜鵑啼血
龍門九河　砥柱矻立　　　勃海牧羊　節旄零落
金弓玉矢　比物無用　　　白雪長天　萬樹無聲

罷釣歸來　雪迥迢迢　　　潁川洗耳　岩畔葉瓢
偃蹇丈夫　醉眼朦朧　　　殘花秋水　落珮濺湏
杏壇琴瑟　律呂調陽　　　月色三更　寒猿哀鳴

爰居野処　採山釣水
香爐翠積　銀瀑噴珠
白色韻梅　永輪皓光

丁玄春正月　老歌斎　七八翁　金寿長書　此数語以警　其學者之意也

노래를 지은 여러 사람
(作歌諸氏)

려조(麗朝)
리색(李穡)字潁叔　號牧隱　恭愍王朝門下侍中　入 本朝封韓山伯
정몽주(鄭夢周)字達可　號圃隱　恭愍王朝門下侍中　入 本朝贈領議政
맹사성(孟思誠)字誠之　號東浦　前朝魁科　入 本朝官至左相　作江湖四

時歌
본조(本朝)
태종(太宗)
성종(成宗)
효종(孝宗)
숙종(肅宗)
김종서(金宗瑞)字 號節齋 太宗朝領議政
성삼문(成三問)字謹甫 號梅竹堂世宗朝官至承旨
박팽년(朴彭年)字仁叟 世宗朝官至參判
왕방연(王邦衍)字 世宗朝官至金吾郎
어부(漁父)失名
서경덕(徐敬德)字可久 號花潭中宗朝授職
박영(朴英)字子實 號松堂 中宗朝武科 官至吏曹參判
리언적(李彦迪)字復古 號晦齋 中宗朝官至贊成
조식(曹植)字健仲 號南溟 中宗朝以遺逸累拜終不就
홍섬(洪暹)字退之 號忍齋 中宗朝官至領議政
리황(李滉)字景浩 號退溪 中宗朝官至貳相 作陶山六曲
송인(宋寅)字明仲 號熙菴 中宗朝駙馬礪城尉
송순(宋純)字 號俛仰亭 中宗朝官至判中樞府事
리양원(李陽元)字 號鷺渚 明宗朝官至領議政
김현성(金玄成)字餘慶 號南窓 明宗朝官至左議政
리후백(李後白)字季眞 號靑蓮 明宗朝官至判書
정철(鄭澈)字季涵 號松江 明宗朝官至 左議政
리이(李珥)字叔獻 號栗谷 明宗朝官至贊成 作高山九曲歌
서익(徐益)字君受 號萬仰亭 宣廟朝官至牧使
홍적(洪迪)字太古 號荷衣子 宣廟朝官至舍人
리덕형(李德馨)字明甫 號漢陰宣廟朝領議政
리항복(李恒福)字子常 號白沙宣廟朝領議政
림제(林悌)字子順 號白湖 宣廟朝正郎
리제신(李濟臣)字夢應 號淸江宣廟朝參判
류자신(柳自新)字 號 宣廟朝判尹
신흠(申欽)字敬叔 號 象村 宣廟朝登第仁祖朝領相
리정구(李廷龜)字聖徵 號月沙宣廟朝右議政
권필(權韠)字汝章 號石洲 宣廟朝偶黨不仕 仁祖朝 贈持平

-249-

리안눌(李安訥)字子敏　號東岳 宣廟朝判書
조찬한(趙纘韓)字善述　號玄洲 宣廟朝承旨
김류(金瑬)字冠玉　號北渚 宣廟朝登第 仁祖朝 官至領相
홍서봉(洪瑞鳳)字輝世　號鶴谷 宣廟朝領議政
리순신(李舜臣)字　號 宣廟朝 官至 統制使
김상헌(金尚憲)字叔度　號淸陰宣廟朝登第丁丑立節不屈 官左相
조존성(趙存性)字守初　號龍湖 宣廟朝知敦寧 作呼兒曲疁並詩
명기구인(名妓九人)
진이(眞伊) 홍장(紅粧) 소춘풍(笑春風) 소백주(小柏舟) 한우(寒雨)
구지(求之) 송이(松伊) 매화(梅花)
다복(多福)
박명현(朴明賢)
림진(林晋)
김응정(金応鼎)
리중집(李仲集)
김광욱(金光煜)字晦而　號竹所光海時 判書 歌票里遺谷
구인후(具仁垕)字 仁祖朝 右相
정태화(鄭太和)字囿春　號陽坡 仁祖朝領議政
채유후(蔡裕後) 字伯昌　號湖洲 仁祖朝判書
윤선도(尹善道) 字約而　號孤山 仁祖朝參議 作漁父歌五十二章
정두경(鄭斗鄕)字君平　號東溟 仁祖朝參判
강백년(姜栢年) 字叔久　號雪峰 仁祖朝 判書
조한영(曹漢英)字守而　號晦谷 仁祖朝 參判
김육(金堉)字　號潛谷 孝廟朝 右議政
리완(李浣)字淸之　號 孝宗朝右相
적성군(積城君)
린평대군(麟平大君)
랑원군(朗原君) 侃
리화진(李華鎭)字子西　號黙齋孝廟朝 監司
리귀진(李貴鎭) 字　號 孝廟朝 兵使
허정(許珽)字仲玉　號松湖 孝廟朝 承旨
송시렬(宋時烈)字邐輔　號尤庵 孝廟朝 授職 肅廟朝 右議政
남구만(南九萬)字雲路　號藥泉 孝廟朝登第 肅廟朝 領相
리택(李澤) 字　號 肅廟朝 兵使

류혁연(柳赫然) 字　號 肅廟朝 大將
박태보(朴泰輔) 字士之 號定齋 肅廟朝応教
구지정(具志禎) 字號肅廟朝 牧使
김성신(金聲宸) 字　號 肅廟朝 牧使
신정하(申靖夏) 字正翩 號 肅廟朝修撰
김창업(金昌業) 字　號老稼齋 肅廟朝 進士 不仕
유천군(儒川君) 淏
윤두서(尹斗緒)字　號 肅廟朝 進士
유숭(兪崇)字　號 肅廟朝參判
리정섭(李廷燮)字　號 肅廟朝副率
박인로(朴仁老)
장현(張炫)字　號 肅廟朝 知事
주의식(朱義植)字道源 號 肅廟朝 柒原果監
김삼현(金三賢)
허강(許橿)
김유기(金裕器)字大哉　號 肅廟朝人 名歌
김성기(金聖器)字子湖 號漁隱 肅廟朝 江湖開逸
조현명(趙顯命)字　號 肅廟朝 注書 今朝左相
리재(李在) 今朝 庶尹
리유(李糅)號小岳樓 肅廟朝　縣監
윤유(尹游) 今朝 判書
윤순(尹淳) 字仲和　號白下 今朝 判書
조명리(趙明履) 今朝 判書
리정보(李鼎輔) 今朝 大提學 判書
김천택(金天澤) 字伯涵　號南坡 肅宗朝 捕校
김수장(金壽長) 字子平　號老歌齋 肅廟朝騎省書吏

첫치 중 한잎(初中大葉)

오날이 오날이소서 매일에 오날이소서
접그지도 새지도 말으시고
새나마 주야장상에 오날이소서

－251－

접그지도=날이 저물지도.
새나마=날이 새더라도.
주야장상에=주야로 늘.

(가곡원류)

셋째치 중 한잎(三中大葉)

아자 내 황모시필 묵을 묻혀 창밧긔 지거고
이제 돌아가면 얻어울 법 있것마는
아모나 얻어가져서 그려보면 알리라

아자=감탄사.
황모시팔=족제비털로 맨 새 붓.
지거고=떨어졌고나.

둘째치 잦은 한잎(二數大葉)

너도 형제로고 우리도 형제로다
형우제공은 브룻것이 없거니와
너희는 여천지무궁하니 그를 불워하노라

형제로고=형제로구나.
형우제공=형은 동생에게 우애가 있고 아우는 형을 공경하는것.
브룻것이=부러울것이.
여천지무궁하니=천지와 더불어 무궁하니.

(가곡원류)

《어부가》(단가 5장은 《청구영언》편에 실려있음—편주자) 두편은 누가
지은지를 모른다. 내가 늙어 벼슬을 내여놓고 시골에 돌아온 이후 마음이
한가하고 일이 없어 옛사람들이 술 마시며 읊은 시를 모아 그중 노래부
를수 있는 시문 약간수를 남녀 종들에게 가르쳐 때때로 들으면서 세월을
보내고있 었다.

아들과 손자들이 늦게야 이 노래를 얻어가지고 와서 보여주므로 내가 그 가사를 보니 시어가 한적하고 의미가 심원하였다. 이것을 읊어보니 사람으로 하여금 공명에서 벗어나 멀리 세상밖으로 두둥실 떠가게 하는 뜻이 있었다.

어부가를 얻은 이후 그전에 즐기던 가사를 다 버리고 여기에만 전심하여 손수 책을 베껴가지고 꽃피는 아침과 달 뜨는 저녁에 술을 들고 벗을 불러 분강 쪽배우에서 읊게 하였더니 흥미가 더욱 깊어져 내처 권태를 잊게 한다. 다만 말이 맞지 않는것이 많고 간혹 중첩되기도 하였으니 필경 옮겨쓸때 잘못된것일것이다. 이것은 성현의 경전에 근거한 글이 아니므로 외람되게 손을 대여 1편 12장에서 3장을 버리고 9장으로 장가를 만들어 읊었으며 1편 10장을 줄여서 단가 5결을 지어 노래부르게 하였다. 이것을 합쳐 1부의 새곡을 이루어놓았다. 수정한것뿐만아니라 보충한데도 많지만 그래도 각기 원문의 본뜻을 살려 보태기도 하고 빼버리기도 하여 《롱암야록》이라는 이름을 붙였다. 보는분들은 바라건대 분수없다고 나를 탓하지 마시라.

때는 명종 4년(1549) 여름 6월 류두날 후 3일 설빈옹 롱암주인은 분강 고기배 배전에서 쓴다.
※ 연산군때의 리현보

右漁父歌兩篇 不知爲何人所作 余自退老田間 心閒無事 裒集古人觸詠間 可歌詩文若干首 敎閱婢僕 時時聽而消遣 兒孫輩晩得此歌而來示 余觀其詞 語閒適 意味深遠吟咏之餘 使人有脫略功名 飄飄遐擧塵外之意 得此之後 盡棄其前所玩悅歌詞而 專意于此 手自謄冊花朝月夕 把酒呼朋 使詠於汾江 小艇之上 興味尤眞 亹亹忘倦 第以語多不倫 或重疊 必其傳寫之訛 此非聖賢經據之文 妄加撰改一篇十二章去三爲九 作長歌而詠 爲一篇十章約作短歌五闋爲葉而唱之 合成一部新曲 非徒刪改 添補処亦多 然亦各因舊文本意而增損之 名曰聾岩野錄 覽者 幸勿以僭越咎我也
時嘉靖 己酉 夏六月 流頭後三日 雪鬢翁 聾岩主人 書于汾江漁艇之舫.

세상에 전해지고있는 어부사는 옛사람들과 어부들이 읊은것을 모은것으로 간간이 우리 말을 섞어지었다. 긴것은 무릇 12장이나 되고 작자의 이름과 성은 알려져있지 않다.

지난날 안동부에 늙은 기생이 있어서 이 노래를 잘 불렀다. 숙부 송재선생이 그 기생을 불러다가 이 노래를 부르게 하여 환갑잔치의 즐거움을 돋구었다. 나는 그때 아직 나이 어렸지만 마음속으로 저으기 이 노래를 좋아해서 그 줄거리를 기록하여두었으나 오히려 그 노래 전편을 적어놓지 못한것이 한이 되였다.

그후 사람들이 죽기도 하고 고장을 뜨기도 하여 옛노래를 아득히 찾을 길이 없었다. 내 몸이 벼슬길에 나서자 강호의 즐거움으로부터 더욱 멀어졌으므로 다시 이 노래를 들으면서 흥을 돋구어 시름을 잊으려고 생각하였다.

내가 서울에 있을 때 령정에 놀러다니면서 널리 사람들을 찾아 물어보았으나 늙은 악공이나 노래하는 광대라 해도 이 가사를 아는 사람이 없었다. 이렇게 이 노래가 좋다는것을 아는 사람이 드물었다.

요즈음 밀양에 사는 박준이라는 사람이 여러가지 음을 안다고 이름이 났다. 그는 대체로 조선음악에 속하는것이라면 아악이거나 속악이거나 모조리 모아서 한권의 책을 묶어 세상에 간행하였다. 이 어부사는 상화점 여러 가곡들과 함께 그속에 실려있다. 그런데 사람들이 이 노래를 그에게서 들을 때는 절로 손이 춤가락을 잡고 발도 가락을 구르는데 다른 사람들에게서 들으면 싫증이 나서 졸음이 오는것은 무엇때문인가.

박준이 아니였다면 애초에 그 음을 알지도 못했을텐데 어떻게 악을 알 것인가.

생각컨대 우리 통암 리선생은 나이 일흔이 넘자 곧 벼슬아치의 인끈을 던지고 세속을 떠나 분수가에 물러나 한가히 날을 보냈으며 루차 벼슬에 불렀으나 나가지 않았다. 부귀를 뜬구름과 같이 여기고 운치로운 마음을 자연에 붙여 항상 쪽배에 짧은 노를 저어 아지랑이 낀 강물에서 휘파람을 불었으며 낚시둘우를 거닐어 백구와 희롱하여 세상시름을 잊었으며 물고기의 뛰노는것을 구경하면서 락을 삼았으니 강호의 즐거움의 참된 맛을 체득하였다고 할수 있다.

좌랑 황군 중거는 선생과 친하고 정이 두터운 사이였다. 그는 일찌기 박준의 책에서 이 어부사를 취하고 또한 어부가 지은 단가 10결을 얻어 두개를 다 선생에게 바치였다. 선생은 그것을 받아가지고 감상하면서 그 순박하고 고상한것을 기뻐하였으나 멋없이 긴것을 흠으로 여겼다.

그리하여 가사를 수정보충해서 12장을 9장으로 줄이고 또 10결을 5결로 줄여가지고 시중드는 아이들에게 주어 익혀서 노래부르게 하였다. 귀한 손님과 좋은 경치를 만날 때마다 물란간에 의지하여 잔물결속에 쪽배를 저어가면서 반드시 여러 아이들을 시켜 목청을 맞추어서 노래부르게 하고 손잡고 춤추게 하니 곁사람들이 이 모양을 바라보면 마치 신선과 같았다.

아, 선생은 여기에서 이미 그 참된 락을 얻었으며 그 참된 소리를 마음껏 즐기였다. 세속사람들이 음란한 음악을 즐겨 음탕한 마음을 돋구고 미인이란 말만 듣고도 뜻을 방탕하게 가지는것과 어찌 비할것이랴.

선생이 일찌 손수 이 책을 편찬하여 황송하게도 나에게 보여주면서 발문을 쓰라고 하였다.

내가 원숭이나 망아지가 갈매기와 사귀는것을 흉내내여 어찌 감히 강호의 즐거움을 말하며 고기낚는 일을 론할수 있겠는가. 이를 간절히 사양하였으나 굳이 허락지 않으니 부득이 그끝에다 삼가 소감을 써서 분부하신 말씀을 조금이라도 메꿀따름이다. 동파가 조정의 벼슬살이에 미련을 둔 무리가 시골에서 홀로 은거생활을 하는것을 비방한 말은 바로 나같은것을 두고 한 말일것이다.

이해 섣달 보름 풍기수 리황은 군재에서 손을 모아 공경히 쓴다.

世所傳漁父詞 集古人漁父之詠 間綴以俗語而 為之 長言 者凡十二章而作 者名姓無聞焉 往者安東府有老妓 能唱此詞 叔父松齋先生時召此妓使歌之 以助壽席之歡 滉時尚少 心竊嘉之 錄得其概而猶恨其未為全調也 厥後存沒推遷 舊聲杳不可追而 身墜紅塵 益遠於江湖之樂則 思欲更聞此詞 以寓興而忘憂也 在京師 遊蓮亭 嘗編問而歷訪之 雖老怜韻倡 莫有能解此詞 者 以是知其好之者鮮矣 頃歲 有密陽朴浚 者 名知衆音凡係東方之樂 或雅或俗 靡不裒集為一部 青刊行于世 此詞與霜花店 諸曲 混載其中 然人之聽之 於彼則手舞足踏 於此則倦而思睡者 何哉 非其人固不知其音 又焉知其樂乎 惟我聾岩李先生 年踰七十即 投紱高蹈 退 閒於汾水之曲 屢召不起 等富貴於浮雲 寄雅懷於物外 常以小舟短棹 嘯傲於煙波之裡 徘徊於釣石之上 押鷗而忘機 觀魚而知樂則 其於江湖之樂 可調得其眞矣 佐郞黃君仲舉於先生親且厚矣 常於朴浚書中 取此詞又得短歌之漁夫作者十闋 並以為獻先生得而玩之 喜愜其素尚而猶病其未免冗長也 於是 刪改補撰約十二為九 約十為五 而付之侍兒習而歌之 每遇佳賓好景 憑水檻而弄煙艇必使數兒竝喉而唱詠 聯袂而蹁躚傍人望之 若神仙人焉 噫先生之於此既得其眞樂 宜好其眞聲 豈若世俗之人 悅鄭衛而增淫 聞玉樹而 蕩志者 比耶先生常

手写此本 不辱下示 具責以跋語 滉身效猿駒盟寒沙鳥 何敢語 江
湖之樂 論漁釣之事乎　辞之至具而命之不置不獲己謹書所感於其
尾 以塞勤命之萬一 東坡所譏 以朝市眷恋之徒而 山林獨往之語滉
之謂矣

定歲臘月旣望 豊基守 李滉拜手敬書于群斎

고인도 날 못보고 나도 고인 못봬
고인을 못봐도 녜던 길 알픠 있내
녜던 길 알픠 있거든 아니 녜고 어쩔고
　　　　　　　　　　　　　（리 황）

　고인도＝옛사람도.
　못봬＝못보도다.
　녜던 길＝（고인이）가던 길.
　알픠＝앞에.
　아니 녜고＝아니 가고.

　　　　　　　　　　　（가곡원류）

　　도산 12곡(《청구영언》편에 11곡이 있음—편자주)은 도산로인이　지은것
이다. 로인이 이 곡을 지은것은 무엇때문이겠는가（중략）　한림별곡과　같은
것은 문사들에 의하여 불려졌으나 희떱고 방탕한데다가 무례하고 롱락질까지
있어 더욱 군자로서는 숭상할바가 못된다.
　　요즈음 리별의 6가란것이 세상에 널리 전해지고있는데　한림별곡보다는
그래도 좋다. 그러나 또한 아깝도다. 리별의 6가에도 세상을 희롱하여 공손
치 못한 뜻이 있고 유순하고 듬직한 착실성이 적다.
　　로인은 본시 음률을 알지 못하지만 그래도 세속음악이 듣기　싫다는것
은 알고있어서 한가히 지내면서 병을 고치는　여가에 마음속에 느끼는것이
있으면 매양 시로써 표현한다.
　　그러나 지금의 시는 옛날의 시와 달라서 읊을수는 있지마는 노래부를수
는 없다. 노래로 부르려면 반드시 우리 말로써 엮어야 한다. 그것은　대개
우리 말의 음절이 그렇게 하지 않을수 없기때문이다. 그러므로 일찌기 리
별의 노래를 대략 본받아 도산 6곡을 지은것이 둘이 있으니 그 첫째（전 6
곡）는 《언지》（뜻을 말함）요 그 둘째（후 6곡）는 《언학》（배움을 말함)이다.
　　아이들을 시켜 아침저녁으로 익혀 노래하게 하고 안석에 기대여서 들으
려 한것이다. 또한 아이들을 시켜 저희들끼리 노래부르며 춤추게 하면　비루

하고 린색함을 씻어버리고 서로 융통하는 정을 불러일으킬수 있어서 노래부르는 사람이나 듣는 사람이나 서로 유익하지 않을수 없는것이다.

다만 자신의 처지가 너무나 뉴다르다보니 이와 같은 등한 일이 혹 말썽을 일으키는 원인이 될지 알수 없으며 또 그것이 강조에 들어맞으며 음절에 맞아떨어지는지 아닌지도 아직 믿을수 없다.

그래서 우선 이 한건(도산12곡)을 필사하여 상자속에 보관하고 때때로 꺼내서 감상하면서 자신을 반성해보는 한편 후날 현명한 분의 처분을 기다릴 따름이다.

명종 20년(1565) 세을축 늦은 봄 보름밤에 산 늙은이는 쓴다.

右陶山十二曲者 陶山老人之所作也 老人之昨此 何爲也哉 吾東方歌曲 大抵多淫哇不足言 如翰林別曲之類 出於文人之口而 矜豪放蕩 兼以褻慢戲狎 尤非君子所宜尙 惟近世有李鼈六歌者 世所盛傳 猶爲彼善於此 亦惜乎 其有玩世不恭之意 而小溫柔 敦厚之實也 老人素不解音律 而猶知厭聞世俗之樂 閒居養疾之余 凡有感於情性者 每發於詩然今之詩 異於古之詩 可詠而不可歌也 如欲歌之 必綴以俚俗之語 蓋國俗音節 所不得不然也 故嘗略倣李歌而 昨爲陶山六曲者二焉 其一言志 其二言學 欲兒輩 朝夕習而歌之 憑凡而聽之 亦令兒輩自歌 而自舞蹈之 庶幾可以蕩滌鄙吝感 發融通而歌者與聽者 不能無交有益焉 顧自以蹤跡頗乖 若此等閒事或因以惹起鬧端未可知也 又未信其可以入腔調偕音節 與未也 姑寫一件藏之篋笥 時取玩以自省 又以待他日賢者之去取云爾

嘉靖四十四年 歲乙丑暮春 旣望山老書

락지자 오날이여 즐거온자 금일이여
즐거온 오날이 행혀 아니 저물세라
매일에 오날 같으면 무슴 시름 있이리

(김현성)

락지자=즐겁구나.
아니 저물세라=안저물었으면 한다.

님금과 백성과 사이 하날과 따히로되
나의 설운 일을 다 알오려 하시거든
우린들 살진 미나리를 혼자 어이 먹으리

(정 철)

따히로되=땅이로다.
알오려=아시려.

(가곡원류)

네 아들 효경 읽더니 어드록 배왔느니
내 아들 소학은 모릐면 맛츨로다
어늬제 이 두글 배화 어질거든 보려뇨

효경=책이름. 부모에 대한 효성을 지킴에 대한것.
어드록=얼마나.
소학=책이름. 아이들의 행실을 바로 지킴에 대한것.
맛츨로다=마칠것이다.
어늬제=어느때

흥망이 수가 없으니 대방성이 추초이로다
나 모론 지난 일을 목적에 부쳐두고
이 좋은 태평연월에 한잔하되 어떠리

(정 철)

수가 없으니=미리 작정된것이 아니니.
대방성=전라도 남원.
추초이로다=가을 풀이로다.
나모론=내가 모르는.
목적=목동의 피리소리.
태평연월=태평한 시절.

(가곡원류)

신원원주가 되야 널손님 지내옵네

가거니 오거니 인사도 하도할사
앉아서 보노라 하니 수고로와 하노라

    신원=경기도 고양군 신원.
    원주=원의 주인.
    녈손님=열손님, 많은 손님이라는 뜻.
    하도 할사=많기도 많다.

신원원주가 되야 시비를 고쳐달고
류수청산을 벗삼아 더졌노라
아희야 벽제에 손이라커든 날 나가다 일러라

    시비=사립문.
    더졌노라=던졌노라. 여기에서는 류수청산속에 자기 몸을 두었다는 뜻.
    손이라커든=손이라 하거든.
    날 나가다=내가 나갔다.

어화 베힐시고 락락장송 베힐시고
저근덧 두든들 동량재되리러니
어즈버 명당이 기울거든 무엇으로 바치려노

    베힐시고=베였고나.
    저근덧=잠깐만.
    동량재=기둥과 대들보감, 여기서는 큰 인물.
    명당=좋은 집터, 여기서는 나라의 뜻.

어화 동량재를 저리하여 어이할고
헐뜯어 기온 집의 의논도 하도하다
뭇지위 고자자만 들고 헵뜨다가 말렸는다

    기온집=기울어진 집.
    하도하다=많기도 많다.
    뭇지위=여러 목수.
    고자자만=대목이 사용하는 먹통과 먹으로 긋는 자만.

헙뜨다가=서성거리다가.

(가곡원류)

저긔 섰는 저 소나모 섬도셜사 길가에가
적은듯 들이혀저 굴형에 서고라자
샅띄고 도최멘 분네는 다 직으려 하느니

들이혀저=들어다가.
굴형=깊은 골짜기.
서고라자=세우고싶구나.
샅띄고=샅(껍질로 꼰 바줄)을 띠고.
도최=도끼.
다 직으려=모두 찍으려고.

(가곡원류)

마을사람들아 옳은 일 하자스라
사람이 되야나서 옳지옷 못하며는
마소를 갓 곳갈 씌워 밥 먹이나 다르랴

(정 철)

하자스라=하자꾸나.
옳지옷 못하며는=옳지 못하면.
갓 곳갈=갓과 고깔.

　　　　이는 송강 상국 정문청공이 지었다. 공의 시와 가사는 　청신하고 기발해서 본시 사람들에게 많이 읊어졌으며 그중 가곡이 더욱 절묘하여 지금이나 옛날에나 장편 가사와 단가들이 많이 전해지고있다. 비록 굴평의 초사나 소자첨의 사부라 할지라도 이보다 나을것이 없다. 매번 목청을 돋우어부르는것을 들을 때마다 운률이 아름답고 뜻이 뛰여나서 마치도 두둥실 바람을 타고 깃이 돋혀 어느 사이에 신선이 되여 날아가는것 같다. 　임금을 사랑하고 나라일을 근심하는 송강의 정성은 또한 애연히 글마다에 어리여 사람

-260-

을 깊이 감동케 하며 탄복케 한다. 타고난 충의와 세상에 드문 풍류가
니고서야 그 누가 그와 비할수 있겠는가.
 아, 공은 굳은 절개와 정직한 행동을 가졌으나 마침 당쟁이 크게 일어
고 참소가 횡행하던 때를 만나 우로는 임금에게서 죄를 받고 아래로는
료들로부터 질시를 당하여 귀양살이에서 몇번이나 거의 죽게 되였지만 다
히 목숨은 보전했다. 그러나 공에 대한 더러운 욕설은 공이 돌아간 후
 더욱 심하였다.
 옛날 소자첨이 인간세상의 재앙을 만난 일이 극히 심하였다고 하겠으나
의 애군시편들은 오히려 임금으로부터 칭찬을 받았다. 그러나 공의 애군
국의 시편들은 소자첨의 것과 맞먹었으나 끝까지 왕을 감동시키지 못했으
 그 얼마나 불행이 심하였던가. 청음 김문정공이 그의 생애를 론평하면
굴원의 충성에 비교하였다. 이 론평은 참으로 지당한 말이라 하였다.
 관북에서 옛날 정철의 가곡을 간행한것이 있었으나 오랜 세월이 흐르는
가 전란에 불타버려 전해지지 않고있으니 참으로 가석한 일이다. 나는 변
치 못한 사람으로 이 밝은 세상에서 죄를 얻어 군친과 멀리 떨어진곳에
서 귀양살이를 하며 회포를 풀 길이 없어 못가를 거닐며 시를 읊조리는
를에 이 시편을 갖다놓고 틀린것을 바로잡고 정서하여 책상머리에 두고
워보니 울적한 마음을 푸는데 도움이 없지 않다(이하는 생략).

때는 경자(1690)년 정월 상순 완산후인 리선은 차성의 유란헌에서 쓴다.

右松江相國 鄭文淸公之所著也 公詩詞淸新警拔 固膾灸人口而 歌
曲尤妙絶 今古長篇短什 無不盛傳 雖屈平之楚騷 子瞻之詞賦 殆
無以過之 每聽其引喉高脉 聲韻淸楚 意旨超忽 不覺其飄乎 如馮
虛而御風 羽化而登仙 至其愛君憂 國之誠 則亦且藹然於辭語之表
至使人 惑憎而興歎焉 苟非出天忠義 間世風流其孰能與於此 噫公
以耿介之性 正直之行而 適會黨議大興 讒講肆行 上而得罪於君父
下以見嫉於同朝 流離竄謫 幾死幸免而 其所譏罵 至身引爾甚 昔子
瞻之 遭罹世秋 亦可謂極矣 愛君篇什猶能見賞於九重而 公則竝與
此而 終不能上撤 抑何其不幸之甚歟 淸陰金文正公 嘗論公始末而
比之於左徒之忠 此誠至言哉 北關舊有 公歌曲之刊行者而 顧年代
己久 且経兵燹逐 失其傳 誠可惜也 余以無狀 得罪明時 受玦天涯
遠隔君親 實無以寓懷 乃於泽畔行吟之暇 聊取此篇 正訛繕寫 置
諸案頭 時一一諷誦 其於排遣 不為無助 (下略)

 時庚子 元月上澣 完山後人 李選書于車城之幽蘭軒

고산구곡담에 대하여 쓴다

※이 시조들은 《청구영언》편에 실려있음-편주자.

　　률곡선생은 내가 젊었을 때의 스승이며 벗이였다. 공은 이미 세상이 드는 큰 선비로서 조정에 높이 등용되였으나 불행하게도 할일을 다하지 한채 돌아간지 이제 25년이 된다.
　　돌이켜보건대 나는 아무 쓸모없는 사람일뿐으로 늙어서도 죽지 않아 연히 공의 아들 경림생을 서경에서 만났다. 우리는 지나간 이야기들을 더 다가 말을 다하지 못한채 눈물을 흘렸다. 그리고 그는 나에게 률곡선생이 전에 살고있던 해주의 고산 구곡담에 대하여 써달라고 청하였다.
　　나는 선생이 그곳에 자리잡던 시초부터 패철을 차고 이웃 현에 왕래하면서 그곳을 잘 알게 되였다. 이른바 구곡담은 나의 몽상속에 남아있거니와 다시 경림생의 기록에 의거하면서 그 순서를 따라 이야기한다면 1곡을 관암이라 하는데 해주성에서 서으로 45리 떨어진곳에 있다. 바다 구와는 20리 상거했는데 산머리에 선바위가 있으니 마치 관과 같고 우 솟아있는 까닭에 관암이라 하였다. 또한 관암이라 한것은 첫 시작이라는 에서 취한듯 하다. 여기로부터 산세가 비스듬히 달려 한수와 나란히 내뻗는데 갑자기 깎아드리워 벼랑이 되였고 그 바로 밑에 맑은 못을 이루어 사(벼슬살이를 하지 않고 숨어사는 선비-편집주)들이 거닐만한곳으로 였다. 이로부터 산마을의 두어집이 비로소 보인다.
　　제2곡은 화암이라 한다. 관암으로부터 5리쯤에 바위가 서로 잇닿아있 돌이 벌어졌는데 산류자와 비슷한 꽃이 바위틈의 흙무더기에 피기때문에 암이라 한다. 후면의 산마을에는 열뒈서너채의 인가가 있다.
　　제3곡은 취병이라 한다. 화암으로부터 3~4리쯤에 신기한 바위가 이 로 덮여 퍼런데 마치 병풍으로 둘러싼 모양을 하고있기때문에 취병이 이름한것이다. 취병앞에 자그마한 들이 있고 동네 사람들이 농사를 짓고있다. 들가운데 반송 한그루가 있는데 그밑에 수백명이 앉을만하며 취병 쪽에 선비 안씨집이 있다.
　　제4곡은 송애라 한다. 취병으로부터 3~4리쯤에 천척이나 되는 깎아 석벽이 있고 그우에 소나무숲이 해를 가리우는 까닭에 송애라 한다. 못가에 돌 하나가 반쯤 물우에 몸을 드러내고 마치 배모양으로 생겨서 선암이라고 한다. 그우는 여덟사람쯤 앉을만하고 맞은편에 선비 박씨네 집이 있다 짐작컨대 공을 따라온 사람이다.
　　제5곡은 은병이다. 송애로부터 2~3리쯤 되는데 돌봉우리가 높고 둥글게 솟아있으며 밝고 아름다와 특이하다. 못의 변두리와 밑에는 모두 돌

깎아 쌓고 물을 담아둔것 같다. 은병이란 뜻은 그것이 앞을 가리고있다는것 과 또한 자기 몸에 비유하여 벼슬을 내여놓은 은사의 생활에서 취한것이 아 니겠는가.

공이 처음에 석담에 자리잡을 때에는 다만 거처할곳으로만 정하였었 다. 그러나 제자가 점점 많아지매 선배를 높이 받드는것이나 후진을 친 절히 가르치는것을 어느 하나도 소홀히 할수 없는것이라 서로 상의하여 쓸만하게 설비를 갖춘것이다. 이것이 은병정사인데 차례로 정사를 빛내기 위하여 약간의 설비를 갖추었다. 자세한 이야기는 이번 만난 기회에 다 말 할 겨를이 없다.

조계(낚시질하는 개울)는 은병에서 3~4리쯤 떨어져있는데 개울가운데 에 바위가 많이 드러나있어 스스로 낚시터가 되었다. 이것이 곡의 여섯째이다.

풍암은 조계로부터 2~3리쯤에 있고 바위가 다 단풍수풀에 덮였다. 서 리가 내리면 현란하기 노을과 같으므로 풍암이라 하니 곡의 일곱째이다.

그아래에 몇채의 인가가 있어 마을을 이루고 뽕나무, 가시나무와 잡 목이 우거져 은연히 한폭의 그림과 같다. 금탄이란 여울물소리가 맑아 거문 고를 뜯는 소리를 방불케 한다는데서 이름한것이다. 이것이 곡의 여덟째 이다.

문산이라 함은 옛 이름을 좇았을 따름이니 제9곡으로서 끝이 된다.

공이 이곳에 살매 사람으로서 그 아름다운 자연을 위하여 노래가 없을 수 있었겠는가(고산 구곡담이란 시조를 지은것을 말한다-역자주).

(본문 78자 번역 생략)

임진전쟁이래 공의 집이 재앙을 입어 실로 처참하고 산림과 수석이 재 앙을 면할수 없었으니 국운이 어떠하였겠는가.

내가 공을 안것은 공의 덕망을 소문으로 얻어듣고 우연히 사귄것이 아 니다. 그러나 공은 이미 저승에 갔으니 구곡의 맑은 시내에서 술잔을 나누 며 시를 주고받을수가 없다. 글속이 넉넉치 못한 내가 공을 위하여 구곡의 옛자취를 재현하고저 하나 그 참된 경지에서 멀기 그지없다.

이제 경림생으로 하여금 이 글을 가지고 돌아가 문설주에 붙이게 하련 다. 아아,. 슬프다.

최립이 쓴다.

高山九曲潭記

票谷先生於余弱冠師友也公既爲世大儒尊用於朝不幸未究卒今二十五年矣顧余一無用物耳老而不死適與公子景臨生遇於西京俯仰世故談不足而涕有余生乃請參記公故居海之高山九曲潭者余自公卜地初佩銅隣縣

還往 實熟所謂九曲潭 者未嘗不在夢想之中復据生揭列其次而述曰第一曲
為冠岩離州城西洞四十五里其距海門二十里山頭有立岩若冠焉 者而卓然
故以名意亦取夫冠始之義乎自此以往山勢逶迤漢水並之而其陡絶処下必
澄潭 足為隠者之所盤旋 蓋有
山邨數家始見焉第二曲為花岩自冠岩五里許岩縫石瓆皆花如山榴 者叢土
故
名後面山村可十·余家第三曲為翠屏自花岩三四里許岩逾奇而翠圍如屏
狀故
名屏前小野洞中人農焉野中有盤松一蓋圓下可坐數百人屏北士人安氏家
焉第四曲為松崖自翠屏三四里許石壁千尺其上松林翳日故名潭心有石半
露般形 者曰般岩上可坐八人士人朴氏 對而家焉蓋從公入洞也第五曲為隠
屏自松崖二三 里許石峰高丹明麗特異潭辺底皆若砌而貯之水 者屏之義視
前而隠又近取諸身以託退休之義乎公始即石潭居之略為栖食之所而 從學
益衆則則相与謀為可以用処規設益備則尊先惠後不可一少是有隠屏 精舍
而附麗精舍次第以成 者如于具焉宜各小記而邂逅之頃有所不暇也若釣溪
者自隠屏三四里許枕溪之岩多是自在釣漁之磯而曲之第六 者也若楓岩 者
自釣溪二三 里許岩皆楓林被之霜後絢如霞蔚故名而曲之第七 者也下有數
家村桑柘柴荊隱然一畵圖中若琴灘 者灘 聲冷然象琴之響節故名而曲之第
八 者也若文山 者因 舊名而已為第九曲終焉公存也人為地之靈文不在玆乎
且九 者龍德之數也余也知公之少字 實應九二而小山 舊名偶符斯文于是而
不日造物 者未是不具於其間則未信也朱子居間之武夷山則有九曲洞天豈
東南 萬里吾道一気脈自相貫通而然歟若夫壬辰兵戈以來公家受禍 實慘而
山林水石且不免焉則於 國運奈何乎余之知公非故聞風而興 者也然既九原
不可作得觴詠於九曲之清流而 獨學文字為公 發之可以招狹精棄於九曲之
陣迹然且遠焉不能卷歸而界之景臨生歸書于 簷楯之間愴哉

崔昱記

어제밤 비온후에 석류꽃이 다 피였다
부용당반에 수정렴을 것어두고
눌 향한 깊은 시름을 못내 풀어하노라

　　부용당반=련당가, 련못가.
　　수정렴=수정으로 꾸민 발.
　　것어 두고=걸어두고

눌 향한=누구를 생각하는.

　　　　　　　　　〔가곡원류〕

창밖에 워석버석 님이신가 닐어보니
혜란혜경에 락엽은 무슴일고
어즈버 유한한 간장이 다 긋츨가 하노라

　　　워석버석=옷이 스치는 의성어.
　　　혜란혜경=혜초가 난 지름길. 혜초는 란초의 일종.
　　　유한한=원한이 있는.
　　　긋츨가=멎을가.

　　　　　　　　　〔가곡원류〕

은항에 불이 밝고 수로에 향이 진지
부용 깊은 장에 한자 깨여 앉았으니
어떻다. 헌사한 저 경점아 잠 못들어 하노라

　　　은항=은으로 만든 항아리.
　　　수로=짐승을 새긴 화로.
　　　부용 깊은 장=련꽃을 수놓은 깊은 장막.
　　　한자=혼자.
　　　헌사한=야단스러운.
　　　경점=때를 알리는 북 또는 징 소리.

　　　　　　　　　〔가곡원류〕

노래 삼긴 사람 시름도 하도할사
닐러다 못닐러 불러나 프돗든가
진실로 풀릿것이면 나도 불러보리라

　　　하도할사=많기도 하다.
　　　삼긴=만든.
　　　닐러다 못닐러=말로 이르다 못일러서.
　　　프돗든가=풀었던가.

빈천을 팔랴 하고 부귀문에 들어가니
침 없은 흥정을 뉘 몬저 하자 하리
강산과 풍월을 달라하니 그는 그리 못하리

(조찬한)

부귀문=부유하고 귀한 사람들이 사는 집의 문이라는 뜻.
침 없은=간격없는.

(가곡원류)

한송정 달밝은 밤에 경포대에 물결잔제
유신한 백구는 오락가락 하건마는
어떻다 우리의 왕손은 가고 아니 오느니

(홍 장)

한송정=강릉에 있는 정자.
경포대=관동팔경의 하나.
물결잔제=물결이 잔잔할 때.

(가곡원류)

전언은 희지이라 내 말삼 허물마오
문무일체인줄 나도 잠간 아옵거니
두어라 규규무부를 아니 좇고 어이리

전언은=앞서 한 말은.
희지이라=희롱일따름이라.
문무일체인줄=문관과 무관이 한몸 같다는것을.
규규무부=용맹한 무인.
아니 좇고=따르지 않고.

(가곡원류)

북두성 기울어지고 경오점 찾어간다

십주가기는 허랑타 하리로다
두어라 번우한 님이시니 새와 무슴 하리요

(다 복)

경오점＝오전 네시.
십주＝전설에 신선이 산다고 하는 바다속의 열개 나라.
가기＝님과 만나는 때.
번우한＝번거로운.
새와＝질투하여, 샘하여.

(가곡원류)

질가마 좋이 싯고 바희 알래 샘물길어
풋죽 달게 쑤고 절이지히 끄어내니
세상에 이 두 맛이야 남이 알가 하노라

질가마＝흙으로 만든 솥.
좋이＝깨끗이.
알래＝아래.
풋죽＝나물을 넣어서 쑨 죽.
절이지히＝절이김치.

어와 저 백구야 무슴 역사 하느슨다
갈숲으로 바자니며 고기 엿기 하는고야
날 같이 군마음 없이 잠만 들면 어떠리

(김광욱)

역사＝일.
하느슨다＝하는가.
고기엿기＝고기를 엿보는것.
군마음＝딴마음, 허튼 생각.

(가곡원류)

날이 더온쟉가 물 우희 고기 떴다
갈머기 둘씩 셋씩 오락가락하는고야
아희야 낚대는 쥐였노라 탁주병을 실었느냐

  더온쟉가＝더워졌는가.

런잎에 밥 싸두고 반찬을란 장만 말아
청약립은 써 있노라 록사를 가져오냐
어떻다 무심한 백구는 간곳마다 좇는다.

  청락립＝부들 삿갓(부들로 결은 삿갓).
  써 있노라＝쓰고있노라.
  록사의＝도롱이.
  가져오냐＝가지고 오느냐.
  좇는다＝따라오는고.

마름잎에 바람이 나니 봉창이 서늘하다
여름바람 정할소냐 배 가는대로 시겨스라
어즈버 북포남강이 어디 아니 좋으리

  마름잎＝물에 나는 풀잎이름. 마름모로 생긴 열매가 달린다.
  봉창＝배안의 뜸창.
  정할소냐＝방향을 정할수 있으랴.
  북포남강＝뒤개와 앞강.

옷 우희 서리오되 치운줄 모를로다
낚시배 좁다 하나 부세와 어떠하니
두어라 래일도 이리 하고 모릐도 이리 하리라

  부세와＝덧없이 뜬 세상에 비하여.
  모릐도＝모래도.

낚싯줄 걸어두고 봉창에 달을 보자

하마 밤들거냐 자규소릐 맑게 난다
이따감 어약룡문할제 흥이조차 나노매라

    하마=벌써.
    자규 소릐=두견새 우는 소리.
    어약 룡문할제=강우에 고기가 뛰놀 때.
    조차=따라.
    나노매라=나는구나.

취하여 누었다가 여흘 아래 나리려다
락홍이 흘러오니 도원이 가깝도다
어즈버 인세홍진이 엇매나 가려있는고

    여흘=여울.
    엇매나=얼마나.
    나리려다=내리여가졌다.
    락홍=떨어진 복숭아꽃.
    도원=소위 리상적인 세상.
    인세홍진=사람이 사는 이 세상의 부귀영화와 빈천.

궂은 비 멎어가고 시냇물이 맑아온다
동호로 돌아보며 서호로 가쟈스라
어즈버 앞뫼히 물러가고 뒷뫼히 나아오는고야

    가자스라=가자꾸나.
    앞뫼히=앞 산이.
    뒷뫼히=뒤 산이.

머흔 구름 한치 말아 세상을 가리온다
랑과성 염치 말아 진훤을 막는고야
두어라 막히고 가린줄을 나는 좋와하노라

    머흔 구름=험한 구름.
    랑과성=파도치는 물결소리.

염치말아=싫어하지 말아.
진훤=세상의 시끄러움.

흰 이슬 비꼈는듸 맑은 달이 돋아온다
봉황루 묘연하니 청광을 눌을 주리
옥토야 너 찧는 약으란 호객이나 먹이고자

봉황루=누대이름.
묘연하니=아득히 머니.
청광=맑은 빛.
눌을=누구에게.
옥토=소위 달속에 있다는 토끼.
호객이나 먹이고자=세력있는 사람에게 먹이려느냐.

방초도 밟아보며 란지도 뜯어보자
일엽편주에 실은것이 무스것고
갈제는 내뿐일러니 올제는 달이 돋았다

방초=꽃다운 풀.
란지=란초와 지초.
일엽편주=쪽배.

긴 날이 저므는줄 흥에 계워 모로도다
뱃대를 두드리며 수조가를 불러보자
뉘라서 애내성중에 만고심을 알리오

뱃대=배의 돛대.
수조가=곡조의 이름. 그 곡조와 소리는 처량절절하다고 한다.
애내성중=배소리속에.
만고심=언제나 변치 않는 옛날의 정서.

산수간 바희아래 뛰집을 짓노라 하니

-270-

그 모른 남들은 웃는다 한다마는
어리고 향암엣 뜻에는 내분인가 하노라

    산수간=산 불짜기 물이 흐르는곳.
    뛰집=띠로 이은 오막살이.
    그 모론=그 뜻을 모르는.
    향암엣=촌사람의.

보리밥 풋나물을 알맞초 먹은후에
바회끝 물가에 슬카장 노니노라
그나마 여남은 일이야 부룰줄이 있으랴

    슬카장=실컷.
    여남은=나머지 다른.
    부룰줄이=부러워할것이.

내 성정 게어르드니 하늘이 알으실사
인간만사를 한 일도 아니 맡제
다만당 다톨이 없은 강산을 지키라고 하도다

    성정=본래의 성질.
    알으실사=알으시고.
    아니 맡제=아니 맡겼네.
    다만당=다만.
    다톨이=다툴 사람.

나모도 아닌것이 풀도 아닌것이
끝기는 뉘 시키며 속은 어이 븨였는다
저렇고 사시에 푸르니 그를 좋아하노라

    나모도=나무도.
    뉘 시키며=누가 그렇게 하라고 시켰으며
    븨였는다=비였느냐.

상해런가 꿈이런가 백옥경에 올라가니
옥황은 반기시되 군선이 꺼리드라
두어라 오호연월이 내 분일씨 옳도다

  상해런가=생시런가
  백옥경=소위 옥황이 산다는 곳.
  옥황=도교에서 소위 천상세계를 통치한다는 황제.
  군선=여러 신선.
  오호연월=여기서는 자연속에서의 생활을 의미함.
  내 분일씨 옳도다=내 신분에 맞음이 분명하다.

풋잠에 꿈을 꾸워 십이루에 들어가니
옥황은 웃으시되 군선이 꾸짖는다
어즈버 백만억창생을 어늬결에 물으리

  십이루=가상적인 옥황이 산다는곳.
  백만억창생=온 백성들.

하늘아 이졌인제 무슨 술로 기워내며
백옥류 중수할제 엇의 밧치 일워낸고
옥황께 살와보자 하드니 다 못하여 오나다

  이졌인제=이즈러졌을 때.
  백옥루=소위 옥황상제가 산다는 하늘에 있는 다락.
  중수=수리.
  엇의 밧치=여기서는 어느 재간 가진 사람이 밧치는 봉건시기에 일정한
     기술로 벌어먹던 사람.
  살와보자=웃어른에게 물어보자.

슬프나 즐거오나 옳다 하나 오다 하나
내 몸에 해울 일만 닭고닭을뿐이연정
그 밧긔 여남은 일이야 분별할줄 있이랴

  오다 하나=그르다 하나.
  해울 일만=해야 할 일만.

여남은=나머지.
분별할줄 있이랴=분별할수 있으랴.

내 일 망령된줄을 내라 하여 모를소냐
이 마음 어리기도 님 위한탓이로다
아므나 아모리 닐러도 님이 헤여보소서

망령된줄=언행이 주책없는줄.
어리기도=어리석은것도.
아므나=아무개나, 어떤 사람들이.
헤여=짐작하여.

추성진 호루밧긔 울어 녜는 저 시내야
무슴 호리라 주야에 흐르는다
님 향한 내 뜻을 좇아 긋칠뉘를 모르는다

추성진 호루=추성(현재의 경원)은 함경도의 진이름. 호루는 녀진족풍의 다락.
밧긔=밖에.
울어 녜는=울머 흐르는.
무슴 호리라=무엇을 하려고.
긋칠뉘를=그칠줄을.
모르는다=모르느냐.

술도 먹으려니와 덕 없으면 란하느니
춤도 추려니와 례 없으면 잡하느니
아마도 덕 례를 지키면 만수이 무강하리라

덕 없으면=착한 행실이 없으면.
란하느니=문란하느니.
잡하느니=란잡하느니.

앞 내해 안개걷고 뒷 뫼해 해 비췬다

-273-

밤물은 믈러지고 낮물은 밀어온다
강촌에 온갖 괸 꽃이 먼 빛이 더욱 죻왜라

  뒷 뫼해=뒤 산에.
  죻왜라=좋구나.

고은 볕이 쬐였는듸 물결이 기름같다
그물을 주어 두락낚시를 놓을 일가 죻왜라
탁영가에 흥이 나니 고기조차 잊을로다

  그물을 주어=그물을 쳐서.
  두락낚시=주낙.
  탁영가=어부사의 일절.
  잊을로다=잊겠구나.

석양이 비꼈이니 그만 하여 돌아가자
안류정화는 구븨구븨 새로왜라
진실로 삼공을 브룰소냐 만사를 잊어있노라

  안류정화=물가의 버들과 꽃들.
  삼공=세 정승(령의정, 좌의정, 우의정).
  브룰소냐=부러워할소냐.

래일 또 없으랴 봄밤이 몃츳새리
낚시로 막대 삼고 시비를 찾아보자
아마도 어부의 생애는 이렁구러 지내노라

  몃츳새리=얼마나 있다가 새리.
  시비=나무가지로 엮은 사립문.
  생애=한생.
  이렁구러=이럭저럭.

만류록음 어린곳에 일편태기 반가왜라

다리에 다닸거든 어인쟁도 허물말라
가다가 학발로옹 만나거든 퇴택양거 효칙하자

    만류목음＝많고많은 버들의 우거진 묶음.
    어린곳＝어리여있 는곳.
    일편태기＝물가의 이끼같이 되여 낚시질하기 좋게 된 돌.
    어인쟁도＝다리를 먼저 건느겠다고 어부들이 서로 앞을 다투는것.
    학발로옹＝머리가 흰 로인.
    퇴택양거＝여기서는 로인을 존경하자는 뜻에 인용되고있다.
    효칙하자＝모범받자. 본받자.

석양이 좋다마는 황혼이 가깝도다
바회우에 굽은 길 솔 아래로 비껴있다
벽수에 빛 고온 피꼬리는 곳곳이서 노래로다

    바회＝바위.
    벽수＝푸른 나무.

모래 우희 그물 널고 뛰밑에 누어쉬자
모괴를 뮙다 하랴 창승이 어떠하니
진실로 다만 한 근심은 상대부 행혀 들을세라

    뛰밑＝띄로 만든 막밑.
    창승＝파리.
    상대부 행혀 들을세라＝굼지나 말았으면 하는 뜻.
    옛날 《조순》이란사람이 뽕나무아래서 눈이 어두워진 주린 사람에게
    밥을 먹였다. 뒤에 이 사람에게 벼슬을 주니 기어이 마다하기에 그
    까닭을 물으니 나는 뽕나무아래 주린 사람이라 하고는 그 이름을 이
    르지 않았다고 하는 고사를 인용하였음.

밤사이 풍랑 일줄을 미리 어이 짐작하리
야도횡주를 뉘라서 일렀는고
어즈버 간변유초는 진실로 보기 좋왜라

야도횡주=나루터에는 배만 홀로 메여있다는 뜻.
간변유초=물가의 그윽한 풀.

와실을 바라보니 백운이 둘러있다.
부들부체 가르쥐고 석경으로 올라가쟈
누구서 어옹의 하는 일이 한가하다 하드니

　와실=달팽이속같이 작은 집.
　부들부체=부들(자리 같은것을 만드는 수초)로 만든 부채.
　가르쥐고=엇비슷이 쥐고.
　석경=돌이 많은 좁은 길.
　누구서=누구가.
　어옹=고기잡는 늙은이

물외에 좋은 일이 어부생애 아니려냐
어옹을 웃지 말아　그림에도 그렸더라
사시에 흥인즉 한가지나 추강흥이 좋왜라

　물외=세상밖. 여기서는 통치배들에게 몰려난 인물들이 숨어 생활하는, 현실
　　을 떠난 산수 또한 강호를 말함.
　추강흥=가을 강의 흥취.

기러기 떴는 밧긔 못보든 뫼 뵈는고야
낚시도 하려니와 취한것이 흥이로다
뉘라서 금수천산에 석양빛을 내였는고

　금수천산=비단에 수놓은듯 아름다운 뭇산

통발에 뛰노는 고기 몇이나 들었는고
로화에 불을 부쳐 갈희 내여 구워놓고
아희야 질병을 거우르혀 박구기에 쳐다고

　통발=고기잡는 도구. 가는 대쪼각이나 싸리 같은것으로 아가리는 좁고
　　배는 부르게 만든다.

로화=갈꽃.
갈회 내여=끌라내여.
질병=흙으로 구운 병. 여기서는 술병.
거우르혀=기울여.
박구기=무기로 쓰는 작은 바가지.
처다고=따라다고.

녚바람 고이 부니 달은 돛게 돌아왔다
명색은 나아오되 청흥이 멀어있다
어인지 록수청강이 슬믜지도 아네롸

녚바람=배돛에 옆으로 채는 바람.
달은 돛게 돌아왔다=달은 돛목으로 돌아왔다.
명색=저녁빛.
청흥=맑은 흥취.
멀어있다=깊다. 아직 다하기에는 멀다.
슬믜지도 아네롸=싫거나 밉지 않고나.

건곤이 제금인가 이따히 어드매오
서풍진 못 및으니 부체하여 무슴 하리
우리는 들은 말 없으니 귀씻음이 없애라

건곤=천지. 우주.
제금=제가끔.
서풍진=서쪽에서 불어오는 속세의 티끌.
부체=부채. 중세기에는 얼굴을 가리고 먼지를 막는데도 사용하였음.

구름이 걷은후에 해빛이 두껍거다
천지폐색하되 바다혼 의구하다
가없고 가없은 물결이 깊였는듯하여라

천지폐색하되=겨울이 되여 천지가 모두 얼어붙어 닫히고 막힌듯하되.
의구하다=예와 같다.

주대도 다스리고 뱃밥을 밭았느냐

소상동정은 그물이 언다한다
아마도 잇때 어조야 이만한듸 있이랴

    주대=낚시의 줄과 대.
    다스리고=정리하고.
    뱃밥=배의 틈사귀를 메꾸는 대의 속겁질 같은것.
    소상동정=소상강, 동정호.
    어조=낚시질.

열은 개 고기들이 먼 소혜 다 갔으니
저근듯 날 좋은제 밧탕에 나가보자
미끼가 미끼 굣다오면 굵은 고기 문다네

    개=강이나 내에 조수가 드나드는 벌. 여기서는 강.
    먼 소혜=먼데 있는 소에.
    저근듯=잠간.
    밧탕=바다.
    미끼 굣다오면=미끼가 좋으면.

간밤의 눈 갠후에 경물이 달랐고야
앞에는 천경류리 돌아보니 만첩옥산
선계인가 불계인가 하여 흥을 계워하노라

    경물=경치, 풍경.
    달랐고야=달라졌고나.
    천경류리=일천이랑의 유리라는 뜻. 여기서는 햇빛에 비치는 언 바다를
        두고 이름.
    만첩옥산=겹겹이 둘러싸인 옥산. 옥산은 눈으로 뒤덮인 산경치를 이름.
    선계=소위 신선들이 사는 세계.
    불계=소위 부처들이 산다는 극락세계.

그물 낚시 잊어두고 뱃대를 두드린다
앞내를 건너봇야 몇번이나 헤여본고
어듸셔 무단한 된바람이 행여 아니 불어올가

뱃대=배의 돛대.
건너봇야=건너보겠다 하고.
혜여본고=생각하여 보았던가.
무단한=까닭없는. 여기서는 뜻하지 않은.

단애와 취벽들이 화병같이 둘렀이니
거구세린을 낚으나 못낚으나
만경파고주사립에 흥을 계워 앉았노라

단애와 취벽=낭떠러지와 절벽.
화병=그림병풍.
거구세린=큰 입과 가는 비늘이란 뜻으로 농어를 말함.
만경파고주사립에=망망한 바다우 외로운 배에 도롱이와 사립을 쓰고.

어화 저물어간다 언식이 마땅토다.
가는 눈뿌린 길해 흥치며 돌아와서
서봉에 달 넘어가도록 죽창에 비껴있노라

언식=누워서 쉬는것.
눈뿌린 길해=눈내린 길을.
흥치며=흥겹게.
서봉=서쪽 산봉우리.
죽창=대살을 댄 창.

수국에 가을이 드니 고기마다 살져있다
만경창파에 슬카장 노닐면서
어즐한 인세를 돌아보니 머도록 더욱 조쾌라

수국=물고장.
가을=가을.
어즐한 인세=어지러운 인간세상.

이 어부가 52장(《청구영언》편에 실려있는것은 생략 —편자주)은 산림에
숨어살고 강호에 묻혀살며 공명을 헌 신짝처럼 버리고 부귀를 뜬구름과 같

이 여기는 노래다. 생각컨대 어부는 그 마음에서 락을 찾으며 노래부르는
사람은 세상밖에서 즐기는 그 뜻을 찬미한다.
　　그리하여 이 늙은이의 창법은 때를 벗어 맑고 아름다우니 내가 이것을
보건대 오르기 어려운 높은 봉우리와 같이 우뚝하다.
　　내 평생에 성정이 가곡을 즐기매 감히 몇줄을 적어 자취를 남긴다.

　　　　　때는 계미(1763)년 살구꽃 필 일흔넷에 난 로가재 김수장은 쓰다.

　　　　右漁父歌五十二章者　隱遯山林　藏踪江湖　功名歸於弊履　富貴棄於
浮雲　蓋漁者漁其心性之至善　歌者歌其物外之樂志　然此翁歌法　脫垢淸
高吾觀此　則難登萬丈之峰　吾平生性好歌曲　故敢撗数行而蹤焉
　　　　歲 癸未 杏花節 七四翁 老歌斋 金壽長書

　　　　내 아직 머리도 채 마르기전에 벌써 시짓기를 좋아하여 외람하게도 명
로의 사랑을 받게 되니 명로가 나를 불러 경정산이라 하더라. 경정산이라
한것은 생각컨대 서로 마주 보아서 싫어지지 않는다는 뜻이다. 내가 그의
지도와 방조를 받아 글쓰는데 힘을 다하였으나 병이 있어 전력하지 못하던
중 일찍 무신(1788)년에 병으로 문을 닫고 들어누웠는데 하루는 동명이
문병오고 임휴와가 뒤에 오고 김백곡 득신도 뒤이어 오니 다 약속지 않고
모였더라.
　　내가 적은 술상을 차리고 서너명의 기녀를 불러 즐길 때 술이 거나해
지자 명장이 흥이 나서 잔을 들며 말하기를
　　《대장부 세상에 나서 젊은 시절이 번개같이 지나니 오늘의 한번 즐김
이 수만섬의 록봉과 맞먹는다》라고 하였다.
　　휴와가 한 절구 읊기를《봄기운 한매(겨울에 피는 매화)에 움직이니 랍
주(섣달에 걸러서 설에 마시는 술)가 진하고 득신과 동명이 한자리에 만나
기 어려웨라. 술단지앞에 거문고가 있고 겸하여 맑은 노래 있으니 취하여 종
남산의 눈내린 봉우리를 마주보도다.》 하고 마치자 동명에게
　　《약한자가 먼저 하였으니 원컨대 그대는 그 천근들이 솥을 드는 장한
힘으로 술잔이나 대야를 드는 격이지만 화운 하나 하시오.》라고 일렀다. 동
명이 말하기를
　　《란정에서 글을 짓고싶은 사람은 글을 짓고 술을 마시고싶은 사람은
술을 마시였으니 오늘의 즐거움도 노래할 사람은 노래하고 춤출 사람은 춤
출수 있을것이다. 나는 노래를 부르겠다.》 하고 단가를 지어 손을 저으면서

크게 노래부르기를 《남은 흥이 다하지 않으매 상을 치고 노래부르니 부드러운 얼굴에 가벼운 웃음 떠도네. 흰머리 붉은 얼굴 짐짓 주중선이로다.》 하였다.

휴와가 나에게 화운하게 하니 나는 자신의 졸렬함을 잊고 덩달아 본을 따서

《맑은 밤 술단지를 여니 호박주가 진하도다. 문장 세 로인이 한시에 모였으니 마음대로 써갈기는 붓끝아래 천균의 힘이 있어 가히 천태산 만장봉을 넘어뜨리리로다.》

하니 여러 사람이 잘되였다고 칭찬하더라. 홍만주 석기가 늦게야 와서 거퍼 석잔을 마시고 백곡을 데리고 일어나 우쭐거리며 춤을 추고 동명은 나를 돌아보며

《인생 백년에 이 즐거움이 어떠하오. 나는 옛사람을 보지 못한것을 한하지 않고 옛사람이 나를 못본것을 한탄하오. 그대는 이것을 써서 이 모임을 길이 전하시오.》 하더라.

드디여 여기에 써 선배의 뜻있는 말을 보게 한다.

　　　　　　　풍산 후인 현묵자 홍우해는 쓰다.

余髮未燥 已嗜詩 猥爲溟老所奬愛 嘗呼余爲敬亭山 蓋謂相看 不厭之意也 余荷其誘掖 開導之勤 致力於觚翰間而病不能事 會於戊申間 抱疴杜門一日東溟未問 任休寓有後 金栢谷得臣 亦繼至 皆不期也 余於是設小酌 致数三女樂 以娛之 酒半 溟又乘興舉酌曰丈夫生世 韶華如雷 今朝一懽 可敵萬鍾休写即吟一絶 曰 春動寒梅朧酒濃 柏翁溟老兩難逢 縛前錦瑟兼清唱 醉対終南雪後峰 題畢屬東溟 曰弱者先手 願君以扛鼎力 試於奉匜沃盥也 東溟曰 蘭亭之賦 者賦 飲者飲 今日之樂 亦可以 歌者歌 舞者舞 吾請歌之 乃作短歌揮手大唱 曰余興未了 又拍案而唱 乃破顏微笑 素髮朱顏 眞酒中仙也 休窩俾余和韻 余忘拙效嚬 曰清夜開縛 琥珀濃 文章三老一時逢 從横筆下千釣力可倒天台 萬丈峰 諸公皆称善 洪晩洲錫箕後至 連倒三盃 携起柏谷 蹲蹲而舞 東溟顧余曰 人生百年 此樂何如不恨我不見古人恨古人之不見我也 君其志之 庶使此会傳之不朽 遂並疏于左以 観夫先輩寓意 遺辞之處乎

　　　豊山後人玄黙子 洪 宇海 識.

어조 대봉화(漁釣台奉和)
효종(孝宗)

천보산 나린 물은 금푹촌에 흘려두고
옥류당 지은 뜻을 아는다 모로는다
진실로 이 뜻을 알면 날인 줄을 알리라

(가곡원류)

우리 몸 갈라 난들 두 몸이라 아지 마소
분형련기하니 이 이론 형제니라
형제야 이 뜻을 알아 자우자공 하쟈스라

분형련기하니=형체는 나누고 기운은 련결되였으니.
이론=이것이 이른바.
자우자공 하쟈스라=스스로 우애하고 공경하자구나.

(가곡원류)

내가 하루는 왕손인 랑원공을 최락당에서 뵈오니 공이 《영언》이라는 한 소책자를 주며
《이것은 내가 평소에 가정에서 일을 보살피는 여가에 나의 회포와 감흥을 서술하여 수록한것이다. 그대는 나를 위하여 평하여달라.》고 하였다.
내가 삼가 받아가지고 물러나와 재삼 읽고 불러본즉 대체로 화려한 놀이판의 시체를 따른 방탕하고 비루하며 촌스런것이 전혀 없고 산수간에 자유로이 노닐면서 노래를 지은것이 류달리 많다. 또한 나라를 사랑하고 그 은혜를 갚기 위한 소원과 몸가짐을 삼가하고 자기를 경계하는 뜻을 나타낸것이 무려 수십여결이나 된다.
나는 본시 노래를 평할 능력이 없다보니 그 음조와 절강이 격에 들어맞는지 안맞는지는 원체 잘 알수 없다.
그러나 랑원공이 산수간에서 지은 노래를 시험삼아 평한다면 참으로 뜻이 그윽하고 호방하여 후령과 회남을 생각케 하는데가 있다. 심지어 성은을 감축하고 이에 보답하려는 노래에는 충성과 경모의 정성이 또한 말에 가득

히 서리여있고 소위 자기를 경계하는 말도 또한 엄정하고 절실하여 름름
하기가 도를 이룬 사람과 같다. 요약해서 말한다면 공의 작품은 노래 부를만
하며 후세에 전함직하다.

　　대체로 노래라는것은 시의 부류에 속한다. 그러므로 옛날에는 거리의
풍요와 농부의 민요도 진시(시로써 민풍을 관찰하는것)의 계렬에 들어갈
수 있었으며 간혹 관현악기에 울려지기도 하여 시골마을이나 나라에서 불려
져서 사람들을 감동시키고 일며세우는 수단으로 되였다. 노래는 없애지 못
한다는것이 명백하다. 아 공은 왕족으로서 임금이 웃어른으로 대접하고 지
위와 대우가 매우 높으며 자손들도 번창하여 금띄, 물소뿔띄와 초옥관자가
집에 가득하여 그 복록의 성함이 한나라의 만석군에 비길만하다.
그러나 공은 더욱 조심하고 삼가하기에 노력한다. 검박한 옷차림에 우아한
행동을 몸소 취하고 정직한 성품으로부터 또 이처럼 말(노래)이 우러나오니
그것이야말로 귀중한것이다. 어찌 한갖 거리와 농촌의 민요와 같겠는가.

　　하지만 우리 나라에 민요를 채집하는 일이 없었으므로 이 노래집이 룡
작속에 수장됨을 면할수 없은것이 아깝도다. 그러나 세상사람들이 이 노래
집을 얻어읽고 영탄하여마지않을 때 영리와 속된것에 구속된 마음이 어찌
풀어지지 않겠는가. (중략) 공이여. 이 노래집을 감추어두고 아끼지 말라.

　　　　정축(1697)년 늦은봄 조카 연안 리하조는 삼가 쓰다.

余一日　謁王孫朗原公於最楽堂中　公授一小册子　名曰永言者　曰此
吾平日家居行役之余　叙懷而寄興　私自収録　者子其為我評焉　余謹
受而退三　復而諷誦　概絶無芬華塲　流蕩鄙俚之作而　其得於跌宕
山水之間者　為獨多　且愛君圖報之願与利身自誓之意　輒於是而 發
之　凡数十有余闋也　余素不能為此　其音調節腔之尽合於格与否　固
不可知也　而試既其得於山水之間　者言之　實幽遠閒放　有猴嶺准南
之遺思至於感祝図報之詠則忠愛之誠又藹然漢於辞表而　所謂自警
之語　亦嚴正窃實潯　若有道者　言要之　皆可歌而傳也　夫歌者　詩
之類也　是以古者　里巷風謡　如田畯野夫之詞　亦得徹於陳詩之列　或
被以管弦　用之郷黨邦國而　為感發興起之資焉　其不可廢也　亦審矣
嗟乎　公以天潢貴介　主上方待以尊屬　位遇甚隆　子侄繁昌　金犀貂玉
輝暎於階庭　其福履之盛世　蓋比之於漢萬石君然公又小心　畏愼孜
孜焉躬布素　儒雅之行而　言之出於　情性之正者又如此　其可貴重也
豈止如里巷田畯野夫之詞而　　惜哉我朝無採謡之挙　不免為巾箱
之蔵也雖然使世之人　得此巻而讀之　詠嘆滛液之餘　其栄利塵気之

累 豈不可謬乎 而愛君勅身之念 亦必有不能已者矣 公其勿秘惜之
也.

丁丑 暮春 姪延安李賀朝 謹書.

서호 눈진 밤에 달빛이 낮같은제
학창을 남이혀고 강고로 나려가니
봉해에 우의선인을 마조 본듯 하여라

     학창=검은 선을 두른 은사가 입는 웃옷.
     남이혀고=앞에 두르고.
     강고=강뚝.
     봉해=소위 신선이 산다는 바다.
     우의선인=깃옷을 입은 신선.

                           (가곡원류)

공정에 리퇴하고 할일이 아조 없어
편주에 술을 싣고 시중대 찾아가니
로화에 수많은 갈메기는 제 벗인가 하더라

                           (김성신)

     공정=관청뜰.
     리퇴=공사에서 퇴근하는것.
     편주=쪽배.
     시중대=대이름.
     로화=갈꽃.

                           (가곡원류)

전산 작야우에 가득한 추기로다
두화전 관솔불에 밤호 핏빛이로다
아희야 뒷내 통바리에 고기 흘러날세라

전산 작야우=앞산에 내린 어제밤의 비.
　　추기=가을기운.
　　두화전=콩밭.
　　밤호뮛빛=밤에 호미가 번뜩이면서 내는 빛

(가곡원류)

간사한 박파주야 죽으롸 설워말아
삼백년 강상을 네 한자 붓들거다
우리의 성군불원복이 네 죽긴가 하노라

　　간사=왕의 옳지 못한 일을 충고하다 죽는것.
　　박파주=박태보 리조 숙종이 왕비 인현왕후를 　내칠 때 그 부당함을 주장하
　　　　　숙종의 노여움을 사 죽었다.
　　죽으롸=죽었다 하여.
　　삼백년 강상=리씨조선 창건으로부터 숙종까지의 3백년동안의 례의도덕의 규범
　　　　들.
　　네 한자=네 혼자.
　　붓들거다=붙들겠느냐.
　　성군불원복=숙종이 얼마 아니하여 다시 인현왕후를 맞아들임을 말함.
　　죽긴가=죽였는가.

알았노라 알았노라 나는 발써 알았노라
인정은 토각이요 세사는 우모이로다
어디서 망령엣것은 오라말아하느니

　　토각=토각구모라 하여 토끼에 뿔이 없고 거북이에 털이 없는것처럼 없다는 뜻.
　　세사는 우모이로다=세상일은 소털같이 많다는 뜻.

(가곡원류)

세차고 크나큰 말께 이내 　시름 등재제 실어
주천바다헤 풍 들잇쳐 둥둥두고라자
진실로 그러끗 할 양이면 자연사가 지리라

　　등재제 실어=등에 가득히 실어.
　　주천 바다헤=술이 솟아나 고인 바다에

두고라자=두고싶다.
　　그러곳=그렇게.
　　할 양이면=할것 같으면.
　　자연 사가 지리라=제절로 죽으리라

　이 곡(이 시조는 《청구영언》편에 실려있음-편자주)은 어떻게 해서 지어진것인가. 옛날 신해(1611)년 봄에 증조고 한음 상국이 박만호 인로를 시켜 회포를 털어놓게 한 곡이다. 세대가 이미 멀리 지난데다가 이 곡이 세상에 전해지지 않으므로 후세에 영영 없어지지나 않을가 두렵게 생각해서 마음속으로 저으기 한탄한적이 오래다.
　불초손 윤문이 이해 경오(1750)년 봄에 영천군수로 임명되였다. 인로는 바로 이고장의 사람이므로 이 곡이 아직까지 전해지고있으며 그 손자도 살아있다. 공사의 여가를 타서 달뜨는 저녁에 그 손자 진선으로 하여금 노래를 부르게 하고 들으니 마치 후생이 통진의 산천에서 지팽이 짚고 메투리를 신은 상국을 모시듯하여 슬픈 생각이 더욱 북받치고 감격의 눈물이 절로 난다. 그리고 장가 3곡과 단가 4장을 판각공에게 넘겨주어 널리 전하려고 한다.

　　　　　때는 이해 경오(1750)년 3월 3일이다.

此曲 何為而作也 昔在辛亥春 曾祖考漢陰相國 使朴萬戶仁老 述懷之曲也 世代既遠 此曲無傳 恐其泯滅於後 竊嘗慨然於心 者稔矣 不肖孫允文 是歲庚午春 除永川郡守 仁老茲土人也 其曲尚今流傳 其孫亦且生存 公余月夕 以其孫進善命歌而聽之 怳若後生 叨陪杖履於龍津山水之間 愴懷益激 感淚自零並與長歌三曲 短歌四章 而付諸剞劂氏以図廣傳焉.

　　　　　時是年三月三日也

　나는 일찌기 주공 도원이 지은 새로운 노래 한두결을 얻어보고 그 전부를 구하지 못한것을 한으로 여겼다.
　변군 문성 화숙이 나를 생각하여 그 전편을 구하여주니 내가 재삼 그 전편을 두루 읽어보매 그 말이 정대하며 그 뜻이 미묘완곡해서 모두 사람이 타고난 성품과 감정을 표현하고있어 실로 시편의 운을 계승하고있으며 옛사람이 말한 백성들의 풍습과 습관을 볼수 있는 노래를 모았더라. 이 또한 시를 모아서 민풍을 알아보는 진시의 렬에 들어 그 역할을 노는것이 명백하다.
아, 공은 비단 진시에만 능하였을뿐아니라 몸가짐이 공손하고 검박하며 마음씨가 담박 겸손하여 군자의 기풍이 있다.

　　　　　　남파 김천택이 쓴다.

余嘗得見 朱公道源所製 新飜一二関 惟恨未得其全調也 卞君文星和
叔為我 得全篇以眎之 余三復遍閲 其辭正大 其旨微婉 皆發乎性
情而 實有雅之遺韻使古之觀民風者採之 其亦得 徹於陳詩之列 明
矣 噫公非徒能於此也 特身恭俟處心恬白 逡逡有君子之風而焉.

　　　　　　南坡 金天沢書

부모가 좌지하시니 속막대언이옵거니
달지류혈인들 질원을 차마 하랴
생아코 국아한 온덕을 못내 갚아하노라

　　　　　　（허　강）

　　좌지=생존해 계시는것.
　　속막대언=조상의 피줄을 잇는것보다 더 큰것이 없다는것.
　　달지류혈=종아리를 때려 피가 나는것.
　　질원=미워 원망함.
　　생아코 국아한=나를 낳고 키우신.

불충불효하고 죄대한 이내몸이
구구히 살아있어 해올 일없거니와
그러나 태평성대에 늙기 설워하노라

　　죄대=죄가 큰것.
　　구구히=구태여, 구차하게.

김군 대재는 명창으로 이름이 높다. 　내가　병신(1716)년에　한번
그를 찾아가 상자에서 가보 1편을 찾아 펼쳐보니 그가 창작한 새

로운 노래였다. 그는 나더러 이것을 고쳐달라고 하였다. 내가 그 가보를 보니 정경들을 속속들이 다 이야기하였고 모두 음률에 맞아 참으로 악부의 절조였다. 나의 무딘 재주로써 어찌 감히 군혹을 덧붙일수 있겠는가. 서로 문답하고 돌아왔는데 눈 깜작할 사이에 벌써 김군은 저세상 사람이 되였다. 조자건의 애쓴 느낌이 이에 이르러 더욱 심하다. 나는 이에 김군의 유곡을 대략 얻어서 세상에 전하면서 그의 이름과 함께 이것이 영원히 전해지기를 바란다.

남파 김천택은 쓰다.

※김유기(자는 대재)의 시조들은 《청구영언》편에 실려있음 —편자주

金君大哉 以善歌名 余於丙申一造其門叩其医得--篇 開卷而閲之 乃自家所為新飜也 仍要余訂正 余觀其詞 説尽情境 諧合音律信乎 其樂府之絶調也 以余不才 奚 容賛焉 遂相與問答而歸 轉瞬之頃 已成陳迹 曹子建存役之感 至是極矣 余於是括得其遺曲 以傳于世 要余其名同傳不朽也.

南坡 金天澤書

진애에 묻힌 분네 이내 말들어보소
부귀공명이 좋다고 하려니와
말없은 풍월강산이야 긔 좋은가 하노라

진애=속세의 티끌.
좋다도=좋다고도.
풍월강산=바람불고 달 뜨는 강산 즉 자연경치.

내 일찌기 노래를 모으는 굳어진 버릇이 있어 리조이래로 이름이 높은 재상과 거리의 천한 사람들의 작품을 수집하여 책으로 꾸몄다. 다만 어은 김성기의 가보는 왕왕 세상에 전송되였으나 그 전부를 아는 사람이 적으므로 널리 구하였으나 얻지 못하여 항상 마음에 맺혀있었다.
요즈음 서호에서 김군 중려를 만나니 김군은 어은(성기)의 평생의 옛 친구다. 내가 말하기를

《그대는 일찍 어은과 함께 놀았고 또 사귄지가 오래니 이른바 〈영언〉
이라고 하는것을 많이 써서 보관하였으리라고 생각되는데 나에게 보여줄수
없는가.》 하였다. 그가 말하기를

《내가 어은과 같이 강호에서 산지 무릇 10수년이나 되니 그가 평소에
품고있던 회포를 흥에 담아 펴놓은것을 많이 써서 보관하였다. 그중에는 깊
이 사람을 감동시킬만한 작품이 있다. 그러나 귀먹은 속인(중려자기를 가리
킴)이 그것을 아지 못하는 고로 롱속에 넣어두고 이에 관심있는 사람을 기
다린지 오래도다. 그대의 말씀이 이와 같으니 이 노래들이 세상에 소개되
여 퍼질것인가.》 하였다.

드디여 그 전편을 가지고 돌아와 재삼 불러보매 그가 산수간에 놀면서
느낀 질탕한 흥취가 가사에 스스로 나타나서 바람에 불려 이 세상밖으로
두둥실 떠날아가는것 같다. 참으로 어은은 천지사이를 소요하는 한가한 사
람이였다.

무릇 음률에는 묘하지 않는것이 없었고 성정이 강산을 좋아하여 서호강
우에 집을 짓고 호를 어은이라 하였다. 꽃피는 아침과 달뜨는 저녁이면 간
혹 거문고를 어루만지고 버들방축에 앉아 퉁소를 불어 잔물결을 희롱하고
갈매기와 벗이 되여 세상의 시름을 다 잊고, 뛰노는 고기를 구경하여 스스
로 세상의 모든 구속에서 자기를 벗어나게 하는것을 락으로 알았다. 이것이
야말로 내키는대로 즐긴다는것이니 바로 그렇게 한것으로 하여 가곡을 잘한
사람이더라.

남파 김천택이 쓴다.

余嘗癖於歌 裒集國朝以來 名公鉅卿委巷賤流之作 略成編帙矣 獨
漁隱金聖器之譜 往往傳誦於世而 知其全譜者解 故廣求而 莫以得
心常恨焉 乃者遇西湖金君重呂 金君即漁隱平生故人也 余曰子嘗与
漁隱 從遊且久 其所為永言 想多 記藏者為我 晰諸曰 吾与漁隱
同佳江湖 蓋十數年 其平日之叙懷寓興者 多有記藏而 其中有足以
油然感人者 聾俗不知 故藏諸巾篋以待好事者久矣 子言如是玆曲
自以其將行于世乎 逐歸其全篇三 復諷咏 其得於跌宕山水趣者 自
見於辭語之表 飄飄然有遐擧物外之意矣 蓋漁隱逍遙天地間一閒人
也 凡於音律 莫不妙 悟性好江山 搆屋于西湖之上 號漁隱 花朝月
夕 或拊琴 坐柳磯吹簫弄烟波 狎鷗而忘機 觀魚而知樂以自 放於
形骸之外 此其所以自適 其適而善鳴於歌曲者歟.

南坡 金天沢書

샛별 지고 종달이 떴다 사립 닫고소 먹여라
마히 매양이랴 장기 연장 다스려라
쉬다가 개는 날 보와 사래 긴 밭갈리라
             (리 재)

　　마히＝장마가.
　　매양이랴＝늘 지겠느냐.

대동강 달 밝은 밤에 **벽한사**를 띄워두고
런광정 취 한 술이 부벽루에다 깨것다
아마도 관서가려는 예뿐인가 하노라
             (윤 유)

　　벽한사＝소위 은하수를 건넸다는 떼.
　　관서가려＝관서(평안남북도)지방의 아름다운 **풍경**.

             (가곡원류)

청류벽에 배를 매고 백은탄 그물 걸어
자 남은 고기를 눈살 같이 회쳐놓고
아희야 잔 자로 부어라 무진토록 먹으리라

　　자 남은＝한자 남짓한.
　　자로＝자주.

청려장 흩던지며 합강정에 올라가니
동천명월에 물소리뿐이로다
어디서 생학선인은 날 못찾어 하느니

　　청려장＝명아주로 만든 지팽이.
　　동천명월＝물짜기에 비친 밝은 달.
　　생학선인＝학을 타고 생(악기)을 부는 선인.

             (가곡원류)

성진에 밤이 깊고 대해에 물결칠제
객점고등에 고향이 천리로다
이제는 마천령 넘었이니 생각한들 어이리

　　객점고등＝려관의 외로운 등불.

기러기 다 날아가고 서리는 몇번온고
추야도 김도 길사 객수도 하도 하다
밤중만 만정명월이 고향인듯하여라

　　김도 길사＝길기도 길구나.
　　하도 하다,＝많기도 많다.

　　　　　　　（가곡원류 소명리）

이 4수는 사설의 뜻이 선명하고 눈이 넓게 열려 지극히 귀중한 작품이다. 그러나 그 전편을 얻지 못한것이 애석하다.

　　　　　　　로가재 김수장은 쓴다.

右此四章 辭意鮮明 眼開闊然 極可貴也 而未得其全篇 歌惜.

老歌齋金壽長書

광풍에 떨린 리화 오며가며 날리다가
가지에 못오르고 거미줄에 걸리거다
저 거미 락화인줄 모르고 나비 잡듯할련다

　　　　　　　（리정보）

　　광풍＝몹시 어지럽게 부는 바람.
　　떨린＝떨리운, 떨어진.
　　걸리거다＝걸리도다.

　　　　　　　（가곡원류）

-291-

동풍어제비에 행화다 퓌거다
만원홍록이 금수가 일웠에라
두어라 산가부귀를 사람알가 하노라

  만원홍록=온 후원의 꽃과 잎.
  금수=비단에 수놓은것.
  산가부귀=두메집의 부귀.

        (가곡원류)

강호에 노는 고기 즐긴다 부워말아
어부 돌아간후 엿는이 백로이로다
종일을 뜨락잠기락 한가할 때 없드라

  부워말아=부러워말라.
  엿는이=잡으려고 엿보는것이.

        (가곡원류)

건곤이 유의하여 남아를 내였더니
세월은 무정하여 이 몸이 늙었에라
공명이 재천하니 설워 무삼 하리요

  건곤=천지우주.
  유의하여=생각이 있어.
  공명이 재천하니=공을 세우고 이름이 날려짐이 하늘에 매였으니.

        (가곡원류 리정보)

가을밤 밝은 달에 반만 퓌온 련꽃인듯
동풍세우에 조오는 해당화인듯
아마도 절대화용은 너뿐인가 하노라

조오는=조는.
절대화용=가장 아름다운 얼굴.

(가곡원류)

어화 네여이고 반갑고도 놀라왜라
운우양대에 무산선녀 다시 본듯
아마도 상사일념이 병이 될가 하노라

네여이고=네로구나. (작자가 꿈에 님을 보고 지은것임).
운우양대=전설에 선녀가 산다고 하는 무산의 양대.
무산선녀=어느 왕의 꿈에 나타난 무산의 선녀로 아침에는 구름이 되고
저녁에는 비가 되여 내렸다고 전한다.
상사일념=사모하는 한마음.

귀거래 귀거래한들 물러간 이 긔 누고며
공명이 부운인줄 사람마다 알것마는
세상에 꿈깬이 없으니 그를 설워하노라

귀거래=벼슬을 내여놓고 고향에 돌아가리라.
공명=공훈과 명성.
부운인줄=뜬 구름같이 덧없는줄.

(가곡원류)

평생에 원하기를 이 몸이 우화하여
청천에 솟아올라 저 구름을 헷치고저
이후는 광명일월을 갈리기게 말리라

우화하여=나래가 돋혀 신선이 되여.
갈리기게=가리우게.

아마도 모를 일은 조화옹의 일이로다

바다밖은 하늘이요 하늘우혼 무엇인고
누구서 천상도 인간같다 하니 그러한가 하노라

    조화옹=소위 천지만물을 만들었다는 조물주.
    천상=하늘우에 있는 세게.
    인간=인간세상.

봄은 어떠하야 초목이 다 즐기고
가을은 어떠하여 초쇠해 목락인고
송죽은 사시장청하니 그를 불어 하노라

    초쇠해 목락인고=풀은 마르고 나무잎은 떨어지는가.
    송죽은 사시장청=소나무와 대나무는 사시절 늘 푸르다.

늙게야 만난 님을 덧없이 여의건저
소식이 끄쳤인들 꿈에나 아니 뵈랴
님이야 날 생각하랴마는 나는 못잊을가 하노라

    여의건저=리별하였는가.

                  (가곡원류)

소경이 야밤중에 두눈 먼 말을 타고
대천을 건너다가 빠지거다 저 소경아
아이에 건너지 마던들 빠질줄이 있이랴

    대천=큰 내.

                  (가곡원류)

검은것은 가마괴요 희것은 해오라비

쉰것은 매당이요 짠것은 소곰이라
물성이 다 각각 다르니 물각부물하리라

　　　매당=매화열매.
　　　물성=물건의 성질.
　　　물각부물=물건은 각각 자기 성질에 따라 다른 물건과 결합됨을 말함.

　　　　　　　　　（가곡원류 리정보）

가을타작 다한후에 동내모아 강신할제
김풍헌의 메덧시에 박권농의 되롱춤이로다
좌상에 리존위는 탱장대소하더라

　　　강신=봉건시기 음력 시월께 동리에서 서로 지켜야 할 약속들인 동헌을 강론
　　　　　하던것.
　　　메덧시=농부가의 하나.
　　　되롱춤=도롱이를 걸치고 추는 춤.
　　　존위=봉건시기 지방자치기관의 우두머리.
　　　탱장대소=손벽을 치며 크게 웃는것.

　　　　　　　　　（가곡원류）

누고서 광하천만간을 일시에 지어내여
천하한사를 다 덮자 하돗던고
뜻 두고 이루지 못하니 네오 내오 다르랴

　　　광하천만간=천만간이나 되는 넓더넓은 집.
　　　천하한사=천하의 가난한 선비.
　　　하돗던고=하였던가.

　　　　　　　　　（가곡원류 리정보）

산가에 봄이 오니 자연이 일이 하다
앞내해 살도 매며 울밑에 외씨도 뻐코

래일은 구름 걸거든 약캐라 가리라

일이 하다=일이 많다.
살도 매며=고기잡는 살도 매며.
뼈코=뿌리고.

오동성긘 비에 추풍이 사기하니
가뜩에 실음한듸 실솔성은 무스일고
강호에 소식이 어면지 기러기 알가 하노라

성긘 비=뚝뚝 성글게 지는 비.
사기=갑자기 일어나는것.
실솔성=귀뚜라미 우는 소리.

(가곡원류 리정보)

은한은 높아지고 기러기 우닐적에
하로밤 서릿김에 두귀밀이 다 세거다
경리에 백발쇠용을 혼자 슬허하노라

(리정보)

은한=은하수.
우닐적에=울며 날아갈적에.
서릿김=서리기운.
경리=거울속.
쇠용=쇠한 얼굴.

(가곡원류 리정보)

초야에 묻힌 어른 소식이 어떠한고
려반산채를 먹으나 못먹으나
세상에 우환 뉘 모르니 그를 부러하노라

초야=잡초 우거진 들이라는 뜻으로 벼슬길이 아닌 전원.

려반산채=현미밥에 산나물반찬.
우환뉘=걱정돼는 때.

(가곡원류)

아침 양지볕에 등을 쬐고 앉았이니
우리 님 계신 듸도 이 볕이 쬐듯던가
아마도 옥루고처에 소식 몰라 하노라

옥루고처=훌륭하게 지은 높은 다락.

천산에 눈이 오니 건곤이 일색이로다
백옥경 류리계인들 이에서 더할손가
천수만수에 리화발하니 양춘 본듯하여라

백옥경 류리계=소위 옥황상제가 있다는 가상적인 세계.
리화발하니=배꽃이 피었으니. 여기서는 흰눈이 내린것을 배꽃에 비유하였음.

(가곡원류)

순첨색공 매화소하니 암향이 부동월황혼을
가뜩에 랭담한듸 백설은 무슴일고
아마도 합리춘광을 싀새울가 하노라

순첨색공 매화소하니=처마밑을 돌며 매화꽃이 핀것을 찾으니.
암향이 부동월황혼을=그윽한 향기가 달뜬 황혼에 떠돌도다.
가뜩=가뜩이나.
합리춘광=안뜨락의 봄빛.
싀새울가=시샘 할가.

현순백결의로 소 친 구들 안해
창외풍설을 모르고 누웠이니

두어라 오경대루 화만상을 나는 아니 불웨라

현순백결의=다 해여져 누덕누덕 기운 옷.
소 친 구들=소측을 끓인 온돌방.
창외풍설=창밖의 바람과 눈보라 즉 벼슬길의 험한 일.
오경대루 화만상=벼슬아치가 이른새벽부터 조회를 기다리니 목화우에 서리
가 가득히 앉는다는 벼슬살이.

님그려 얻은 병을 약으로 고칠손가
한숨이야 눈물이야 오매에 맺혔에라
일신이 죽지 못한 전은 못잊을가 하노라

내 집이 깊고깊어 뉘라서 찾을소냐
사벽이 소연하여 일장금뿐이로다
이따감 청풍명월만 오락가락하더라

소연=말끔하고 쓸쓸한것.
일장금=거문고 하나.

(가곡원류)

인심은 낮 같아여 볼소록 다르거늘
세사는 구름이라 머흠도 머흘씨고
무심한 강호백구나 좇니러 놀가 하노라

낮 같아여=대낮과 같이 밝아서.
머흠도 머흘씨고=험하기도 험하구나.
좇니러=좇아가서.

락일은 서산에 져서 동해로 다시 나고
가을에 이운 풀은 봄이면 푸르거늘
어떻다 최귀한 인생은 귀불귀를 하느니

락일=저녁해.
이운=시들은.

최귀=가장 귀한것.
귀불귀를 하느니=가고 아니오는가.

(가곡원류 리정보)

내게 칼이 있어 벽상에 걸렸이니
때때로 우는 소리 무슴 일이 불평한지
두우에 룡광이 뻗쳤이니 사람알가 하노라

두우=북두성과 견우성 사이.
룡광=칼기운.

(가곡원류)

백규에 있는 험을 갈라내면 없으려니
사람의 말허물은 갈라서 없을손가
남용이 이러하므로 삼복백규하도다

백규=책이름.
험=허물, 결함.
갈라내면=갈아없애면.
남용=사람이름.
삼복백규=남용이 말을 삼가하기 위하여 시경의 백규편을 하루 세번씩 읽었
다고 함.

꿈에 님을 보려 벼개 우희 지혔이니
반벽잔등에 앙금도 참도찰사
밤중만 외기러기소리에 잠 못이뤄 하노라

지혔시니=기대여있으니.
반벽잔등=두겁달이에 걸려서 까물거리는 등잔.
앙금=원앙금, 부부가 덮는 이불.
참도찰사=차기도 차고나.

(가곡원류 리정보)

어화 조물이여 고로도 아니할사
제비 쌍쌍 나비 쌍쌍 비취 원앙이 다 쌍쌍이로되
어떻다 에여쁜 내 몸은 독숙고방하느니

  고로도 아니할사=고르롭지도 않구나.
  조물=조물주.
  에여쁜=가엾은.
  독숙고방=외로운 방에 홀로 자는것.

가인이 락매곡을 월하에 비끼 부니
량진이 날리는듯 남은 매화 다 지거다
내게도 천금준마 있이니 바꼬와 볼가 하노라

  가인=미인.
  락매곡=저의 곡명.
  월하에 비끼 부니=달아래 비스듬히 부니.
  량진이 날리는듯=대들보의 티끌이 날리는듯.
  천금준마=좋은 말.

인생이 행락이라 부귀가 능기시오
옹문금 한곡조에 장진주를 섞어타니
좌상에 맹상군 있돗드면 눈물질가 하노라

  행락=즐겁게 노는것.
  능기시오=얼마동안이나 능히 누릴손가.
  옹문금=현악기의 하나.
  장진주=술을 권할 때 부르는 노래.
  맹상군=맹상군이란 사람이 옹문주의 탄금을 듣고 울었다 한다.
  있돗드면=있었더면.

얻노라 질겨 말고 못얻노라 슬어마소
얻은이 우환인줄 못얻은이 제 알손가
세상에 얻을이 하분분하니 그를 우어 하노라

우환인줄=근심인것을.
하분분하니=하도 많으니.
우어 하노라=우습게 여기노라.

(가곡원류 리정보)

가마귀 저 가마귀 네 어디로 좇아온다
소양전날빛을 네 혼자 띄였이니
사람은 너만 못한줄을 홀로 슬허 하노라

어디로 좇아온다=어디서부터 오는가.
소양전=궁전이름. 여기서는 임금이 있는곳을 비유함.
날빛=해 별.

(가곡원류 리정보)

운담풍경근오천에 소거에 술을 싣고
방화수류하야 전천을 지나가니
사람이 알리없으니 한자 논들 어떠리

운담풍경근오천=구름은 엷고 담담하고 바람 또한 가벼운 한나절.
소거=작은 수레.
방화수류=꽃을 찾고 버들을 따르는것.
한자=혼자.

묻노라 부나븨야 네 뜻을 내 몰래라
한 나븨 죽은후에 또 한 나븨 따라오니
아므리 푸새엣 짐생인들 너 죽을줄 모르는다

푸새엣=풀의.
모르는다=모르느냐.

(가곡원류 리정보)

꽃피면 달 생각하고 달 밝으면 술 생각하고

꽃피자 달 밝자 술 얻으면 벗 생각하네
언제면 꽃아래 벗 다리고 완월장취하려노

　　　완월장취＝달을 감상하면서 길이 술이 취한것.

　　　　　　　　　　　(가곡원류 리정보)

두견아 우지 말아 이제야 내 왔노라
리화도 피여있고 새 달도 돋아있다
강산에 백구있으니 맹서 풀이 하리라

　　　맹서 풀이＝맹세를 실천하는것.

　　　　　　　　　　　(가곡원류 리정보)

사람이 늙은후에 또 언제 젊어볼고
빠진 이 다시 나며 센머리 검을소냐
세상에 불로초 없으니 그를 슬어하노라

천지개벽 후에 만물이 삼겨나니
산천초목 이적금수 곤충어별지속이 오로다 절로 삼겼에라
사람도 부귀공명 비환애락영욕득실을 부지절로 하리라

　　　천지개벽＝천지가 처음으로 열리는것.
　　　이적금수＝오랑캐와 새와 짐승.
　　　곤충어별지속＝벌레와 고기와 자라등속.
　　　비환애락＝서러움과 기쁨과 슬픔과 즐거움.
　　　영욕득실＝영화와 굴욕과 리득과 손해.
　　　부지절로＝이것에 따라 생긴대로.

김천택(金天沢)

락욕이 병행하니 부귀도 불관러라
제일강산에 내 한자 임자 되야

석양에 낚싯대 둘어메고   오락가락하리라

  락욕=즐거운것과 욕된것.
  불관터라=(나와) 관계가 없더라.
  제일강산=경치가 제일 좋은 강산.

세사를 다 떨치고 강호로 들어가니
수광산색이 옛낯을 다시 본듯
어즈버 평생몽상이 오라하야 그렇닷다

  세사=세상에서 벌어지는 일.
  수광산색=물빛과 산의 경치.
  옛낯=옛날의 면모.
  어즈버=애닯다. 슬프다. 감탄사.
  평생몽상=한평생의 꿈.
  오라하야 그렇닷다=오래도록 그렇게 되기를.

로화 깊은곳에 락하를 비끼띄고
삼삼오오히 섞어 떴는 저 백구들아
우리도 강호구맹을 찾아보려 하노라

  로화=갈꽃.
  락하=뭉게뭉게 뜨는 노을.
  강호구맹=강호에서 살리라 하던 옛 맹세.

               (가곡원류)

하목은 섞어날고 수천은 한빛인제
소정을 글러타고 여흘목에 나려가니
격안에 삿갓 쓴 늙은이 함끠 가자 하더라

  하목=노을과 따오기.
  소정=작은 배.

격안=맞은편 강언덕.

(가곡원류)

풍진에 얽매이여 떨치고 못갈지라도
강상일몽을 꾸원지 오래더니
성은을 다 갚은후는 호연장귀하리라

    풍진=세상에서 벌어지는 여러가지 어지러운 일과 시련.
    강상일몽=강우에 배 띄워 한가롭게 마음 내키는대로 하자는 꿈.
    호연장귀=벼슬을 내여놓고 전원에 아주 돌아가리라는 뜻.

색거한처 깊은 끝에 찾아올이 뉘 있이리
화경도 쓸이 없고 봉문을 닫았는데
다만지 날과 유신키는 명월청풍뿐이로다

    색거한처=세상일을 떠나서 들어앉아 사는 한가한곳.
    화경=꽃이 어울어진길.
    봉문=쑥대로 엮은 문.

남산나린 끝에 오곡을 갖초 심어
먹고 못나마도 굿지나 아니 하면
아마도 내 집의 내 밥이야 긔 맛인가 하노라

    굿지나=끊어지지나.

(가곡원류)

강산 좋은 경을 힘센이 다툴 양이면
내 힘과 내 분으로 어이하여 얻을소니
진실로 금할이 없을식 나도 두고 노니노라

분=분복.
얼을소니=얼을소냐.
금할이 없을식=금할 사람이 없기에.

화람에 월상하고 죽창에 밤든적에
랭랭칠현금을 정청에 비끼다니
정반에 섰는 학이 타고 우즑우즑 하드라

　　화람=꽃핀 란간.
　　월상하고=달이 떠오르고.
　　죽창에=참대로 만든 창문.
　　랭랭칠현금=소리가 맑은 칠현금(현악기의 하나).
　　정청=고요한 대청.
　　정반에=마당가에.

　　　　　　(가곡원류)

어가목적소리 곡풍에 섞여불제
오수를 갓 깨야 취안을 열어보니
재넘어 혀남은 벗이 와 휴호애비 하노매라

　　어가목적소리=어부의 노래와 목동의 피리소리.
　　곡풍=골짜기의 바람.
　　오수=낮잠.
　　취안=술에 취한 눈.
　　혀남은=여라문.
　　휴호애비=술단지를 가지고 사립문에서 주인을 부르는것.

세상이 번우하니 강호로나 가자스라
무심한 백구야 오라 하며 가라 하랴
아마도 다툼이 없음은 다만 인가 하노라

　　번우=귀찮고 피로운것.

　　　　　　(가곡원류)

춘복이 기성커든 관동륙칠 거느리고
풍호무우하여 흥을타 돌아오니
어즈버 사수심방을 부뤌줄이 있이랴

　　춘복＝봄옷.
　　기성＝이미 다 된것.
　　관동륙칠＝이른바 동자 륙칠명.
　　풍호무우＝무우(무당이 기우제를 지내는 단인데 여기서는 높은곳)에 올라가 바
　　　람 쏘이는것.
　　사수심방＝공자가 제자들을 가르친 사천 옛터를 찾아가는것.

（가곡원류）

내 부어 권하는 잔을 덜 먹으려 사양마소
화개앵제하니 이 아니 좋은 땐가
어즈버 명년간화반이 눌과 될줄 알리오

　　화개앵제＝꽃피고 꾀꼬리 우는것.
　　명년간화반＝명년의 꽃구경을 함께 할 친구.

（가곡원류）

어화 세상사람 이내 말 들어보소
청춘이 매양이며 백발이 검둣것가
꿈같은 인세를 가지고 가없이 살랴 하느니

　　어화＝감탄사. 즐거운 마음을 표하는 뜻으로 노래의 첫머리에 쓰는 말.
　　검둣것가＝검을손가.
　　가없이＝무한정하게.

（가곡원류）

공명이 긔 무엇고 욕된 일 많으니라
삼배주 일곡금으로 사업을 삼아두고
이 좋은 태평연월에 이리저리 늙으리라

－306－

삼배주 일곡금＝석잔술에 거문고 한곡조.
태평연월＝태평세상.

(가곡원류)

주문에 벗님네야 고거사마 좋다 마소
토끼 죽은후이면 개마자 삶기느니
우리는 영욕을 모르니 두려운 일 없애라

주문＝높은 지위.
고거사마＝네필의 말이 끄는 호화로운 수레.
개마자 삶기느니＝개가 토끼를 잡아서 주인을 섬기나 토끼를 다 잡은후에는
　　　　　　　　주인이 그 개마저 잡아먹는다는 뜻으로 벼슬살이의 험한것을 말함.

(가곡원류)

지족이면 불욕이요 지지면 불태라 하니
공성 명립하면 마는것이 긔 옳으니
어즈버 환해 제군은 모다 조심하시소

지족이면 불욕이요＝자기 분을 알아 만족할줄 알면 욕을 받지 않고.
지지면 불태라＝적당히 그칠줄을 알면 위태롭지 않다.
환해 제군＝벼슬길에 나선 여러분.

(가곡원류)

록이 상제력상에서 늙고 룡천설악 갑리에 운다
평생에 먹은 뜻을 속절없이 못이루고
가뜩에 못슬믠 백발은조차 어이 배안다

록이상제＝옛날 유명한 말들의 이름.
력상＝외양간.
룡천설악＝옛날 유명한 검들의 이름.
갑리＝(칼을 넣는) 갑 속.
가뜩에＝가뜩이나.

못슬믠=보기 싫은.
백발은 조차=백발마저.
배안다=재촉하는가.

초생에 이즌 달도 보름에는 두렷거든
영허부태는 천도가 자연 그렇거니
두어라 무왕불복이니 기들가 하노라

두렷거든=두렷이 찼거든.
영허부태=차고 기울고 막히고 통하는것.
천도가=천지자연의 리치.
무왕불복=가고 오지 않는것이 없는것.
기들가=기다릴가.

영욕관수하고 부귀는 재천하니
구하다 곁에 오며 더져두다 어디 가랴
진실로 내 길을 닦아두면 자연 유시하느니

영욕관수=영화와 굴욕은 운수에 관계한다는것.
재천=하늘에 달렸다는 뜻.
곁에 오며=따라오며.
더져두다=던져둔다 하여.
유시하느니=때가 있을것이니라.

안빈을 슬히 너겨 손헤다 물러가며
부귀랄 불어하여 손치다 나아오랴
아마도 빈이무원이 긔 옳은가 하노라

안빈=가난한 생활에 만족하는것.
슬히 너겨=싫게 여겨.
손헤다=손을 옆으로 젓는다 하여.
손치다=손짓하여 부른다 하여.
나아오랴=앞으로 나아오겠는가.
빈이무원=가난해도 누구를 원망하지 않은것.

잘 가노라 닫지 말며 못가노라 쉬지 말아
부디 긋지 말고 촌음을 아껴스라
가다가 중지 곳하면 아니 갈만 못하니라

  닫지 말며＝달리지 말며.
  긋지 말고＝끝치지 말고.
  촌음＝짧은 시간.
  아니 갈만＝아니 가는것만.

       （가곡원류）

청려장 힘을 삼고 남묘로 나려가니
도화는 흩날리고 소천어 살졌는듸
원근에 즐기는 농가는 곳곳이서 들린다

  남묘＝남쪽 논.
  도화＝벗꽃.
  소천어＝내물고기.
  농가＝농사노래.

      （가곡원류 리정보）

엊그제 덜 괸 술을 질동희에 가득 붓고
설 데친 무우나물 청국장 끼쳐내니
세상에 육식자들이 이 맛을 어이 알리오

  청국장＝콩을 삶아 띄워서 만든 장.
  끼쳐내니＝무쳐내니.
  육식자＝고기를 먹는자.(호화롭게 사는자.)

       （가곡원류）

옥하관 저믄 날에 에여쁜손 삼학사여

충혼의백이 어드러로 간거이고
아마도 만고강상을 네 붙든가 하노라

　　　육하관=중국 심양에 가는 길에 있는 판소명.
　　　삼학사=병자호란때 강화를 반대하다 청나라에 잡혀간 세 학사인 오달제,
　　　　　　윤집, 홍익한.
　　　충혼의백=충성과 의리의 혼백.
　　　만고강상=만고에 변치 않을 사람이 지킬 도리.

　　　　　　　　　(가곡원류)

농인은 고여춘급하니 서주에 일이 많다
막막수전을 뉘라서 독 매야 주리
아마도 궁경가색이 내 분인가 하노라

　　　농인=농부.
　　　고여춘급=나에게 봄이 온것을 이르는것.
　　　서주=서쪽 밭, 전원.
　　　막막수전=넓은 논배미.
　　　독 매야 주리=함께 매여줄가.
　　　궁경가색=스스로 농사짓는것.

섶 실은 천리마를 알아볼이 뉘 있으리
십년력상에 속절없이 다 늙거다
어디서 살진 쇠양마는 외용지용 하느니

　　　십년력상=십년동안이나 말오양간에 매이여있는것.
　　　쇠양마=분수없이 갈개는 말.

　　　　　　　　　(가곡원류)

인심은 유위하고 도심은 유미하야
한당송 천백년래에 계견같이 더져두고
지금히 찾을이 없으니 그를 슬허 하노라

유위=위태한것.
도심=도의를 사랑하는 마음.
유미=희미한것.
계견같이=닭이나 개처럼.

춘창에 늦이 일어 완보하여 나가보니
동문류수에 락화 가득 떠있에라
저 곳아 선원을 남 알세라 떠나가지 말아라

동문류수=동구를 흐르는 시내물.
곳=꽃.
선원=신선이 사는곳.

(가곡원류 리정보)

흰구름 푸른 내는 끝끝이 잠겼는듸
추풍에 물든 단풍 봄꽃도곤 더 좋왜라
천공이 날을 위하야 뫼 빛을 꾸며내도다.

푸른 내=푸른 연기.
봄꽃도곤=봄꽃보다.
천공=하늘.
뫼 빛=산 경치.

가을밤 채 긴적에 님생각 더욱 깊다
먹귀 선귄 비에 남은 간장 다 썩노매
아마도 박명한 인생은 내 한잰가 하노라

채 긴적=훨씬 길어진 때.
먹귀=머귀 즉 오동나무.
내 한잰가=내 혼자인가.

권연후에 지경중하고 탁연후에 지장단이니

—311—

만물은 오히려 다 그러하거니와
아마도 심할손 마음이니 부디 삼가하리라

전연후에 지경중하고＝저울질한 연후에 가볍고 무거움을 알고.
탁연후에 지장단니라＝자로 잰후에야 길고 짧은것을 아는지라.

부혜생아하시고 모혜국아하시니
부모의 은덕은 호천망극이옵거니
진실로 백물이 미분인들 차생어이 갚사오리

부혜생아하시고＝아버지는 나를 낳으시고.
모혜국아하시니＝어머니는 나를 기르시니.
호천망극＝넓은 하늘과 같이 끝이 없는것.
미분인들＝가루가 된들.
차생어이＝이 세상에서 어떻게.

    김군 백함은 노래를 잘 부름으로써 온 나라에 이름을 떨치고있다. 그는 노래에서 세속의 누추한것을 일소하여 스스로 새 노래를 지으니 맑고 밝아 들음즉하고 또 새 노래 수십결을 지어 세상에 전하니 지금 소년들이 배워서 부르고있다.
    내가 그 가사를 보니 다 함칠하게 아름다와 음조와 절강과 청탁과 높낮이가 절로 률에 들어맞아 가히 송강의 새 작품과 겨룰만하다. 백함은 비단 노래에만 능한것이 아니라 글도 잘 읽었다.
    아, 요즘 세상의 민풍을 잘 관찰할수 있는것을 찾는다면 그것은 반드시 이 가사일것이다. 그래서 이 가사는 악관에 의하여 시골사람들속에서도 불러지고 나라에서도 부르게 되였으니 그것은 항간의 가요에만 한한것이 아닌것이다.
    어찌하여 헛되게 백함으로 하여금 연나라의 음을 불러 그 불평을 갖게 하는가. 또한 노래는 강호산림에 방랑하고 은둔하는 말을 많이 인용하여 거듭 한탄하고있다. 이 또한 쇠퇴하는 세상의 음악인가.

    현와 정윤경은 병인(1746)년 화류절에 쓰다

金君伯涵 以善唱鳴 國中 一洗下里之陋而 能自爲新聲 瀏亮可聽
又製新曲 數十闋 以傳於世 少年習而唱之 余觀其詞 皆艶麗 致音調

節 腔淸濁高下　自什於律　可与松江之新飜後　先方駕矣　伯涵非特
能於歌　亦見其聽於文也　嗚呼使今之世　有善觀風者必乎是詞而　列於樂
官用之　鄕人用之　邦國不但　里巷歌謠而止耳　奈何徒使伯涵　爲燕趙之
音　以鳴其不平也　且是歌也　多引江湖　山林放浪隱遯之語　反覆嗟歎之
不已　其亦衰世之音歟

　　　玄窩　鄭潤卿　書于丙寅花柳之節

　백함이 지은 노래는 그　수가 가장 많아서 혹은 고귀한 작품도 있고
더러는 천한것도 있다.
　내가 이미 백함의 노래를 수정하여 악보를 만들어서 세상에　전한후찌
끼기가 없어지고 참된 알맹이만 남게 되였다. 반드시 식자들의 눈을　열어
끝까지 길이 끝아야만 가히 그 이름을 세울수 있다는것을 일깨웠다.
　언어의 진실한것과 순박하고 돈후한것, 청렴하고 효와 충을　담은것은
취하였으며 경솔하고 무게가 없으며 맥락이 닿지 않는 작품은　뽑아버렸으
니 뒤에 전편을 보시는분은 이러한 대략의 사정을 알아서 의심하지 마시라.

　　경진(1760)년 로송사이에 진달래가 요염을 자탕하고 살구꽃의
　　그윽한 향기가 풍길 때 예순아홉의 로가재 김수장이 쓴다.

　　伯涵所製歌曲　其數最多而　或有所貴者　或有所賤者　吾旣修正作譜
以傳於後　則袪滓極眞　必使識者開眼　終至道眞　然後乃可以立其名　語
之眞實淳　厚淸廉孝忠者採之　輕忽不重　脈絡絶間者去之　後之全篇考之
者撒略首末幸勿訝惑焉

　　庚辰　蒼龍　杜鵑矜艶　杏花隱香之節　六九翁　老歌齋　金壽長書

　　　　　　　　　김수장(金壽長)

무극옹은 긔 뉘런고 하늘따 임재런가
언제 어늬 때에 어듸로서 낫거이고
처음도 나종도 모르니 무극 일시 옳도다

　　임재런가=임자인가(주인).
　　무극옹=한없고 끝없다는것을 의인화한것.

무극=끝이 없는것.

(가곡원류)

나니 나돈적에 천지를 처음 보왜
하늘은 높으시고 따히 두루 크시도라
생전에 높고 큰 덕을 잊을줄이 있이랴

나니=감탄사.
나돈적=날 때.
보왜=보았다.

부혜날 낳으시니 은혜밖에 은혜로다
모혜날 기르시니 덕밖에 덕이로다
아마도 하늘같은 이 은덕을 어디다혀 갚사올고

어디다혀=어디에다.

(가곡원류)

부모이 살아신제 시름을 뵈지 말며
락기심 양기체하야 만세를 지낸 후에
마침내 향화부절이 긔 옳은가 하노라

락기심 양기체하야=부모의 마음을 즐겁게 해드리고 잘 봉양해서.
향화부절=돌아가신 후 제사를 끊치지 않는것.

청신에 일일어서 마라 빗고 세수하고
의관을 정히 하고 량친당에 뵈온 후에
돌아와 권독종일이 아름다온 일이라

청신=맑은 아침.

-314-

일일어서=일찌기 일어나.
마리 빗고=머리를 빗고.
진목종일=진종일 독서하는것.

시서를 묻고 들어 의리를 잃지 말며
생산작업하야 증상을 굿지 말라
이 밖에 범람한 뜻으란 부대 먹지 말와라

시서=시와 글.
생산작업하야=일을 꾸준히 하며.
증상=겨울에 지내는 조상의 제사.
범람=분을 지나치는것.

조고가 육전진권하려 사슴을 말이라 하니
만정진신이 다 가론 말이라 하내
기군이 정일집중즉 특기록 마기마일가 하노라

조고가=진나라의 정승으로 정권을 독단하였다.
육전진권=진나라의 정권을 독차지하려고 하는것.
만정진신=온 조정의 관원.
다 가론=모두 말하기를.
기군이 정일집중즉 특기록 마기마일가 하노라=임금(진나라의 제2대왕)이 물은것 하나를 취한다면 사슴은 사슴이고 말은 말일가 합니다. 조고가 정권을 독단하기 위하여 사슴의 그림을 2대왕에게 줘여주며 관원에게 말이 아니냐라고 묻게 하였다. 그런즉 혹은 말이라 하고 혹은 사슴이라 했는데 말이라 한자는 조고가 내쳐버렸다는 고사.

림고대하다 하고 낮은듸를 웃지 말아
뢰정대풍에 실족홈이 피이하랴
우리는 평지에 앉었이니 분별없어 하노라

림고대하다 하고=높은 무대에 올랐다 하여.
뢰정대풍=우뢰에 번개치며 큰바람이 이는것.
실족=실수하여 떨어지는것.

(가곡원류)

천지는 부모이여라 만물은 처자로다
강산은 형제여늘 풍월은 붕우이로다
이 중에 군신대의야 잊은적이 있이랴

  군신대의=임금과 신하간의 의리.
  풍월=자연경치를 노래한 시. 자연경치.
  붕우=벗.

        (가곡원류)

뒷집은 토개삼등이우지는 구목위소
의초의식목실에 사람이 다 엇이더니
어떻다 육식대하에 용치말려 하느니

  토개삼등=흙으로 세층의 섬돌을 만든것.
  이우지는=이웃집은.
  구목위소=나무가지로 얽어지은 집.
  의초의식목실=풀로 결은 옷을 입고 나무열매를 먹는것.
  엇이더니=어질더니.
  육식대하=맛좋은 고기를 먹고 큰집에 사는것.

화개동 북록하에 초암을 얽었이니
바람비 눈서리는 글렁절렁 지내여도
어느제 다사한 빛이야 쬐야 볼줄 있이랴

  화개동북록하=북악산밑 화개동.
  초암=초가집.
  어느제=어느때.
  다사한 빛이야=따스한 햇볕을.
  쬐야 볼줄 있이랴=쪼여볼수 있으랴.

        (가곡원류)

초암이 적료한데 벗없이 한자 앉아

평조한잎에 백운이 절로 존다
어늬 뉘 이 좋은 뜻을 알이 있다 하리오

    한자=혼자.
    평조=노래의 가락이름.
    한잎=한곡조.
    존다=백운이 노래에 황홀하여 걸음을 멈추었다는 뜻.

            (가곡원류)

경회루 만주송이 눈 앞의 벌려 있고
인왕 안현은 취병이 되였는듸
석양에 편편백로는 오락가락 하노매

    경회루=서울 경복궁안에 있는 다락이름.
    만주송=일만그루나 되는 많은 소나무.
    눈 앞의=눈앞에.
    인왕안현=인왕산과 길마재.
    취병=푸른 병풍.
    편편=펄펄 나는 모양.

와실은 부족하나 십경이 버려있고
사벽도서는 주인옹의 심사로다
이 밖에 군 마음 없은이는 나뿐인가 하노라

    와실=달팽이 같이 좁은집.
    십경=로가재(김수장의 집)에서 보이는 10개의 아름다운 경치 즉 동산의 밝은
        달, 서령락조남무의 종 북악산의 청풍, 경회루의 송림왕래하는 백구인왕
        산의 아침노을 원촌의 저녁연기 온 뜰의 꽃향기 내 노래와 벗의 거문고
    군마음=쓸데없는 생각을 품은 마음.

            (가곡원류)

봄비 갠 아츰에 잠깨여 닐어보니
반개화봉이　다토와 피는고야

춘조도 춘흥을 못이기여　놀릭춤을 하느냐

　　　반개화봉＝반만 핀 꽃봉오리.
　　　춘조＝봄새.
　　　춘흥＝봄의 흥취.
　　　놀릭춤＝노래와 춤.

　　한식비 갠 후에 국화움이 반가왜라
　　꽃도 보려니와 일월신더 좋왜라
　　풍상이 섞어칠제 군자절을 퓌온다.

　　　일월신＝움이 날마다 달마다 새롭게 자라는것.
　　　풍상＝바람과 서리.
　　　군자절＝군자의 절개.
　　　퓌온다＝꽃피우다(여기에서는 군자의 절개를 바람과 서리속에 피여나는 국화와
　　　　비유하였다.)

　　　　　　　　(가곡원류)

　　천랑기청하온적에 혜풍화창좋을시고
　　도리는 홍백이요 류앵은 황록이로다
　　이 좋은 태평성세에 아니 놀고 어이리

　　　천랑기청＝하늘이 명랑하고 공기가 맑은것.
　　　혜풍화창＝봄바람에 날씨가 따뜻하고 좋은것.
　　　도리＝복사꽃과 외얏꽃.
　　　류앵＝버드나무와 피꼬리.
　　　황록＝노랑색과 푸른색.
　　　태평성세＝살기좋은 세월.

　　　　　　　　(가곡원류)

　　일이삼월 도리화좋고
　　사오륙월 록음방초 칠팔구월은 황국단풍 더 좋왜라
　　십일이월에 설중매향 최다정이 좋왜라

도리화=복숭아와 오얏꽃.
황국단풍=누런 국화와 단풍.
설중매향=눈속의 매화향기.
최다정=가장 다정한것.
좋왜라=좋아라.

초순념회간에 못 노는 날 어늬 날고
바람비 눈올 제면 군소리 소일이라
달밝고 풍청한 날이면 거를줄이 있으랴

    초순 념회간=월초와 스무날과 그믐 사이.
    군소리 소일이라=군소리로 날을 보내도다.
    거를 줄이=차례를 뛰여넘을 줄이.

(가곡원류)

복더위 훈증한 날에 청계를 찾아가서
옷 벗어 남에 걸고 풍입송 노틔하며
옥수에 일신진구를 탕척홈이 어떠리

    훈증=후덥게 쩌는것.
    청계=맑은 시내.
    풍입송=음악곡조 이름.
    옥수에=구슬같이 맑은물에.
    일신진구=몸에 오른 먼지와 때.
    탕척=말끔히 씻는것.

늙고 병든 정은 국화에 붙여두고
실 같이 헐은 수심 흑포도에 붙였노라
귀 밑의 흘나는 백발은 일장가에 붙였노라

    헐은 수심=산란한 수심.
    일장가=한가락 노래소리.

(가곡원류)

호화도 거짓것이요 부귀도 꿈이오레
북망산 언덕에 요령소리 그쳐지면
아모리 뉘웃고 애달아도 및을 길이없느니

  꿈이오레＝꿈이라네.
  북망산＝일반적으로 묘지가 있는 산을 말함.
  요령＝상여가 나갈 때 상여앞에서 흔드는 방울
  뉘웃고＝뉘우치고.

         （가곡원류）

록양도 좋거니와 벽오동이 더 좋왜라
굵은비 듣는 소릐 장부의 심사이로다
년심코 루경풍상후이면 순제금이 되리라

  벽오동＝잎이 넓고 황백색꽃이 피는 푸른 껍질의 오동.
  듣는 소릐＝떨어지는 소리.
  년심코＝해를 여러번 묵어 나이들고.
  루경풍상후＝여러번 풍상(바람과 서리)을 겪은 후.
  순제금＝오현금.

         （가곡원류）

창송은 어찌하여 백설을 웃는고야
도리는 어떠하여 청애를 두리는고
아마도 사시불변하니 군자절을 가졌다

  창송＝푸른 소나무.
  도리＝복숭아, 살구꽃.
  청애＝맑은 안개.
  두리는고＝두려워하는가.
  군자절＝군자의 변하지 않는 절개.

         （가곡원류）

청추절 때좋은적에 풍악에 높이 울라

목동가객은 새로운 소리로다
흉중에 해묵은 시름이 어들로 니거다

> 청추절＝맑은 가을철.
> 풍악＝가을의 금강산.
> 목동가객＝노래 잘 부르는 목동(말, 소치는 아이).
> 흉중에＝가슴속에.
> 어들로 니거다＝어디로 갔는가.

(가곡원류)

공명도 좋다 하나 한가함과 어떠하며
부귀를 불워하나 안빈에 어떠한료
이 백년 저 백년지음에 어느 백년이 다르리

> 안빈＝가난에 만족하는것.
> 어떠한료＝어떠한가.
> 이백년 저백년 지음에＝부귀공명속에 보내는 백년과 한가하고 안빈하게
> 　　보내는 백년 사이에.

(가곡원류)

안빈을 염치 말아 일없으면 긔 좋으니
벗 없다 한치 말아 말 없으면 이 좋으니
아마도 수분안졸 이긔 옳은가 하노라

> 염치＝싫어하지.
> 수분안졸이＝자기에게 차례진 복을 지켜 자기 생긴대로 살아가는것.

(가곡원류)

공명에 눈뜨지 말며 부귀에 심동 말아
인생 궁달이 하늘에 매였느니
평생에 덕을 닦으면 향복무강하느니

심동말아=마음을 쓰지 말라.
궁달=빈궁과 영달.
향복무강하느니=길이길이 복을 누리는것.

청운은 네 좋와도 백운은 내 좋왜라
부귀는 네 즐겨도 안빈은 내 좋왜라
어린줄 웃거니따녀 줄이 있으랴

청운=높은 벼슬 또는 립신출세.
백운=한가한 생활.
어린줄=어리석다고.
웃거니따녀=웃거나마나.

(가곡원류)

인간에 하는 말을 하날이 다 듣느니
암실에 하는 일을 귀신이 다 보느니
천로도 귀로도 아녔으니 마음 놓지 말와라

천로=하느님.
귀로=귀신.
아녔으니=아니였으니.

(가곡원류)

검으면 희다 하고 희면 검다 하네
검거나 희거나 옳다 할이 전혀 없다
차라로 귀 막고 눈 감아 듣도 보도 말리라

(가곡원류)

하늘은 두렷하고 땅흔 어이 모나거니

-322-

음양리기를 뉘라서 삼기신고
아마도 높고 넓음이 언맨줄 몰래라

    두렷하고=둥글고.
    음양리기=음과 양과 리와 기. 중세기 유교철학에서 우주의 사물과 그 본질을
        음양리기로 설명했다.
    삼기신고=만들었는가.
    언맨줄=얼마인지.

환욕에 취한 분네 앞길 생각하소
옷 벗은 어린 아희 양지결만 여겼다가
서산에 해 넘어가거든 어찌 하자 하는다

    환욕=벼슬에 대한 욕심.

              (가곡원류)

꽃도 피려 하고 버들도 푸르려 한다
빚은 술 다 익었네 벗님네 가세그려
륙각에 두렷이 앉아 봄맞이 하리라

    륙각=삼현륙각. 북, 장고, 해금, 태평소(한쌍), 피리의 여섯 악기를 말함.
    두렷이=둥글게.

삼군을 련용하여 북적 남만파한 후에
더러인 칼을 씻고 세검정지은 뜻은
위엄과 덕을 세오서 사해 안녕함이라

    삼군=전군 중군 후군을 말함.
    련용=훈련하는것.
    북적남만=북쪽과 남쪽의 오랑캐.
    세검정=서울 북쪽 자하문밖에 있는 정자이름.
    사해안녕=온 세상의 안녕.

              (가곡원류)

이제는 다 늙거다 무삼것을 내 아드냐
리하에 황국이요 안상에 현금이로다
이 중에 일권가보는 틈 없은가 하노라

  리하＝울타리밑.
  황국＝국화꽃.
  안상＝책상우.
  현금＝거문고.
  일권가보＝한권의 소리책.

     (가곡원류)

풍상이 섞어친 날에 초목이 성긔여다
희거니 누르거니 금취 학령 휘들렸다
어즈버 연명애국이 날과 어떠하드니

  풍상＝바람과 서리.
  성긔여다＝잎이 다 떨어져 듬성듬성하여지다.
  금취 학령＝두 종의 국화이름들.
  휘들렸다＝주위에 둘러있다.
  연명애국＝옛날 중국 진나라 시인 도연명이 국화를 극진히 사랑하였다. 시
   인은 그와 대비하고있다.

     (가곡원류)

천군이 태연하니 백체종령하고
마음을 정한 후이니 분별이 다 없거다
온몸에 병된 일 없으니 그를 좋와 하노라

  천군＝마음.
  백체종령＝사지와 오장륙부가 마음대로 되는것.
  분별이 다 없거다＝사물을 가려내는것이 없어졌다.

     (가곡원류)

내 살이 담박한 중에 다만 기쳐있는것은

수경포도와 일권 가보뿐이로다
이 중에 유신한것은 풍월인가 하노라

  살이＝살림살이.
  담박한＝소박한.
  기처있는＝남아있는.
  수경 포도＝몇포기 포도나무.
  일권가보＝한권의 노래책.
  유씬한것은＝믿음이 있는것은.
  풍월＝시와 노래. 자연경치.

     （가곡원류）

내 집에 량이황구있어 사자같이 상겼는데
애주정성은 즘생이라 못할로다
그러나 황반이 절식다시하니 가련 감창하여라

  량이황구＝두귀가 누런 개.
  애주정성＝주인을 애중히 여기는 정성.
  황반＝조밥.
  절식다시＝끼니를 에우지 못할 때가 많은것.
  가련 감창＝불쌍하고 슬픈것.

단풍은 연홍이오 황국은 토향할제
신도주맛들고 금린어회 별미로다
아희야 거문고 내여라 자작자가하리라

  토향＝향기를 뽑는것.
  신도주＝햇쌀로 빚은 술.
  금린어회＝소가리회.
  자작자가＝제손으로 술을 붓고 스스로 노래하는것.

     （가곡원류）

북두성기울어지고 경오점찾아갈제

귀 익은 예리성이 이 분명한 임이로다
출문간 함소상희는 금 못칠가 하노라

    경오점=리조시기에는 하루밤을 오경으로 나누고 한경을 다시 오점(마지막
       경만 삼점)으로 나눴다.
    잦아갈제=시간이 거의 되여갈 때.
    예리성=신 끄는 소리.
    출문간 함소상희=문밖에 나가 맞아 웃음을 머금고 서로 반기는것.
    금 못 칠가=값칠수 없을만치 고귀한것인가.

심성이 게름으로 서점을 못이루고
품질이 우소하므로 부귀를 모르거다
칠십재애울어 얻은것이 일장가인가 하노라

    서점=글과 무예.
    품질=타고난 성품.
    우소=깐깐하지 못한것.
    칠십재=이른해.
    애울어=애써 노래불러.
    일장가=노래.

                      (가곡원류)

어화 어릴시고 이내 일 어릴시고
내 청춘누를 주고 뉘 백발맡아는고
이제야 아모리 찾을련들 물을곳이 없에라

    어릴시고=미쳤도다.

                      (가곡원류)

성음은 각각이여니 절강고저를 잃지 말고
오음을 채 몰라도 률려를 차라스라
진실한 묘리를 모르면 일흠서기 쉬우야

절강고저＝악조의 억양 완급과 가조의 높낮음.
오음＝동양음악에서의 궁상각치유의 다섯개의 음계.
률려＝동양음악의 기조음인 륙률과 륙려.
일흠서기＝이름나기. 성공하기.

(가곡원류)

승당을 못한 전에 입실을 어이 하리
모르는 곡절을 물으려도 아니하고
청천에 떴는 구름을 검다희다 하는다

　　승당＝당(마루)에 오르는것.
　　입실＝방에 들어가는것.
　　하는다＝하느냐.

천생아재쓸듸 없다 세상영욕 나 몰래라
춘하추동 호시절에 발백풍류되였노라
두어라 이의이의 내 뜻대로 놀리라

　　천생아재＝본래 타고난 내 재주.
　　영욕＝영화로움과 치욕.
　　풍류＝백발로인으로서의 풍류객(노래와 춤을 즐기는 사람).
　　이의이의＝이미 어찌할수 없이 되였다는 뜻.

병자 정축란리시에 훈련원대건너 붉은 복다기 쓴 놈 간다
앞에는 몽고요 뒤헤 가달이 백마탄 진달이는 사슈리살 차고
　　류월내마탄 놈 철철총이 탄 놈 량비렬이 탄 놈 아라마
　　초초 마리 베히라 가자
어즈버 최영곧 있듯드면 석은 풀 치듯 할랐다

　　병자 정축 란리시＝1636～1737년 죽 리조 인조왕병자호란때.
　　훈련원대＝훈련원터. 서울 동대문 근처에 있다.
　　복다기＝군졸이 쓰던 모자.
　　가달 진달＝모두 오랑캐 종족명.

사슈리살=화살종류.
류월내마=털빛이 붉고 갈기가 검은 말.
철철총이=털빛이 흰데 푸른 빛나는 말.
량비렬이=코가 째진 말.
아라마초초=말모는 소리.
마리=미리.
최영=고려말기의 장수.
있돗드면=있었더면.

도선이 비봉에 올라 국도를 정하올식
자좌오향으로 성궐을 이뤘는듸 좌청룡우백호와 남주작북현무
   는 귀격으로 벌어있고 전대하 한강수는 여천지근원이
   라 태묘는 가좌하고 사단은가우로다 삼봉이 수려하니 인
   걸이 호준하고 와우산유덕하니 민식이 풍족이라 성계신
   승하야 억만년지무강이샷다
하날이 주오신 뜻을 받들어 만만세를 누리소서

도선=신라말기의 도승.
비봉=신라 진성 녀왕의 수렵비가 있는 북한산의 봉우리.
자좌오향=정북의 자리에서 정남의 방향.
성궐=성과 궁궐.
좌청룡=동방을 지킨다는 푸른 룡. 서울 락산.
우백호=서방을 지킨다는 흰범. 인왕산.
남주작=남방을 지킨다는 붉은 봉새. 관악산.
북현무=북방을 지킨다는 검은 거북이. 삼각산.
귀격=귀한 모양.
전대하=앞으로 흐르는 강.
여천지근원이라=천지와 더불어 복록의 근원이라.
태묘=왕실의 사당.
가좌하고=왼쪽에 앉힐만하고.
사단=토신과 곡신을 제사지내는 단.
가우로다=오른쪽에 앉힐만 하도다.
호준=크고 준걸한것.
와우산유덕=서강가에 있는 와우산이 덕이 있다는 뜻.
민식=백성들의 식량.
성계신승=어진 왕이 대대로 이어나가는것.

(가곡원류)

서

우리 나라의 노래는 …… 유명한 신하와 큰 선비, 시인과 화가들이 왕왕 불렀다. 3백여년을 지나는 기간 노래에는 평탄하고 느린것, 맑고 슬픈것, 폭풍취우와 같이 천지를 진동시키는것, 면초나 칡넌출과 같이 온 수풀에 뻗어나는것들이 있어 사람의 귀를 즐겁게 하고 마음을 안정케 하니 이것 또한 세상을 교화하는 큰 길이다. 노래에 뜻있는 사람들이 노래를 수집한것이 적지 않은것이 아니나 세상에 전해오는지가 오래다보니 음률이 서로 맞지 않고 높낮이가 간혹 틀리는것들도 적지 않다.

김군 수장은 남파 김천택과 더불어 경정산에서 마주 대하군하는바 두 로인은 당세에 있어 노래에 도통한 사람들이다. 미묘하고 호탕하고 시원스런 악절과 떴다 잠겼다 하는 물결 같은 악리는 이 두 선생의 문하에서 나왔다. 그들은 개연히 잘못된것을 고치고 와전된것을 바로잡으려는 뜻을 가지고 여러 선비의 작품과 거리에서 전해오는 노래들을 널리 수집하여 잘못된 가사를 거듭 검토하고 소리의 맑고 흐림의 구별을 깊이 생각하여 바로잡았다.

노래끝에 자기가 창작한 장가와 단가 1백여장을 붙여 합하여 한책을 만들었다. 창작의 본의는 별다른것이 아니라 다만 어버이에게 효성하고 임금에게 충성하며 자기 본분을 지켜 깨끗한 마음으로 국화꽃이나 사랑하면서 즐겁게 노래를 부르며 지내자는것이 였으니 참으로 이른바 속세상의 호걸의 생활내용이다.

김군은 또한 가요의 전통을 체득하여 뜻과 기백이 심히 속되지 않다. 후날의 선비들이 이것을 음악으로 옮길 때는 풍아와 악부와 같을것인가, 아닌가. 나는 잘 모른다.

을해(1755)년 4월 꽃피는 시절에 사곡거사 장복소는 화곡 로가재에서 쓴다.

序

我國歌譜 昔周之風雅 漢樂府流也 名臣巨儒 騷人 墨客 往往吟咏焉 歷三百余載 其譜有平而緩者 清而哀者 如暴風驟雨震蕩天地者 如綿草葛藟蔓 延林者 悅人耳和人心 其亦風教之一大 關也 好事者裒集非不夥然傳之既久 背音律 違高低者 間多有之 金君壽

長与蔫坡金天沢 相対敬亭山 兩翁即當世洞歌者也　微妙豪爽之節 浮沈汨汨之理 出於兩門 慨然有矯失正訛之志　廣取諸君子所作及 里巷傳誦者反覆乎較語之誤 沈潛乎反其淸濁之分尾附自家之所製長短 歌百余章 合爲一部 述之 本志別無他意而 但孝親忠君 守分 安拙 淸靜愛菊 樂歌戱歌 眞所謂塵世間豪傑君子也　金君盖亦得歌謠之 統而 志氣甚不俗也　後之君子者 其將被之管絃如周風雅漢樂府耶 否耶 余未可知也

　　歲乙亥 孟夏芳草之節 社谷居士 張福紹　書花谷老歌齋

　나라에서는 경사로운 일만하고 백성들의 집에는 생활의 근심이 없으며 농사는 풍작을 이루어 배고픈것을 모르고 백성들은 살림이 넉넉해져서 고통을 모른다.
　이와 같은 태평한 세월에 관리, 시정인, 농부, 은일사, 차 마시고 바둑 두는 사람, 서화가, 문인, 무사, 시인, 가수들은 각각 자기 직업이 있으니 가수는 사람의 성품을 화기롭게 하고 백성들을 교화하는 상서로운 혈맥이다.
　옛날로부터 가수들은 많지 않았다. 간혹 있다 해도 후세사람이 알지 못한다. 아무아무가 노래를 잘 불렀지만 그사람의 성명이 무엇인지 어느 때의 사람인지를 모른다. 한번 돌아가면 다시 오지 않으니 어찌 슬프지 않는가. 내가 고금의 가수들의 성명과 나이를 기록하면서 꼭 노래의 우렬을 쓰지는 않지만 주제넘게 월단의 평을 본받아 써보려 한다. 천년후까지 없어지지 않게 길이 전하려면 어찌 호의가 아니겠는가.

國有風雲之慶 家無桂玉之愁 年豊而不知飢 人富而不知苦 如此太 平之世 官吏 市耕 閒遊 茶奕 書畵 文武 詩歌者 各有其業　歌者 卽人性之和氣 國風之脉 祥自古歌 者不多而 間或有之 後世莫知 其 某某之能唱而 未知其何姓名及何時代之人 一歸必不復來 豈不哀 哉 余欲記其古今歌 者之姓 諱年齒 書之必不以 歌之優劣 書之妄擬 月評 千載後壽傳不泯 豈非好意也哉

《해동가요》 뒤 글

주군 시경은 나라일을 통분하게 여기고 개탄하는 의리있는 사람이다. 일생 부지런히 우리 말을 정리해서 다방면에 걸쳐 연구하고 제자를 모아 강습을 한것이 벌써 수년이 된다.

일찌기 노래집 한부를 찾아내니 책이름이 《해동가요》이다. 그가 탄복해 마지않으면서 읽어보니 인정의 옳고 그른것을 알수 있고 노래의 풍격과 형용을 관찰하매 세상도의의 흥하고 쇠퇴하는것을 깨달으며 사설은 비속하지 않아도 뽑아버리며 뜻은 고상하지 않아도 채택하여 유적이 없어지지 않게 해서 우리동포 모두가 노래부르며 춤추게 하여 조상들의 글을 숭상케 하며 조국에 대한 사랑의 정신을 배양시켜 단결의 덕을 잃지 않게 함은 주군의 본래부터의 뜻이다.

나에게 글을 부탁하여 발문으로 삼고 겸하여 정서를 청탁하니 내가 가집의 편찬순서와 중복을 정리삭제하여 그것을 보는데 편하게 하였다. 혹 지내 뽑아서 본문의 나머지를 찾아내며 루락된것을 보충하는 일은 뒤사람들이 해줄것을 기대한다.

이 책이 생각컨대 김공 수장이 편찬한것이나 그 책머리에 쓰기를 건이라 했으니 건곤 두편으로 된것이 분명하다. 혹 세상의 티끌속에 파묻혀 없어진것인가, 곤 편을 볼수 없는것은 실로 가석한 일이다.

륭희 3년(1909) 여름 박겸발

海東歌謠 跋

周君時經은 慷慨其人也라 常汲汲於整理國音하야 研究多門하고 講習有徒者盖亦有年矣라 嘗採得一部詞藻하니 名曰海東歌謠라 觀於咨嗟詠嘆하야 以知其人情之正變하고 察於風度形容하야 以觀其世道之汚隆하고 辭不卑俚而黜하며 意不高尙而取하야 使往蹟으로 不至泯滅하고 擧我同胞로 詠歌舞蹈에 尊崇祖之文言하며 培養祖國之精神하야 不矢其中和之德은 此其周君素志也라 屬余作文以跋之하고 兼請以書之하니 余乃整其編次하고 祛其重複하야 以便攷閱하고 至若脫簡하야 採遺補缺은 以俟後人하노라.

고금의 창과 가를 부르던 여러 사람
(古今唱歌諸氏)

허정(許珽) 承旨	김태위(金泰煒) 君沢
탁주환(卓柱漢) 大哉	변석조(辺錫祚) 致華
박대길(朴大吉) 英淑	김시빈(金時彬) 郁哉
김유기(金裕器) 大哉	김태서(金兌瑞) 大振
김우정(金宇鼎) 君甫	김성후(金聖厚) 爾叔
리정섭(李廷燮) 副率	지봉서(池鳳瑞) 和叔
박후웅(朴厚雄) 君弼	김금수(金拾壽) 仁淑
장현(張炫) 知事	정도희(丁道熙) 文淑
박상건(朴尚健) 徵甫	김식(金烒) 景淑
고선흥(高善興) 雲甫	최상령(崔尚拾) 華徵
최서붕(崔瑞鵬) 大哉	리의춘(李宜春) 雲白
리만매(李萬梅) 和淑	김중열(金重説) 士淳
리차상(李次尚) 淳卿	윤창기(尹昌基) 昌淑
송룡서(宋龍瑞) 雲卿	변석희(邊錫禧) 致逸
김정희(金鼎熙) 子彬	오경화(吳擎華) 子衡
김수장(金壽長) 子平	김태현(金台鉉) 爾瑞
김만주(金萬冑) 天擎	김광현(金匡鉉) 聖大
김우규(金友奎) 聖伯	권덕중(權德重) 欽哉
변문성(卞文星) 和淑	강희빈(姜希彬) 君夏
유학중(俞学中) 幼学	윤명량(尹命良) 芳淑
문수빈(文守彬) 士章	김유택(金由沢) 道心
박문욱(朴文郁) 汝大	조창적(趙昌迪) 君大
렴택인(廉宅仁) 沢之	김묵수(金黙壽) 始庚
리세춘(李世春) 子元	박창징(朴昌徵) 世膽
김천택(金天沢) 伯涵	리복령(李福狢) 興淑
최태양(崔泰陽) 子久	김종효(金宗孝) 伯元
오삼석(呉三碩) 文哉	정(鄭) 聖哉
리세귀(李世貴) 爾華	리(李) 文珍

此篇이 盖出於金公壽長所輯而 其篇首에 旣題曰 乾則 其爲乾坤
兩篇이 明矣而然歟아 抑或埋沒於桑塵互壇然歟아 惜乎其不及見也로다.

隆熙三年 夏 朴謙跋

《해동가요》 발문

사람의 생각이 혀에서 발음되면 소리가 되고 손으로 쓰면 글이 되니 글은 곧 일종의 류성기(축음기)다.
그 기계가 바르지 못하면 그 소리가 또한 떨어져서 바르지 못하므로 내가 국문을 정리하는데 주의해서 속된음의 와전을 분명히 갈라놓고 선배들의 부족한데를 보충해서 동지 여러분과 연구 강습하는 일이 수십년이나 되였다.
일찌기 노래집 한책을 얻어내니 그 노래가 우리 말이요 그 표기가 또한 우리 글이라 독자들이 읽는데 알기 쉬울뿐아니라 듣는 사람도 알기 쉬우므로 세상도의의 오르내림과 인정의 그르고 옳은것과 풍습의 아름다움과 야비한것을 충분히 알수 있다.
그러나 그 편찬의 순서가 한결같지 못하고 중복이 많으므로 내가 이에 교열하고 교정해서 길이 전하고저 하니 누가 그것을 보고 그릇된 일이라 하며 말하기를
《선생이 힘을 들이는것이 매우 크나 이 노래에는 음담패설이 서로 뒤섞였고 이 글이 자모반절에 자세하지 못해서(아니, 노로, 는온, 달둘, 맘몸 등의 글자를 말한다.) 향기와 추한 냄새가 함께 들어있고 어(魚)자와 로(魯)자를 가리지 못하는 곡절이 적지 않으므로 옳은 견식을 가진 사람들의 조소를 면하지 못할것이니 선생은 그것을 붓으로 깎아버리시라.》
내가 대답하기를
《선생의 말씀이 간곡하나 첫째로는 관저(부부화합한 성덕을 노래한 시)와 신대(음란을 징계한 시)를 진시(시로써 세태인정을 조사하는것)에서 한 줄에 세워 착한것을 권유하고 그른것을 징계한 뜻을 모르는 까닭이요, 둘째로 물체에는 정밀한것과 조잡한것이 있고 세상일에는 옳고 그른것이 있으니 오로지 착하기만 하면 어찌 악을 알수 있겠으며 늘 햇별이 쪼이기만 하면 어찌 어두운것을 알겠는가. 나는 지난날의 미개한것을 근심하지 않고 장래에 있어 점차 틔여날것을 희망해서 이 글로써 앞선 경험을 삼아 유적이 없어지지 않게 할 따름이다.》
손이 말하기를
《옳도다.》

하기에 따라서 기록한다.

　　　　　隆熙 3년(1909) 7월 그믐 주시경발

　　人의 思慮가 舌發하면 聲이 되고 手述하면 文이 되니 文은 即
留聲器라 其器가 不正하면 其聲이 또 隋하야 不正하므로 余가 國
文을 整理함에 注意하야 俗音의 訛解를 辨明하고 先進의 未備함을
添補하야 同志 諸君으로 研究講習함이 十數星霜을 了한지라 嘗히
一部歌謠를 採得하니 其曲이 我音이오 其述이 我文이라 讀者로 易
解하고 聽者로 易詳하야 足히 世道의 升降과 人情의 邪正과 俗
尚의 文野를 觀할지라 然이나 그 編次가 不一하고 重複이 間多함
므로 余가 이에 校閱較正하야 壽傳을 期하니 客이 非하되 子의 用
力이 勞則勞矣나 是曲이 陽春下俚가 相雜하고 是文이 子母反切에
不詳하야 이 니 노 르는 은달 돌 맘 몸 等字를 指함 薰蕕同藏하며
魚魯不辨하는 層折이 不無하니 具眼君子의 嘲評을 未免할지라 子
는 그 筆削할진져 余曰 子言이 誠是하나 一則關雎와 新坮가 陳詩
에 並列한 勸懲의 義를 不解함이오 二則 物의 精粗가 有하고 事의
是非가 有하니 純善하면 엇지 惡을 知하며 恒陽하면 엇지 陰을 知
하리오 余난 曾往의 未開함을 不憂하고 將來의 漸開함을 希望하야
是文으로 前鑑을 삼아 往蹟으로 不泯코져 할뿐이로다. 客曰唯 라 因
하야 記하노라.

　　　　　隆熙三年 七月 晦 周時經跋

철 구 가 요

공명을 모르노라 강호에 누웠이니
빈주에 압로하고 류안에 문앵이로다
때때로 왕래어적은 나의 흥을 돕는다

(김우규)

빈주=마름꽃 우거진 모래언덕.
압로하고=백로와 친하고.
류안=버들이 푸른 강기슭.
문앵이로다=꾀꼬리소리를 듣는도다.
왕래어적=오가는 고기배에서 들려오는 저대소리.

(가곡원류)

직녀의 오작교를 어이굴어 헐어다가
우리 님 계신곳에 건네놓아 두고라자
지척이 천리같으니 그를 슬허하노라

오작교=칠월칠석날 밤하늘의 견우성과 직녀성의 상봉을 돕기 위해 까막까치
들이 무어주었다는 다리이름.
어이굴어=어떻게든지.
두고라자=두고싶고나.

(가곡원류)

처음에 모르드면 모르고나 있일것을
어인 사랑이 싹나며 움돋는가
언제나 이 몸에 여름 열어 휘들거든 보려뇨

여름 열어=열매가 열어.
휘들거든=흥청거리거든.

(가곡원류)

강호에 비갠후이니 수천이 한빛인제

소정에 술을 싣고 낚대 메고 나려가니
로화에 나니는 백구는 날울 보고 반긴다

    수천=물과 하늘.
    소정=쪽배.
    로화=갈꽃.

              (가곡원류)

어부의 생애 보소 이 아니 허랑한가
풍범랑즙으로 만경파에 띄워두고
낚시에 절로 무는 고기 그 분인가 한다

    생애=일생. 한평생.
    허랑한가=맹랑한가.
    풍범랑즙=바람을 품은 돛과 풍랑속의 노.
    만경파=넓고넓은 바다물결.

늙고 병든중에 가빈하니 벗이 없다
호화로이 다닐제는 올이 갈이 하도할사
이저는 삼척청려장이 지기론가 하드라

    가빈하니=가난하니.
    올이 갈이=오는 사람 가는 사람.
    하도할사=많기도 많았더라.
    삼척청려장=석자 잉아대지팽이.
    지기론가=벗인가.

              (가곡원류)

아희를 재촉하야 밥 먹여 거느리고
논둑에 자리하고 벼 뷔이며 누웠는듸
결자리 날같은 벗님네는 장기두자 하더라

자리하고=자리를 깔고.
벼 뷔이며=벼를 베게 하고.

(가곡원류)

부귀를 뉘 마다하며 빈천을 뉘 즐기리
수유를 뉘 염하며 수단을 뉘 탐하리
진실로 재수천정이라 한할줄이 없느니

뉘 마다하며=누가 마다하며.
수유를 뉘 염하며=오래 사는것을 누가 싫어하며.
수단을=목숨이 짧음을.
탐하리=탐내리.
재수천정=모든것이 하늘이 정해준다는 뜻.
한할줄이 없느니=한탄할바가 아니라는 뜻.

김군 성백은 나와 매우 가깝게 지내는 벗이다. 성백이 소시적부터 풍류스러웠고 성품이 호방하여 박군 상건에게 노래를 배웠다. 노래공부가 일년이 채 못되여 능히 노래의 본을 그리게 되고 일반가객들을 압도하게 되였으며 그우에 노래를 수식하는 방법까지 갖게 되여 성백의 이름은 널리 알려졌다. 내 또한 노래부르는데 쏠리는 버릇이 있어 탁군 대재와 리군 순경의 노래를 늘쌍 사모하며 부러워하였다.

덧없이 세월이 흘러가매 이들은 이미 이 세상에 없으나 다만 성백과 내가 살아남았을뿐이다. 성백은 나이 일흔넷이요 나는 일흔다섯이라 인생에 있어 해질무렵이 박두하니 남은 날빛이 얼마 되지 않는다. 실로 한심한 일이다.

하루는 성백이 자기의 작품 11수를 나에게 보여주니 이를 훑어보건대 작품의 뜻이 그윽히 진실하다. 이를 책뒤에 붙여 후세에 전하여 없어지지 않게 하려 한다.

갑신(1764)년 섣달 매화 필 때 로가재 김수장은 쓴다.

金君聖伯　与我交道甚密　聖伯自小韻氣豪放　學歌於朴君尙建　未過一歲能模抑客又有繡飾之態　世皆謂名揚矣　我亦有歌癖　而卓君大哉

李君舜卿之歌 每於欽羨矣 過客光陰之間 此輩已没 只有聖伯与我矣
聖伯年令辛未 我庚午 日迫桑楡 餘暉多 良可寒心 一日聖伯自家所製
十一章示余 歷觀之 辭志寫實 附載黃卷 傳後不滅.

    甲申臘梅之節 老歌齋 金嘉長書.

오늘은 비 개건야 삿갓에 호미 메고
뫼잠방이 걸어추고 큰 논을 다 맨후에
쉬다가 점심에탁주 먹고 새 논으로 가리라

    비개건야=비가 깼느냐.

화산에 유사하야 서악사에 올라보니
십리강산에 한없은 경개로대
아희야 잔 자로 부어라 놀고 가자 하노라

    잔 자로=잔을 자주.

                         (가곡원류 김태석)

김군 덕이는 성질이 본래 시를 좋아하여 강산풍경을 좋아하며 친구
들과 사귀기를 즐긴다. 강산의 경치를 감상하는데 익숙하고 그것을 묘사하
는데 능하다.

    金君德而 性本騷雅 好風景 樂朋友 熟知景能筆法.

꾀꼬리 날려스라 가지우에 울릴세라
겨우 든 잠을 네 소래에 깰짝이면
아마도 료서일몽 못이룰가 하노라

                    (박희석)

    날려스라=날려보내려무나.
    울릴세라=울리면 어쩌랴.

걸작이면=걸것 같으면.

(가곡원류 박희서)

새볫거울 보뮌후이니 백발도 하도하다
춘조에 사쇄성은 늙도록 더 좋왜라
두어라 광명이 덧없으니 아니 먹고 어이리

  새볫거울=새벽거울.
  보뮌후이니=보미가 낀(녹쓴) 후니.
  하도하다=많도 많다.
  춘조=술동이.
  사쇄성=술거르는 소리.

잔등은 경경하야 잔몽의 벗이 되여
초국천애에 님 그리는 정이로다
달 지고 자규 그쳤이니 만정화락뿐이로다

  잔등=타다남은 등불.
  경경하야=깜박깜박하여.
  초국천애=멀고먼곳.
  자규=두견새.
  만정화락=온 뜰에 꽃이 지는것.

북명에 유어하니 일홈이 곤이로다
화이위조하니 이 니른 대붕이라
천만리 순식만 너기기는 너뿐인가 하노라
        (김진태)

  북명=북해.
  유어하니=고기가 있으니.
  곤=가상적인 큰 고기이름.
  화이위조하니=변화하여 새가 되니.
  이 니른=이것이 이른바.

대붕=가상적인 큰 새. 이 새는 한번 날개치면 구만리 장천을 순식간에 날아간다
한다.
너기기는=여기기는.

청천에 떴는 구름 오며 가며 쉴적 없어
무심한 흰빛에 만상천태 무슴일고
구타여 세상인사를 따를줄이 어째오

만상천태=오만가지 형태.
무슴일고=웬일인가.
어째오=어쩐 일이요.
세상인사=세상사람들속에서 벌어지는 일.

하운이 다기봉하니 금강산이 이러한가
옥같은 부용이 안중에 있다마는
아마도 보고 못오르니 그를 슬허하노라

하운이 다기봉하니=여름구름이 기이한 봉우리처럼 뭉게뭉게 이니.
부용이=여기서는 련꽃처럼 생긴 높은 봉우리.

묻노라 태화산아 너는 어이 묵중하다
세상인사는 조석변하거니와
아마도 용안불개는 너뿐인가 하노라

묵중하다=말적고 무거운가.
용안불개는=얼굴빛(산모양)을 고치지 않기는.

룡같은 저 반송아 반갑고 반가왜라
뢰정을 겪은후에 네 어이 프르렀노
누구서 성학사 죽닷튼고 이제 본듯하여라

반송=가지가 사방으로 퍼진 소나무

회정=우희.
성학사=리조 단종때 사륙신의 한사람인 성삼문.
죽닷튼고=죽었다고 하드냐.

장원서(리조시기에 과목, 화초, 남새 등에 대한 일을 맡아보던 부서)는 끝 성삼문(세조에게 죽은 세칭 사륙신의 한사람)의 옛 주택이다. 소나무는 즉 성삼문이 씨를 심은것이다.

掌苑署即 成三問舊宅也 松即 三問植種也
(가곡원류)

어화 벗님네야 착하로라 자랑 마소
시비장단이 오로다 문장습기
세상에 불민통고는 나뿐인가 하노라

시비장단=옳고 그른것과 길고 짧은것.
오로다=모두다.
문장습기=문장의 습관.
불민통고는=들어도 못들은 척, 봐도 못본척 하라는 처세술에 민감하지 못하기는.

(가곡원류)

세월이 여류하니 백발이 절로 난다
뽑고 또 뽑아서 젊고저하는 뜻은
북당에 친재하시니 그를 두려함이라

(김진태)

북당=집의 몸채로서 부모가 거처하시는곳.
친재하시니=어버이가 계시니.

(가곡원류)

환해가 도도하니 인생대족하시족고
공명이 오인이라께 다툴이 뉘 있이리
자고로 강산풍월이 님재 적다 하더라

    환해=벼슬길(벼슬아치들의 사회).
    도도하니=거침없이 넓고 넓으니.
    인생대족하시족고=사람의 욕망이 충족될것을 기다린다면 언제 완전히 충족될
        것인가 끝이 없도다.
    오인이라께=사람을 그르친다니까.
    님재=임자. 주인.

박고통금하니 크기도 가장 크다
이성만물하니 근량이 가히 없다
두어라 환해에 띄워 이제불통하리라

              (김진태)

    박고통금=옛일에 지식이 넓고 지금 일에 통달한것.
    이성만물하니=만물을 실었으니.
    근량이 가히 없다=무게가 한정없다.
    이제불통하리라=통하지 않는것을 통하게(건너게) 하리라.

              (가곡원류)

장공에 떴는 소로기 눈살핌은 무슴일고
석은 쥐를 보고 반회불거하는고여
만일에 봉황을 만나면 우임될가 하노라

    장공에=하늘높이에.
    소로기=소리개.
    무슴=무슨.
    반회불거하는고여=빙빙 돌면서 가지 않는구나.
    우임=웃음감.

저 총각 말 듣거라 소년 광경 자랑 마소

광음이 덧없으니 록발이 즉 백발이로다
우리도 소년을 믿다가 배운 일이 없에라

(김진태)

    소년광경=소년시절 모습.
    광음=세월.
    록발=검은 머리.
    소년을 믿다가=젊음을 믿다가.

(가곡원류)

신선이 있단말이 아마도 허랑하다
진황 한무는 깨달을줄 모로던고
아마도 심청신한하면 진선인가 하노라

    진황 한무=진시황과 한무제.
    모로던고=모르던가.
    심청신한=마음이 깨끗하고 몸이 한가한것.
    진선=신선중에서도 으뜸가는 신선.

(가곡원류)

모란화 좋다커늘 빗김에 옮겼더니
춘풍일야에 만원화개 부귀춘이라
어디서 빈천을 염하야 가지고저 하느니

    빗김=비온김에.
    춘풍일야=하루밤 봄바람.
    만원화개부귀춘이라=온 밭에 꽃이 피여 다시 봄으로 돌아감과 같더라.
    빈천을 염하야=가난하고 천한것을 싫어하여.

일어나 소 먹이니 효성이 삼오로다
들을 바라보니 황운색도 좋고 좋다
아마도 농가의 흥미는 이뿐인가 하노라

효성=새벽별.
삼오로다=듬성듬성하도다.
황운색=(보리이삭의) 누런색갈.
농가의 흥미=농사군의 재미.

초생에 비친 달이 낫같이 가느다가
보름이 돌아오면 거울같이 두렷하다
아마도 인지성쇠 저러헌가 하노라

가느다가=가늘다가.
두렷하다=둥글다.
인지성쇠=사람의 장성하고 쇠퇴하는것.

벽상에 걸린 칼이 보믜가 났단 말가
공없이 늙어가니 속절없이 만지노라
어즈버 병자국치를 씻어볼가 하노라

벽상에=바람벽에.
보믜가 났단=녹이 슬단.
병자국치=병자년(1636년) 녀진족으로부터 침범을 받은 나라의 수치.

(가곡원류)

평생에 원하기를 어늬 일 무스것고
봉황의 문장과 지주경륜이로다
너희는 쓸듸 없거니 나를 준들 어떠리

어늬 일 무스것고=어떤 일이며 무엇들인가.
봉황의 문장=봉황의 그 아름다움과 《도의》.
지주 경륜=거미가 집을 지음과 같이 조밀하고 훌륭히 경영하고 처리하는것.

약이 령타 하되 효험이 바이 없다

—345—

청심절욕하면 이 아니 선약인가
아마도 이 약 일홈은 사군자인가 하노라

  령타=령험하다.
  청심절욕=마음을 깨끗이 가지고 욕심을 없애는것.
  사군자=매화, 란초, 국화, 대나무를 이름.

이롱과 목고흠을 웃지 마소 벗님네야
청산에 눈 열리고 록수에 귀가 밝에
아마도 고치기 쉽기는 이 병인가 하노라

  이롱=귀머거리.
  목고함을=눈이 어두움을.

      (가곡원류)

하늘이 높으시되   인간사어를 들어시고
암실에 기심인들 신목이 번개로다
아마도 높고 두렵기는 천뢰신가 하노라

  인간사어=인간이 속삭이는 말.
  기심인들=마음을 속인들.
  신목=하늘에 있다는 신의 눈.
  천뢰=하늘이 내리는 벼락.

지저피는 저 가마귀 암수를 어이 알며
지나는 저 구름에 비 올똥말똥 어이 알리
아마도 세사인정도 이런가 하노라

  암수=암놈과 수놈.
  세사인정=세상 돌아가는 일과 사람의 마음.

      (가곡원류)

냇가에 섰는 버들 삼월동풍 만나거다
피꼬리 노래하니 우즑우즑 춤을 춘다
아마도 류막풍류를 립춘에도 썼더라

만나거다=만났도다.
류막풍류=버들이 장막을 두른 아름다운 경치.
립춘에도=립춘날 대문이나 기둥에 써붙이는 글에도.

내 나이 많아 마음이 한가하고 본시 노래를 즐기는 버릇 생긴지 오래다. 고금의 어진 선비들과 명기와 이름 모를 사람들의 작품을 모으고 거기에 자기의 창작품인 장가와 단가 백여수를 덧붙여 가요집을 만들 때 김군 군헌의 작품을 얻어보니 그 뜻이 뛰여나고 시어의 운이 매우 맑아 속된것에 물들지 않기가 마치 무산깊은 골짜기와 같이 호젓하다. 옥과 같고 구슬과 같이 다듬어진 말은 마치 봉래 영주산에서 쓰는 신선의 말과 같다. 벌써부터 서로 알지 못한것을 한탄한다.

때는 병술(1766)년 여름 일흔일곱의 늙은이 로가재 김수장이 쓴다.

余年老心閒 素有歌癖者久矣 裒集古今作 歌群賢輩及 名妓與無名氏 自製長短歌百余章 釐為歌謠之際 得見金君獻之作 意旨超越 響韻清絶 不染俗態巫峽之蕭森琦語瓊語 蓬瀛之仙語 恨不曾相識也

歲丙戌 夏六月 七七翁 老歌齋 金嘉長書

청랭포 달밝은 밤에 어여뿐 우리 임금
고신척영이 어디로 가신것고
벽산중 자규의 애원성이 나를 절로 울린다

(문수빈)

어여뿐=가엾은.
고신척영=외로운 몸에 따르는 외로운 그림자.

—347—

자규=접동새.
애원성=슬프게 원망하는 소리.

(가곡원류)

청창에 낮잠 깨여 물태를 둘러보니
화지에 자는 새는 한가도 한저이고
아마도 유거취미를 알이 젠가 하노라

(리덕함)

청창=밝은 창.
물태=사물의 동태.
화지=꽃가지.
한저이고=하구나.
유거취미=한가히 지내는 취미.

잇브면 잠을 들고 깨였으면 글을 보새
글보면 의리있고 잠들면 시름 잊새
백년을 이렇듯하면 영욕이 총부운인가 하노라

잇브면=피곤하면.
총부운인가=모두다 뜬 구름같은가.
영욕=호화롭고 행복스러운것과 치욕스러운것.
총부운=모두 뜬 구름.

공정에 리퇴하고 인갑에 이끼졌다
태수 정청하니 사송이 아조 없다
두어라 청송이 유인한들 무송함만 같으랴

(리덕함)

공정=판청.
리퇴하고=아전들이 물러가고.

인갑=도장을 넣어두는 갑.
태수 정청하니=고을 장관의 정치가 청백하니.
사송=민간의 시비를 가리기 위해 재판을 거는것.
청송이 유인한들=사송을 처리함이 다른 사람과 같은들.
무송함만 같으랴=소송이 없는것만 하겠는가.

(가곡원류)

시경은 옛친구 이숙의 아들이다. 나이는 어려도 배운바가 많고 뜻이 장하다. 노래를 잘 부르며 글짓기에도 능하다. 그가 장가와 단가 6수를 지었는데 그 음조와 절강이 극히 호탕하고 청신하여 나는 이것을 사랑하고 공경한다.

계미(1763)년 6월 류두날 로가재는 쓴다

右始慶者 即故人爾叔之子也 年少學高 志氣豪邁 善歌能筆 作長短
歌六章音調節腔極其豪爽 吾以此愛敬焉

癸未 流頭之節 老歌斎書

한중에 홀로 앉아 현금을 비껴안고
궁상각치우를 주줄이 짚었으니
창밖에 엿드는 학이 우줄우줄 하더라

(김중열)

한중에=한가하게.
현금=거문고.
궁상각치우=다섯가지 음율의 단위.

구룡소 맑은 물에 이내 마음 씻어내니
세간 영욕이 오로다 꿈이로다
이 몸이 청풍명월과 함께 늙자 하노라

구룡소=금강산 구룡연.
세간영욕=세상에 있는 영예와 곤욕.

　사순은 옛친구 김군 자빈의 아들이다. 어려서부터 남달리 총명하였고 뜻이 호탕하고 웅장했다.
　거문고를 어은에게서 배웠으며 퉁소도 어은에게서 배웠다. 옛날 여러 선비들로서 거문고의 명수들은 그만두고 그이후 산수의 곡에 있어 처음에 평우조를 내는데 사순의 여러 곡의 연주는 마치 덤불속의 란초같고 까막까치속의 봉황과 같다. 내가 비록 음률의 맑고 흐린것과 높낮이를 모른다고는 하나 약간 비평할수 있기에 이 일을 그냥 지나칠수가 없다.
　내가 노래의 음률을 고쳐 다듬을 때 사순이 창작한 단가 3수를 얻어보니 속된데가 없고 신선의 자취가 눈에 훤하니 어찌 신통치 않았겠는가.
　사순이 일찍 노래를 배우지 않았는데 창을 익혀 비상히 어려운 조도 능히 부르니 비록 사람은 소년이나 노래는 로숙하다. 실로 속세상에 파묻힌 호걸군자라 할것이다.
　아, 세상사람들이 욕심에 현혹되고 물질에 더럽히여 스스로 귀머거리에 소경이 되니 이 사람이 있음을 알지 못한다. 참으로 슬픈 일이로다.
　　해는 기축(1769)년 살구꽃필 때 여든난 늙은이 로가재는 쓴다.

右士淳 即故人金君子彬之子也 幼聰明過人 志氣豪雄 琴聽於漁隱 洞簫於漁隱 古昔群賢名琴之後 山水之曲 初出平羽調 諸曲之彈則 叢草之幽蘭 烏鵲中鳳凰 余雖不知音律淸濁高下 小有解夢之致故 不必僞放過矣余歌譜改修時 得見士淳之所製短歌三章則 俗態沒隱 仙跡明眼 豈不奇哉 士淳曾無學歌唱習而 能唱非常之調人則少年 歌則老成 實爲塵埃間 豪傑君子也 噫世俗之人 惑於慾 染於物 自成聾瞽 不知有此人 誠極慨然也
　　歲己丑 杏花之節 八十翁 老歌齋 書

한벽당 좋단 말 듣고 망혜죽장 찾아가니
십리풍림에 들리나니 물소래로다
아마도 남중 풍경은 예뿐인가 하노라

　　　　　　　　　　（김두성）

한벽당=전라북도 전주에 있는 당.
　　십리풍림=십리나 뻗은 단풍나무숲.
　　들리나니=들리는것은.
　　남중풍경=남쪽땅의 경치.

(가곡원류)

석양에 매를 받고 내 건너 산 넘어가서
꿩 날리고 매 부르니 만혼이 거의로다
어디서 반가운 방울소래 구름밖에 들린다

　　만혼=늦은 황혼.

(가곡원류)

사랑사랑 고고이 매인 사랑 왼 바다흘 다 덮는 그물처로 맺
　　은 사랑
왕십리라 답십리라 참외 너흘이 얽어지고 틀어져서 꿀꿀이 벋
　　어가는 사랑
아마도 이 님의 사랑은 가없은가 하노라

　　고고이=그물의 코마다.
　　왼 바다흘=온 바다를.
　　그물처로=그물처럼.
　　왕십리라 답십리라=서울교외의 지명으로 참외산지임.
　　꿀꿀이=밭고랑마다.

(가곡원류)

오정주 팔진미를 먹온들 살로 가랴
옥루금병 깊은밤의 원앙침 비취금도 님 없으면 거줏것이로다
저 님아 헌 덕석 짚벼개에 초식을 할지라도 리별 곳없이면 긔
　　원인가 하노라

　　오정주=좋은 술의 이름.

-351-

옥루금병=옥으로 만든 루수기(물시계)와 금으로 장식한 병풍이라는 뜻으로
궁전을 말함.

(가곡원류)

갈제는 오마타니 가고 아니 오노매라
십이란간바자니며 님 계신듸 바라보니 남천에 안진하고 서상
　　에 월락토록 소식이 긋쳐졌다
이 뒤란 님이 오셔든 잡고 앉아 새오리라

오마타니=오겠다고 하더니.
십이란간=길고 넓은 열두란간.
바자니며=서성거리고 걸어다니며.
남천에 안진하고=남쪽하늘에 기러기도 다 날아가버렸고.
서상에 월락토록=서쪽초당에 달이 지도록.
오셔든=오시거든.

삼월동풍호시절에 일복삼우 거느리고 륙각등림하야 사우를 돌아
　　보니
천랑 기청하고 혜풍화창한듸 화간접무는 롱춘색이오 류상앵가
　　는 탕인정이라 학배회어장공하고 로롱잠 어벽담이라
아마도 로년화사무중간을 못내 슬허 하노라

일복삼우=종 하나, 벗 셋.
륙각=북, 장고, 해금, 대평소 한쌍, 피리.
사우=사방.
혜풍=봄바람.
화간접무는 롱춘색이오=꽃속에 춤추는 나비는 봄빛을 희롱하고.
류상앵가는 탕인정이라=버들가지에 넘노는 꾀꼬리소리는 사람의 감정을 호탕케
　　하도다.
학배회어장공하고=학은 높은 하늘에 배회하고.
로롱잠어벽담이라=늙은 룡은 푸른 못에 잠겼도다.
로년화사무중간을=늘그막에 꽃을　마치 안개속에서 보는것 같음을.

(가곡원류)

박군 여대는 나의 옛친구다. 내가 평생 노래를 좋아하기때문에 노래의 음률을 다시 고칠 때 여대의 노래를 얻어보니 그 뜻이 넓고 말이 순실하여 어떤 노래는 원통하고 어떤것은 청수하고 혹은 허랑하며 어떤 노래는 사람을 계발케 하니 이 사람의 재간과 도량은 바다와 같이 끝이 없었다.

아, 박군의 처세는 가난하여 생활을 지탱할수 없었으나 뜻을 가난에 굽히지 않았으며 천생 타고난 마음은 언제나 호탕하였다. 평생에 술마시기를 고래가 물마시듯하였으며 길게 소리내여 읊으면 반드시 사람을 놀라게 하는 시구가 있었다. 이는 참으로 이 세상의 호걸군자였다.

여러 작품중 《두 승려의 천고에 없을 이야기》는 내가 경정산에서 그와 서로 이야기한바가 있다.

해는 기축(1769)년 살구꽃필 때 여든난 늙은이 로가재 김수장은 쓴다.

右朴君汝大 即余故人也 余平生 有歌癖故 歌譜生修之際 得見汝大之譜則 意也浩瀾 言之純實 或歌慷慨 或歌秀清 或歌虛浪 或歌則使人感發此人之局量 南溟之無涯 噫朴君之處世 貧不能資生 而 志不屈於貧 賦心長在於豪華 平生酒有臣鯨量 詠嘆必有驚人句 此誠塵世間豪傑君子也 所述諸曲中 僧尼交脚之歌 千古一談 吾以此相 對敬亭山

歲己丑 杏花之節 八十翁 老歌斋 金壽長 書

남훈태평가

락시조, 롱, 편, 송, 소용, 우조, 후정화, 계면, 만수대엽, 원시점, 잡가, 가사

록양 삼월절에 련근 캐는 저 목동아
잔 련근 캘지라도 굵은 련근 다칠세라
꼿속에 백학이 잠들었으니 선잠 깰라

    꼿속에=꽃속에.

달밝고 서리치는 밤에 울고가는 기러기야
소상동정 어디 두고 려관 한등에 잠든 나를 깨우나냐
밤중만 네 울음소래 잠 못이뤄

    려관한등=려관의 쓸쓸한 등불.

초경에 비춰 울고 이경야에 두견이 운다
삼경 사오경에 슬피 우는 저 홍안아
야야에 네 울음소래에 잠 못이뤄

    홍안=큰기러기와 작은 기러기.
    야야=밤마다.

만경창파지수에 둥둥 떴난 기러기야
구월구일 망향대에 홍안나종북지래냐
너의도 리별을 마자 하고 저리 둥둥

    구월구일망향대에=구월 중구날 이국에서 망향대(고향을 바라보는대)우에.
    홍안나종북지래냐=기러기는 어찌하여 북쪽을 떠나오느냐.

백구야 한가하다 네야 무삼 일 있으리
강호로 떠날제 어디어디 경 좋더냐
우리도 공명을 하직하고 너를 좇아

기러기떼 많이 앉은곳에 포수야 총을 함부로 놓지 말아
새북강남 오구 가는길에 님의 소식을 뉘 전하리
우리도 그런줄 알기로 아니 놓습네

　　　새북강남=먼 북쪽과 남쪽 지방인 강남땅.

초산 목동들아 나무 뷔다 대 다칠라
그 대를 고이 길러 하오리라 낚수대를
우리도 그런줄 알기로 나무만 뷔오

　　　초산목동=여기서는 깊은 산의 목동을 말함.

아희야 연수 내여라 임 계신데 편지하자
검은 묵 흰 조희는 임을 응당 보련마는
저 붓대 날과 같아여 그리기만

　　　　　　　　　(가곡원류)

바람불어 누운 남이 비 온다고 일어나며
님 그려 누운 병에 약 쓴다고 일어나랴
저 님아 날로 난 병이니 날 살려주렴

　　　남이=나무가.

— 357 —

록초장제상에 독의황독 저 목동아
세상 시비사를 네 아느냐 모르느냐
그 아희 단적만 불면서 소이부답

    록초장세상=풀이 푸르는 긴 둑우.
    독의황독=누른 송아지에 혼자 기대고있는.
    소이부답=웃을뿐이고 대답을 하지 않는것.

나 탄 말은 청총마요 님 탄 말 오추마라
내앞에 청삽살개요 님의 팔에 보라매라
저 개야 공산에 깊이 든 꿩을 자루 두져 투겨라 매 띄여보게

    청총마=흰털에 검은빛 도는 말.
    오추마=검은 털에 흰빛이 도는 말.
    보라매=조선 동북지방에서 나는 매의 한 종류. 꿩사냥에 많이 쓰인다.
    투겨라=뛰여날게 하여라.

우연히 지면한 정이 심입골수 병이 들어
일미심 월미제에 분수상별이 웬 말이냐
아희야 피꼬리 날려라 꿈결 갓제

    지면한=얼굴을 안.
    심입골수=깊이 뼈속에 사무치는것.
    일미심 월미제에=날로 잘 보살피지 못하고 달로 잘 생각해 받들지 못하였는데.
    분수상별에=서로 리별함이.

새벽달 서리치고 지새는 밤에 짝을 잃고 울고 가는 기러기야
너 가는 길에 정든 님 리별하고 차마 그리워 못살례라고 전하
   여주렴
떠다니다 마음 나는대로 전하야줌세

청초 우거진곳에 장기 벗겨 소를 매고
길아래 정자나무밑에 도룡이 베고 잠을 드니

청풍이 세우를 몰아다가 잠든 나를

    정자나무＝정자처럼 가지가 뻗은 나무.

오려논에 물 실어놓고 고소대에 올라보니
나 심은 오조밭에 새 앉았으니 아희야 네 말려주렴
아모리 우여라 날려도 감돌아듬네

    오려논＝올벼논.
    실어놓고＝대여두고.
    고소대＝여기서는 높은 언덕.

가노라 가노라 님아 언양 단천에 풍월강산으로 가노라
님아 가다가 심양강에 비파성을 어이하리
밤중만 지국총 닻 감는 소래에 잠 못이뤄

    심양강＝강 이름.
    비파성＝비파소리.

청산 자부송아 너는 워이 누웠느냐
풍상을 못이기여 꺾어져서 누웠노라
가다가 량공을 만나거든 예 있드라쇼

    자부송＝다북솔.
    량공＝대목.

저 건너 검어 우뚝한 바회 정을 들어 따려내야
털삭여 뿔좇아 네발 모아 정성드뭇이 걸어가는듯이 삭이리라
뿔 곱은 검은 암소 두었다 임 리별하면 타고 갈가

털삭여=털을 삭이여.
불좇아=정으로 돌을 쪼아 불을 만들어.
겅성드뭇=느릿느릿 걸어가는 모양의 의태어.

띄오리라 띄오리라 세백사 륙모얼레당사줄 감아 띄오리라
반공 운무중에 싸였고나 구머리장군에 홍룡화 긴코
그중에 짓거리 있고 말 잘 듣고 토김룩 잘 받는 연은내연인가

띄오리라=(연을) 띄우리라.
세백사=가는 흰실.
구머리장군=구만리 장공 높고 먼 하늘.
홍룡화=홍룡화를 그린 연.
짓거리=흥이 나서 하는 동작.
토김룩=연이 거꾸로 곤두박질하는것.

꽃이야 곱다마는 가지 높아 못꺾겠다
꺾지난 못하나마 일홈이나 짓고 가자
아마도 그 꽃 일홈 단장휀가

단장휀가=사람의 간장을 끊는 꽃인가.

룡같이 설설 긔는 말게 반부담하야 내 사랑 태고
산넘어 구름밖에 꿩 사냥 하라갈제 채치며 돌쳐보니 떼구름
   속에 반달이로고나
언제나 저 구름 다 보내고 왼달 볼가

왼달=옹근달.

아희야 말안장 지어라 타고 천렵가자
술병 걸제 행여나 잔 잊을세라 백수를 흘날리며 여흘여흘

건너가니
아희야 이 뒤에 묻나니 있거든 뒤 여흘로

    백수=백발.

리별이 불이 되니 간장이 타노매라
눈물이 비되니 끌듯도 하건마는
한숨이 바람이 되니 끌동말동

            (가곡원류)

꿈이 정녕 허새로다 임이 왔다 가단 말가
제 정녕 왔제드면 흔적이나 뵈련마는
지금에 제 아니 오고 남의 애를

    허새로다=허사이로다.
    왔제드면=왔었다면.

간밤에 꿈 좋더니 임에게서 편지 왔네
그 편지 받아 백번이나 보고 가슴우에 얹고 잠을 드니
구타야 무겁지 아니해도 가삼 답답

    구타야=구태여.

해 지면 장탄식이오 촉백성이 단장회라
잊자 하여도 궂은 비는 무삼 일로
원촌에 일계명하니 애끊난듯

    촉백성=두견새 우는소리.
    단장회라=애끊는 생각을 자아내도다.
    일계명하니=첫닭이 우니.

꿈아 열없은 꿈아 오난 임을 보내고
꿈아 오난 임 보내들 말고 잠든 나를 깨오려무나
내게는 꿈조차 야속하니 그를 설워

     열없은=싱거운.
     보내고=보냈는가.

각씨님 예쁘든 얼굴 저 건너 내가에 홀로 우뚝 섰난 수양버드
    나무 고목이 다 되야 썩어 스러진 광대등걸이 다 되단
    말가
젊었고자 젊었고자 세다섯만 젊었고자
열하고 다섯만 젊을 양이면 내 원대로

     광대등걸=말라 비틀어지고 썩어진 나무밑둥.
     젊었고자=젊고싶구나.
     세다섯=다섯씩 셋. 즉 열다섯.

자규야 우들 말아 네 울어도 속절없다
울거든 네나 울지 잠든 나를 깨오나냐
밤중만 네 울음소래에 잠 못이뤄

     자규=두견새(소쩍새)

물 없난 강산에 올라 나무도 꺾어 다리도 놓고
돌도 발로 톡 차 데굴데굴 굴러라 수렁도 메고 만첩청산 내리
    고내린 물결 휘여잡아 타고 에르렝 꽐꽐 더지둥 덩실 임
    찾아가니
석양에 물찬제비는 오락가락

     메고=메꾸고.

군자 고향래하니 알리로다 고향사를
오든 날 긔창 전에 한매화 퓌였드냐 안 퓌였드냐
매화가 퓌기는 퓌였드라마는 임자 그려

    군자고향래하니 = 어진 선비가 고향에 돌아오니.
    긔창전=비단으로 바른 창앞.
    한매화=일찍 피는 매화.

백사장 홍료변에 굽닐어 먹난 저 백로야
한 입에 두셋 물고 무에 나빠 굽니나냐
우리도 구복이 원쉬라 굽닐어 먹네

    홍료변=붉은 역귀꽃 핀 물가.
    굽닐어 먹난=허리를 구부정하게 숙이고 걸어다니면서 먹는.

바람이 불랴난지 나무끝이 흔들긴다
밀물은 동호로 가고 혀난 물은 서호로 돈다
사공이 넌 그물 걸어 사리담고 닻 들고 돛을 높이

    사리담고=사려서 담고.

십년을 경영하야 초당 일간 지여내니
반간은 청풍이오 또 반간은 명월이라
아마도 청풍 명월이 내 벗인가

    경영하야=일하여서.

소상강 긴대 뷔여 낚시 매야 들어메고
불고공명하고 벽파로 나려가니
백구야 날 본체말아 성상 알라

-363-

불고공명=공명을 돌아보지 않는것.
벽파로 나려가니=푸른 물결 찾아가니.
성상알라=세상이 알겠다.

청계산 초당전에 봄은 어이 늦였느냐
리화백설향에 류색황금 눈이로다
만학운 촉백성중에 춘사망연

리화백설향에=활짝 핀 흰배꽃은 백설을 뿌려놓은듯한데 향기마저 그윽하고
류색황금눈이로다=버들잎이 피기 시작하여 황금색으로 아름답도다.
만학운 촉백성중=구름낀 중첩한 골짜기의 두견새소리.
춘사망연=봄일이 아득하다.

자각봉하 청계상에 청풍으로 로인정짓고
달아래 수어각 있고 구름밖에 오송정이로다
동자야 소년루 어디메뇨 취벽문안이요

자각봉=봉우리이름.
청계상=맑은 시내우.
로인정=서울에 있는 정자이름.
수어각=집이름.
오송정=정자이름.
소년루=다락이름.

산중에 무력일 하야 절 가난줄 모르더니
꽃 피면 춘절이요 잎 피면 하절이요 단풍 들면 추절이라
지금에 청송록죽이 백설에 젖었으니 동절인가

무력일하야=력서가 없어서.
청송록죽=푸른 소나무와 대나무.

내가 죽어 잊어야 옳으냐 네가 살아 평생에 그리워야 옳다하랴

죽어 잊기도 어렵거니와 살아 생리별 더욱 섧다
차라리 내 몬저 죽어 돌아갈제 네 날 그리워라

    그리워라=그리워해라.

어이하야 가려느냐 무삼 일로 가려느냐
무단히 싫다느냐 남의 말을 들었느냐
저 임아 애닯고 애닯래라 가난 뜻을

촉에서 우는 새는 한 나라를 그려울고
봄비에 웃는 꽃은 시절 만난 탓이로다
두어라 각유소회니 웃고 울고

    촉=촉나라.
    각유소회=각각 생각하는바가 다르다는 뜻.

(가곡원류)

임 리별하던 날 밤에 나는 어이 못죽었노
한강수 깊은 물에 풍덩실 빠지련만
지금에 살아있기난 임 보랴고

청천에 뜬 기러기야 네 어디로 향하느냐
이리로 저리 갈제 내 한 말 들어다 한양성 내 임 계신데 잠간
    들려 닐온 말이 월황혼 계워갈제 임 그려 차마 못살레라
    고 부대 한 말만 전하야주렴
우리도 강호에 일이 많아 바삐 가난 길이기로 전할동말동

    한양성=서울.
    월황혼 계워갈제=저녁달이 비치면서 어두워질 때.

적토마 살지게 먹여 두만강수에 굽씻겨 세고
룡천검 드난 칼을 다시 갈아 두러메고
언제나 성쥬를 뫼옵고 태평성대

    적토마＝좋고 날랜 말의 일종.

어이하야 못오더냐 무삼 일로 못오더냐
잠총 급 어부에 축도지난이 가리웠더냐 무삼 일로 못오더냐
아마도 백난지중에 대인지난 어려웨라

    잠총 급 어부＝잠총, 어부는 험한 산길이 있는 축나라를 개국한 왕들임.
    축도지난＝축나라의 험한 산.

바람도 수여 넘고 구름이라도 다 수여 넘어갑네
산진이 수진매 해동청 보라매라도 다 수여 넘난 고봉 장성령
    고개
우리난 임이 왔다면 한번도 아니 수여 넘어 갑네

    산진이＝산속에서 자란 매.
    수진매＝집에서 길들인 매.
    해동청보라매＝령동에서 나는 보라매.
    고봉 장성령고개＝높은 뫼뿌리로 이루어진 장성고개.

댁들에 나무를 삽소 네 나무 한동에 값이 얼마나
싸리나무 한동에 쌀 한말받고 검부적이 한동에 쌀 닷되 받고
    합하면 한말 닷되올세 사때여봄쇼 불 잘 붙습나니
진실로 그럴 양이면 끌단이나 합세

    끌단이나＝단을 고르기나.

화촉동방 사창밖에 벽오동 성긴 비소래 잠 놀래 깨니
만뢰난 고적하고 사벽충성 즉즉한대 관성청조난 설워라 울고
　　새벽날 서리치고 지새는 밤에 두나래 둥덩
　　　치고 울고가난 기러기야
야야에 네 울음소래에 잠 못이뤄

　　만뢰＝만물의 소리. 많은 소리.
　　사벽충성＝네 벽에서 나는 벌레소리.
　　즉즉한대＝벌레소리의 의성어.
　　관성청조＝판소가 있는 성의 청조.

신농씨 상백초하사 일만병을 다 고치되
님 그려 상사병에 백약 무효로다
저 님아 널로 난 병이니 날 살려주렴

　　신농씨 상백초하사＝고대의 전설적임금 신농씨가 여러가지 풀을 맛보고
　　　약을 만들어.
　　상사병＝님 그려서 난 병.

밤은 깊어 삼경에 니르렀고 궂은 비는 오동에 흩날릴제　이리
　　궁글 저이리궁글 두루 생각다가 잠 못일우웨라
동방에 실솔성과 청천에 뜬 기러기소래 사람의 무궁한 심회를
　　짝지어 울고 가는 저 기럭아
가뜩에 다 석어스러진 구뷔 간장이 이 밤 새오기 어려웨라

　　실솔성＝귀뚜라미소리.
　　구뷔간장＝굽이굽이 뒤틀린 간장.

기러기 산이로 잡아 정들이고 길러서
임의 집 가는 길을 력력히 가르쳐두고
밤중만 임 생각 날제면 소식 전케

　　산이로＝산채로. 　　　（가곡원류）

동방에 별이 났다 하니 삼척동자야 네 나가보아라
삼태륙성에 북두칠성 조무상이도 아이요 임에게서 기별이 왔나
　　보다
진실로 임에게서 기별이 왔으면 네나가 보들말고　내 나가보마

　　　　삼태륙성＝삼태성(하느님을 지킨다는 세개의 별 즉 상태성, 중태성, 하태성,과
　　　　　　륙항성.
　　　　조무상이＝묘성.

대장뷔 삼겨나서 립신양명 못헐지면
차라리 다 떨치고 일 없이 늙으리라
이밖에 록록한 영위에 길일줄을

　　　　록록한 영위＝하잘것없는 일을.
　　　　길일줄을＝찬양하라.

강변에 총 멘 사람 기러기난 죄 놓아라
낚시 그물 가진 사람 리어여든 다 잡아라
리어와 기러기 있어도 소식 몰라

　　　　죄 놓아라＝죄다 총 놓아잡아라.
　　　　리어여든＝잉어거든.
　　　　소식 몰라＝전설에 잉어와　기러기는 소식을 전하는 동물이라 하였는데　자기
　　　　　　에게는 님소식을 전해주지 않는 심정을 읊었음.

울며 불며 잡은 사매 떨떨이고 가들 마오
그대는 장부라 돌아가면 잊건마는
소첩은 아녀자라 못내 잊습네

　　　　떨떨이고＝떨쳐버리고.

주렴에 달 비취였다 멀리서 난다 옥저 소래 들리난고나

벗님네 오자 해금 저 피리 생황 양금 죽장고 거문고 가
　　지고 달뜨거든 오마더니
동자야 달빛만 살피여라 하마 올 때

　　주렴=구슬로 꾸린 발.
　　옥저소래=저대소리.

가마귀를 뉘라 물들여 검다 하며 백로를 뉘라 마전하여 희다더
　　냐
황새 다리를 뉘라 이워 기다 하며 오리 다리를 뉘라 분질러 짜
　　르다 하랴
아마도 검고 희고 길고 짜르고 흑백 장단이야 일러 무삼

　　마전=씻어서 표백하는것.
　　이워=이어서.

저 건너 푸른 산중하에 두룽다리 쓰고 저 총대 드러메고 살랑
　　살랑 나려오는 저 포수야
네 저 총대로 날버러지 길짐생 길버러지 날짐생 황새 촉새 두
　　루미 너새 징경이 범 사슴 노루 토끼를 겨 총대로 놓아
　　잡을지라도 사벽달 서리 치고 지새는 밤에 동녘동 다히
　　로 짝을 잃고 홀로 에이울에이 울고 울고 가는 기러길랑
　　놓칠말아
우리도 그런줄 알기로 아니 놓습네

　　산중하=산속에서.
　　두룽다리=모피로 만든 모자의 하나.
　　촉새=참새의 한 종류.
　　너새=목이 길고 꽁지가 짧아 기러기같이 생긴 새.
　　징경이=증경. 비오리.
　　동녘동 다히로=동쪽땅으로.
　　에이울에이=기러기울음의 의성어.

생매 잡아 길 잘 들여 두메로 꿩사냥 보내고
셋말 굽을 굽통 솔질 솰솰 하야 뒤 송정 잔디잔디 금잔디 난데
　　말뚝 땅땅 박아 바느려매고 앞내 여흘고기 뒤내 여흘고
　　기 자나 굵으나 굵으나 자나 주어 주섬 낚아내야 움버들
　　가지 주루룩 훑어 아감지 께여 시내잔잔 흐르난 물에 청
　　석 바바둑돌을 얼른 냉큼 속속히 집어 자장단 맞추아 지
　　질러놓고 동자야 이뒤에 외뿔가진 소 타고 그 소가 우
　　의가 부풀어 치질이 성헛가하야 남의 소를 얻어타고 급
　　히 나려와 묻거들랑
너도 조금도 지체말고 뒤 여흘로

　　굽을굽통=구부정한 말발굽.
　　뒤 송정=뒤산 소나무 정자.
　　주어 주섬=낚시줄을 주어 주섬주섬.
　　청석 바바둑돌=파란빛의 반들반들한 돌.
　　치질=소의 등창.
　　성헛가하야=더 도질가 더 심해질가 하여.

간밤에 대취하고 취한 잠에 큰 꿈꾸니
칠척검 천리마로 료해를 거너 가서 천교를 항복받고　북궐에
　　돌아들어 고궐성공하여 뵌다
장부의 강개한 마음이 흉중 울울하야 꿈에 시험하도다

　　천교=오랑캐. 여기서는 북쪽침범자.
　　북궐=임금이 있는 궁전.
　　고궐성공=임금에게 성공을 보고하는것.
　　흉중울울하야=가슴이 답답하여.

　　　　　　　　(가곡원류)

　　　　어떤 남은 대명전 대들보 되고 어떤 남은 열소경 도막
　　　　　대 되고
　　　　난번소경 다섯 든번소경 다섯 장무공사원 합하여 열두

소경 도막대 된고
차라리 거문고술대 되여 임의 손에

　　도막대=여럿이 도거리로 쓰는 지팽이.
　　난번소경=당직에서 풀린 소경.
　　든번소경=당직소경.
　　장무공사원=소경 도청의 일을 보는 소임.
　　술대=거문고를 탈 때 쓰는 대가지.

저 건너 광창 높은 집의 머리 좋은 각시네야
초생에 반달같이 비최지나 말려무나
어찌타 장부의 간장을 구븨구븨

시문에 개 짖으니 임만 여겨　창 열고보니
임은 아니 오고 구월 단풍에 락엽성이로다
저 개야 추풍 락엽성 무단이 짖어 잠든 나를

죽장망혜 단표자로 천리강산 들어가니 그곳이 끌이 깊어 두견
　　접동이 낮에 운다
구름은 뭉게뭉게 피여 락락장송에 둘러있고 바람은 솰솰 불어
　　시내 암상에 꽃가지만 떨떨이는고나
그곳이 별유천지 별건곤이니 아니놀고

　　단표자=밥도시락과 표주박.
　　별유천지 별건곤=이 세상과는 딴 세상이라는것을 강조하여 반복한것.

월황혼 겨워갈제 정처없이 나간 임이
백마금편으로 어디가 다니다가 뉘 손에 잡히여 돌아올줄 모르
　　는고
지금에 독수공방하야 장상사루여우헐제 전전불매

겨워갈제=늦어갈 때.
　　　백마금편=흰 말에 금으로 꾸민 채찍.
　　　장상사무여우할제=그리운 생각에 눈물이 비같이 흐를 때.
　　　전전불매=뒤치며 잠을 이루지 못하는것.

옥으로 말을 사겨 영천수에 흘리 씻겨
록초장제상에 바 늘여 매와두고
그 말이 그 풀을 다 먹도록 리별없이

　　　영천수=강이름.
　　　록초장제상=푸른 풀이 난 긴 방축우.

서상에 달 비쳤다 단장두에 화영이라
엊그제 가시던 임이 월상시로 오마하시더니 금로향진하고
　　　오경종이 거위로되 삼오야 지새도록 독의란간하야
　　　　　임 보랴 여태 앉아더라고 그런 랑군게 전해주렴
아마도 유신하기는 명월인가

　　　서상=서푹 채.
　　　단장두=담장머리.
　　　화영=꽃그림자.
　　　월상시=달이 뜰 때.
　　　금로향진하고=향로에 향이 다 타고.
　　　오경종=새벽 네시의 경점소리.
　　　삼오야 지새도록=보름밤이 새도록.
　　　독의란간=홀로 란간에 의지하는것.

초당에 오신 손님 무엇으로 대접하리
오렵쌀로 점심 짓고 산에 올라 도라지채며 덜에 나려 미나리채
　　　봉상시 편포 맛물낙지 찌고 낚은 고기로 어채를 하세
동자야 잔대로 술 부어라 손 접대하세

　　　오렵쌀=올벼쌀, 햇쌀.
　　　봉상시=나라의 제사와 시호에 관한 사무를 맡아보던 관청.
　　　맛물낙지=첫물에 잡힌 낙지.

가곡원류

노래의 소리를 론한다

노래를 잘 부르는 사람은 마땅히 소리속에 글자가 있게 할것이 아니라 글자속에 소리가 있게 해야 한다. 무릇 가곡에는 이 한소리가 있을따름이니 맑고 호림과 높낮이는 수식에 불과 하다.

글자에는 후(목), 순(입술), 치(이), 아(어금이), 설(혀)이 있으나 다 같지 않다. 그러나 글자마다 들어보아도 다 순탄하고 원만하게 소리속에 녹아들만다. 소리를 굴리고 바꾸는데 거침이 없는것을 소리속에 글자가 없다고 말한다.

례기에 말하기를 《무릇 노래는 들때에 치받는것과 같게 하고 낮출 때는 떨어뜨리는것과 같게 하고 머물 때는 고목처럼 하고 약간 꺾을 때도 노래의 길이에 맞게 하고 꺾을 때는 균에 맞게 하여 련달아서 구슬을 뀀것과 같다》고 하였다. 지금말로 이것을 잘 넘긴다고 한다.

궁성의 글자를 꺾어서 상성을 합하게 하면 궁성이 상성으로 변전하니 노래에서 이것을 글자속에 소리가 있다고 한다. 잘 부른 노래의 소리를 속에서 나오는 소리라 하며 잘 부르지 못한 노래의 소리는 억양이 없다. 이 것을 가리켜 노래를 외운다고 한다. 소리가 말려 감아들고 노래를 부르짖는다. 성휘에 말하기를 평성은 슬프면서도 편안하고 거성은 지르면서도 돌고 상성은 맑으면서 멀고 입성은 끌면서 빠르다.

※ 평조이하 노래의 풍도 형용 15조목은 《청구영언》의 것과 중복되므로 생략.

論曲之音

善歌者 當使聲中無字 字中有聲 凡曲有是一聲 淸濁高下 如栄縷耳 字有喉唇齒 牙舌 不同 當使字字擧求 皆輕円悉融人聲中 令轉換処無磊磈 此謂聲中無字 礼曰 夫歌者 上如抗 下如墮 止如枯木 倨中矩 句中鈎累累 如貴珠 今謂之善過度 如宮聲字而 曲合商聲則 能轉宮為商 歌之此字中有聲也 善歌者 謂内裏聲 不善歌者 聲無抑揚 謂之

念曲 聲含輾之叫曲 聲彙曰平 哀而安 去聲 励而擧 上聲 清而遠 入
聲 直而促.

平調　雄深和平〈黃鐘一動 萬物皆春〉洛陽三月 邵子乘車 百花叢
　　　裡 按轡徐徐 舜御南薰殿上 以五絃之琴 彈解民慍之曲 聲律正
　　　大和平
羽調　清壯徹勵〈玉斗 撞破 碎屑鏘鳴〉項王躍馬 雄劒腰鳴大江以
　　　西攻無堅城 項王躍馬 鐵鞭橫光暗啞叱咤 萬夫魂飛而 聲律淸
　　　澈壯勵勵
界面調　哀怨懷恨〈忠魂沉江 余恨滿楚〉令威去國 千載始歸 疊疊
　　　塚前 物是人非 王昭君 辭漢往胡時 白雪紛紛 馬上彈琵琶 聲
　　　律 嗚咽懷恨

　　　　　　　　　歌之風度形容十五條目 … 省略 …

우조 첫치 작은 한잎
　(羽調初數大葉)

　장수선무 록류춘풍
　(長袖善舞綠柳春風)

동군이 돌아오니 만물이 개자락을
초목 곤충들은 해해 마다 회생커늘
사람은 어인 연고로 귀불귀를 하는고

　　　　　(박효관)

동군=봄.
개자락을=다 스스로 울긴다.
어인=어찌된.
연고=까닭.
귀불귀=한번 가면 다시 오지 않는것.

매화점 장단 (梅花點長短)

한 손으로 표점을 짚어 한 바퀴 돌면 반복해서 시작하되 반각에 구애되지 않는다.
(單手拍之 5點周而 復始 不拘半刻)

장고 장단
(杖, 鼓長短)

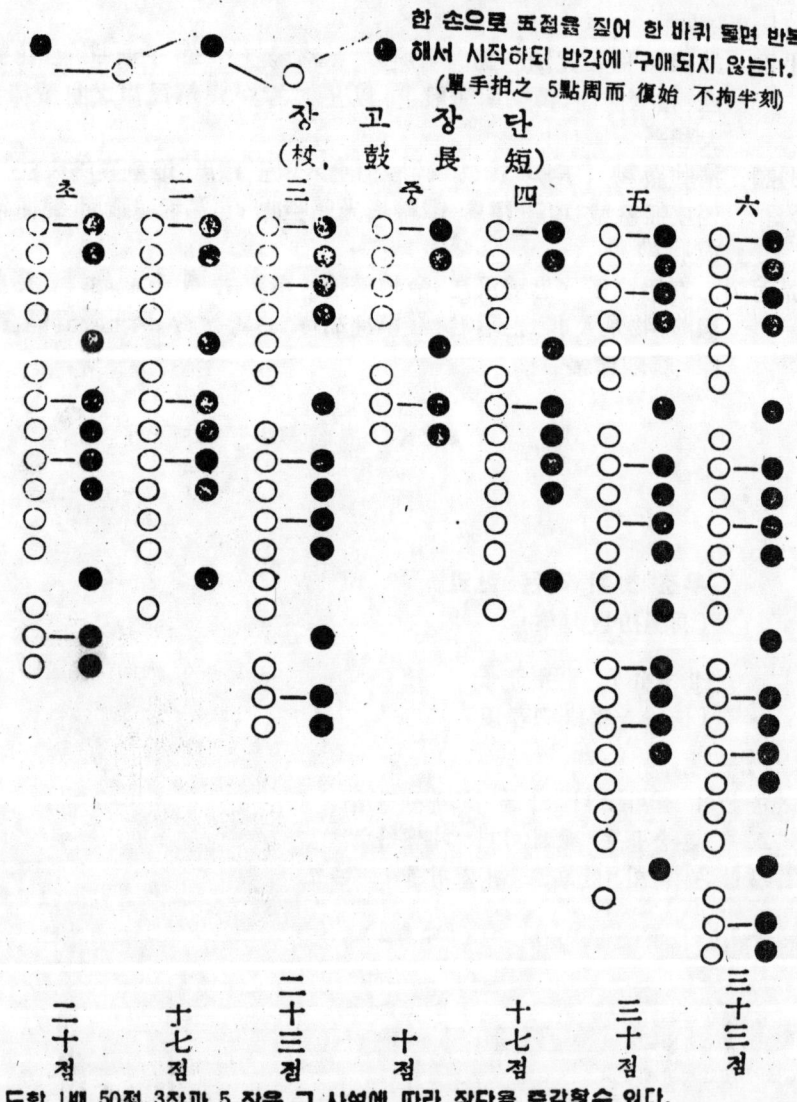

도합 1백 50점 3장과 5장은 그 사설에 따라 장단을 증감할수 있다.
(合百五十點 三章及五章 隨其辭說長短得臨時增減)

매영이 부듸친 창에 옥인금차 비꼈은저
이삼 백발옹은 거문고와 노래로다
이윽고 잔잡아 권하랄제 달이 또한 오르더라

(안민영)

매영=매화나무그림자.
옥인금차=금비녀로 꾸진 미인.
비꼈은저=비꼈고나.
백발옹=머리 허연 늙은이.
권하랄제=권하려고 할 때.

(가곡원류)

요전에 갈든 사람 수려를 못이겼고
탕전에 갈든 사람 한우를 어이한고
아마도 무우무려헐쓴 심전인가 하노라

(김학윤)

요전=옛임금시절의 밭.
수려=물(홍수)걱정.
탕전=옛임금시절의 밭.
한우=한밭(가물)의 근심.
무우무려헐쓴=근심걱정없기는.
심전=마음의 밭.

둘째치 잦은 한잎
(二数大葉)

행단설법 우순풍조
(杏壇說法 雨順風調)

거울에 비췬 얼골 내 보기에 꽃같거던

허물며 단장하고 임의 앞에 뵐적이랴
이 단장 임을 못뵈니 그를 슬워하노라

남극성 돋아있고 권주가로 축수로다
오날 로인들은 서로 노자 권하는고나
이후란 화조월석에 매양 놀려 하노라

(김문근)

남극성=남쪽에 있는 별. 사람의 수명을 맡아보는 별이라고도 한다.
축수=오래살기를 축원하는것.
화조월석=꽃피는 아침과 달뜨는 저녁.

(가곡원류)

눈물이 진주라면 흐르지 않게 싸두었다가
십년후 오신 임을 구슬성에 앉히련만
흔적이 이내 없으니 그를 설워하노라

구슬성=구슬로 쌓은 성.

두눈에 고인 **눈물 진주**나 될양이면
청실 홍실 길게 꾀여 임께 한끝 보내련만
거두지 미처 못하여 사라짐을 어이리
문왕자 무왕제로 부귀쌍전하신 주공
악발도포하사 애하경근하샀거든
어찌타 후세불초는 교사자존하는고

(박효관)

문왕자=옛중국 주나라 문왕의 아들.
무왕제=문왕의 아들인 무왕의 동생.
부귀쌍전하신=재부와 귀함을 다갖추신.

악발토포=주공은 손님이 찾아오면 감던 머리도 그냥 쥐여짜면서 대하
   고 십던밥도 토하고 맞았다고 함.
애하경근하셨거든=아래사람을 사랑하며 공경 근면하셨거든.
후세불초는=후세에 그를 닮지 못하는 사람들은.
교사자존하는고=교만하고 도도하게 구는고.

바회는 위태타마는 꽃얼굴이 천연하고
믈은 그윽하다마는 새소래도 석글하다
비폭은 급한 형세 얻어 습아의를 하더라

   바회는=바위는.
   위태타마는=험하게 생겼어도.
   꽃얼굴=꽃모양.
   석글하다=재잘거리다.
   비폭=공중에서 날아내리는 폭포.
   습아의를 하더라=내 옷을 적시더라.

벙어리 너를 보니 내 시름이 새로왜라
속엣 말 다 못하니 네오 내오 다를소냐
두어라 임 오신 날 구뷔구뷔 이르리라

보거든 꺾지 말고 꺾었으면 버리지 마소
보고 꺾고 꺾고 버림이 군자의 행실일가
두어라 로류장화이니 누를 원망하리요

   로류장화=길가의 버드나무. 담장밑의 꽃. 여기서는 웃음을 파는 녀자.

상운이 어린곳에 로안당이 장려하고
화풍이 이는곳에 태을정이 표묘하다
두어라 상운화풍이 만년장주하리라

   상운=상서로운 구름.

화풍=화창한 바람.
표묘=아득히 먼것.
만년장주=만년이나 오래 사는것.

소상강 긴대 뷔여 낙시 메여 두러메고
불구공명하고 벽파로 나려가니
아마도 사무한신은 나뿐인가 하노라
　　백구야 날 본체 말아 세상알가 하노라

불구공명=공명을 구하지 않는것.
사무한신=일이 없어 한가한 몸.

아희야 창 닫혀라 뜰밖이 보기 싫다
저 달이 왜 저리 밝아 남의 심사를 산란케 하노
아니다 임 보신 달이니 나도 볼가 하노라

어리고 성귄 가지 너를 믿지 않었드니
눈 기약 능히 지켜 두세송이 퓌였고나
촉잡고 다정히 사랑헐제 암향부동하더라

　　　　　　　　　　(안민영)

눈기약=나무가지에 눈이 붙었으니 꽃이 피리라는 기대.
촉잡고=초불을 들고.
암향부동하더라=매화꽃의 그윽한 향기가 떠돌더라.

일어나 소 먹이니 효성이 삼오로다
큰 물을 바라보니 황운색도 좋고 좋다
아마도 농가의 흥미는 이뿐인가 하노라

　　　　　　　　　　(김수장)

효성=새벽.
삼오토다=드문드문하다.
황운색=시누런 구름같은 색갈.

제 우는 저 꾀꼬리 록음방초 흥을 겨워
우후청풍에 쇄옥성 좋다마는
어찌타 일침강호몽을 깨울줄이 있이랴

(김진태)

제 우는=저기서 우는.
쇄옥성=구슬을 깨뜨리는 소리.
일침강호몽=자연속에 잠든 꿈.

청려장 드더지며 석경으로 돌아드니
량삼선장이 구름속에 잠겼에라
오날은 진연을 다 떨치고 적송자를 좇으리라

드더지며=흘던지며.
량삼선장=두세채의 소위 신선이 사는 집.
진연=인간세상의 인연.
적송자=신선의 이름. 밥을 먹지 않고 공기를 마시면서 살았다 한다. 여기서는
　　　　벼슬을 내여놓고 산야에 돌아가는것을 말함.

청우를 비끼타고 록수를 흘리건너
천대상 깊은 골에 불로초를 캐랴 가니
만학에 백운이 잦았으니 갈길 몰라 하노라

(안　정)

청우=신선이 탔다는 소.
흘러건너=흘러가는데로 따라 내려가며 건너.
천대상=하늘우.
만학=일만골짜기.

청산에 옛길 찾아 백운심처 들어가니
학려성 니는곳에 죽형비 두세집을
내 또한 산림에 깃들어서 저와 같이 하리라

(안민영)

　　백운심처＝깊은 골안이라는 뜻
　　학려성＝학의 우는 소리.
　　죽형비＝가시덤불을 울린 대로 걸은 문.

춘풍이 건듯 불어 적설을 다 녹이니
사면청산이 옛 얼굴 나노매라
귀밑에 해묵은 서리야 녹을줄이 있이랴

　　나노매라＝나타낸다.
　　해묵은 서리＝오래 된 백발.

홍백화 잦아진듸 풍류남녀모혔에라
유정한 청풍에 싸혀간다 청가성을
해 지자 월출어동령하니 이어 놀이가 하노라

(호석균)

강호에 봄이 드니 이 몸이 일이 하다
나는 그물 깁고 아희는 밭을 가니
뒷뫼헤 엄긴 약초를 언제 캐랴 하느니

(황희)

　일이 하다＝일이 많다.
　엄긴＝움이 긴.
　잦아진듸＝활짝 피여난곳에.
　풍류남녀＝풍치있고 멋스럽게 지내기를 즐기는 남녀.
　유정한 청풍＝다정한 산들바람.
　청가성＝아름다운 노래소리.

휘줄어동령하니=동쪽령마루에 달이 뜨니.
놀이가=놀음놀이를.

금파에 배를 타고 청풍으로 멍에 하여
중류에 띄워두고 생가를 아뢸적에
취하고 월하에 섰으니 시름없어 하노라
                    (임의직)

금파=가을물결.
멍에 하여=멍에를 씌워. 여기서는 청풍부는대로 배를 맡겨
중류=강 한가운데.
생가=음악소리.

늙은이 저 늙은이 림천에 숨은 저 늙은이
시주가금여기로 늙어오는 저 늙은이
평생에 불구문달하고 절로 늙은 저 늙은이
                    (안민영)

림천=수풀과 샘물. 즉 자연.
시주가금여기로=시와 술과 소리와 거문고에 바둑으로.
불구문달=지체가 영화롭고 높아지기를 구하지 않는것.

벗 따라 벗 따라 가니 익은 벗에 선 벗이 있다
이 벗 저 벗 하니 어느 벗이 벗 아니랴
내 좋고 맛좋은 벗은 내 벗인가 하노라

벗 따라=친구를 따라서.
벗 따라가니=버섯을 따러 가니.
이 벗 저 벗 하니=이 친구 저 버섯 하니.

산두에 달 떠오고 계변에 제 나린다

어망에 술병 걸고 시문을 나서가니
해 있어 몬저 간 아희들은 더디 온다 하더라

   산두=산마루.
   계변=시내가.
   어망=고기그물.
   시문=사립문.

산행 육칠리하니 일계이계 삼계류이로다
유정익연 흡사 당년 취옹정을
석양에 생가고슬온 승평곡을 아뢰여라.

                         (안민영)

   산행 육칠리하니=산길을 육칠리 걸어가니.
   일계이계 삼계류이로다=한 시내물, 두 시내물 여러 시내물이로다.
   유정익연 흡사 당년 취옹정을=나는듯한 정자는 흡사히 취옹정과 같도다.
   생가고슬=피리, 노래, 북, 비파.
   승평곡=태평곡.

운하 태을정에 영악지 맑았거다
조일에 화문수요 춘풍에 조관현을
경송은 울울번연하야 억만년을 기약더라

                         (안민영)

   운하 태을정에=구름아래 있는 태을정이란 정자에.
   조일에 화문수요=아침해에 꽃이 무늬를 둔 수와 같고.
   춘풍에 조관현을=봄바람에 새가 우짖으니 관현악과 같더라.
   울울번연=울창하게 뻗은것.

유벽을 찾어가니 구름속에 집이로다
산채에 맛들이니 세미를 잊을레라

이 몸이 강산 풍월과 함께 늙자 하노라
(조 개)

유벽=외따로 떨어진 그윽한곳.
세미=세상재미.

은병에 찬물 따라 옥협을 다스리고
금로에 향 피우고 설월을 대하여서
비는 말 전할이 있으면 임도 설워하리라

은병=은으로 만든 병.
옥협=아름다운 얼굴.
설월=눈내린 밤의 달.

홍루반 록류간에 다정할쓴 저 꾀꼬리
백전호음으로 나의 꿈을 놀래느니
천리에 그리는 임을 보고지고 전하려믄

홍루반 록류간=부녀가 거처하는 붉은 다락근처 초록색 버드나무사이.
백전호음=백가지로 우는 좋은 목청.

막내는 놈(平樂)

눈으로 기약터니 네 과연 뛰였고나
황혼에 달이 오니 그림자도 성긔거다
청향이 잔에 떠있으니 취코 놀려 하노라
(안민영)

눈으로 기약터니=가지에 눈이 달려 꽃이 필것을 약속하더니.

성긔거다＝드물도다
청향＝맑은 매화향기

대조볼 붉은 끝에 밤은 어이 듯드르며
버 빈 그로에 게는조차 나리는고야
술 익자 체장사 돌아가니 아니 먹고 어이하리

(황 희)

대조볼＝대추의 불따구니.
듯드르며＝떨어지며.
버뷘＝벼모기가 뺀.
그로＝그루.
제는조차＝제까지.
체장사＝술을 거르는 체를 팔러다니는 장수.

먼듸 개 자로 짖어 몇사람을 지내연고
오지 못할세면 오만 말이나 말을것이
오마코 아니 오는 일은 내내 몰라하노라

지내연고＝지나보냈는가.

빙자옥질이여 눈속에 네로구나
가마니 향기 놓아 황혼월을 기약하니
아모도 아치고절은 너뿐인가 하노라

(안민영)

빙자옥질이여＝희고 깨끗한 체격의 뜻. 매화의 딴 이름.
황혼월＝황혼에 뜬 달.
아치고절＝운치롭고 높은 절개.

세월이 류수이로다 어느듯에 또 봄일세

구포에 신채나고 고목에 명화이로다
아희야 새 술 많이 두었으라 새봄놀이 하리라

(박효관)

    구포=전부터 다투어오던 발.
    고목에 명화=매화.
    두었으라=두어라.

우사사 양류사사 풍습습 화쟁발을
만성도리는 성세의 화기로다
우리는 강구일민이니 태평가로 즐기리라

    우사사 양류사사=비도 실처럼 내리고 버들가지도 실처럼 드리웠네.
    풍습습 화쟁발을=바람도 솔솔, 꽃은 다투어피네.
    만성도리=온 성의 복사꽃과 외앗꽃.
    강구일민=거리의 편안한 백성.

전나귀 혁을 채니 돌길에 날래거다
아희야 채치지 말고 술병 부디 조심하라
석양이 산두에 거지난데 학의 소래 들리더라

    전나귀=저는 나귀.
    혁=고삐.
    거지난데=거의 떨어지는데.

폐일운 쓰르치고 희고세를 보렸더니
닫는 말 서서 늙고 드는 칼도 보뮈꼈다
가지록 백발이 재촉하니 불승강개하여라

    폐일운=해를 가리우는 구름.
    쓰르치고=쓸어버리고.

희고세=밝은 세상.
보뮈졌다=녹이 쓸었다.
가지룩=갈수록.
불승강개=분함을 이기지 못하는것.

존 잦은 한잎(頭擧)

가다가 올지라도 오다가란 가지 마소
뮈다가 펼지라도 피다가란 뮈지 마소
뮈거나 피거나중에 자고나 갈가 하노라

오다가란=오다가는.
뮈다가=미워하다가.
펼지라도=사랑할지라도.

록수청산 깊은 골에 찾아올이 뉘 있이리
화경도 쓸이 없고 시비를 닫았는듸
선방이 운외폐하니 속객올가 하노라

화경=꽃으로 덮인 길.
선방=산골의 삽살개.
운외폐=먼 하늘 구름밖을 짖는것.
속객=여기서는 기다리지 않는 길손이라는 뜻.

백구야 부럽고나 네야 무음일 있이리
강호에 떠다니니 어디어디 경 좋더냐
날다려 자세히 일러든 너와 함께 놀리라

석류꽃 다 진하고 하향이 새로왜라
파란에 노는 원앙 네 인연도 부럽고나
옥란에 호을로 지여서 시름겨워 하노라

(리정개)

하향=련꽃향기.
파란=물결.
옥란=란간.
지여서=기대여서.

옥우에 나린 이슬 충성조차 젖어운다
금영을 손조 따서 옥배에 띄웠인들
섬수로 권 할듸 없으니 그를 설워하노라

(리정개)

옥우=가을 하늘.
충성조차=벌레소리마저
금영=꽃의 꽃부리.
손조 따서=손수 따서.
섬수=가냘프고 아릿다운 손. 녀자의 손.

해지고 돋는 달아 너와 기약 두었던가
합리에 자는 꽃이 향기 놓아 맞는고야
내 어찌 매월이 벗되는줄 몰랐든가 하노라

(안민영)

합리=내간. 안방.

세째치 잦은 한잎(三数大葉)

바람이 눈을 몰아 산창에 부듯치니
찬 기운 새여들어 잠든 매화를 침노한다
아모리 얼우려 하인들 봄뜻이야 앗을소냐

(안민영)

산창=산가의 창문.
얼우려 하인들=얼쿠려고 한들.

붓끝에 젖은 먹을 더저 보니 화엽이로다
경수로이장저하고 향종풍이습인이라
이 무삼 조화를 부렸관대 투필성진 허인고

(동 인)

더저 보니＝던지고 보니.
경수로이장저하고＝줄기가 이슬이 무거워 아래로 처진것 같고.
향종풍이습인이라＝경치가 바람을 따라 몸에 배여드는구나.
투필성진허인고＝붓대를 던져 진품(진짜)을 그리게 하였는가.

이러나저러나 이 초옥편코 좋다
청풍은 오락가락 명월은 들락날락
이중에 병 없은 이 몸이 자락깨락 하리라

적토마 살지게 먹여 두만강에 싯겨세고
룡천검 드는 칼 선듯 빼쳐 들어메고
장부의 립신양명을 시험할가 하노라

(남 이)

적토마＝준마의 이름.
룡천검＝명검의 이름.
장부의 립신양명＝사나이로서 출세하여 이름을 떨친다는 뜻.

소용이 (搔聳)

로화풍엽향기속에 극애는 어이 쉬이원고
웃고 대답하되 군불건 향경취엽이 구장천한다 오오우오오우오
　　　오오오
내 집줏 쉬여 그려서 이명군자소인하노라

로화풍엽향기속에＝향기풍기는 이슬맺힌 꽃잎과 바람부는 잎사귀속에.
극애＝가시와 쑥.
쉬이윈고＝쉬였는고.
군불견 향경취엽이 구장천한다＝그대는 향기로운 줄기와 냄새나는 잎이 함께
　　지내는것을 못보았는가.
쉬여 그러서＝쉬어서 묘사하여.
이명군자소인하노라＝군자와 소인을 밝히고있구나.

저 건너 라부산 눈속에 거머우뚝 울퉁불퉁 광대 등걸아
네 무삼 힘으로 가지 돋쳐 꽃조차 저리 피였느냐 아아아아아아
　　　하으아아
아모리 석은 배 반만 남었을만정 봄뜻을 어이 하리오
　　　　　　　　　(안민영)

라부산＝산이름으로 매화의 명승지.
광대등걸＝귀면탈(도깨비를 그린 가면)의 흑처럼 울퉁불퉁한 나무둥치.

반　잎(半葉)

동각에 숨은 꽃이 철죽인가 두견화인가
전곤이 눈이여늘 제 어찌 감히 피랴
알패라 백설양춘은 매화밖에 뉘 있이리
　　　　　　　　　(안민영)

동각＝동쪽별당.
전곤＝천지.
눈이여늘＝눈에 덮였는데.
알패라＝알만하도다.

삼월화류 공덕리오 구월풍국 삼계동을
아소당 봄바람과 미월방 가을달을
어즈버 육화분분시에 매주영매하시려라
　　　　　　　　　(안민영)

－391－

삼월화류 공덕리오=삼월의 꽃놀이는 공덕리가 좋구요.
구월풍국 삼계동을=구월달의 단풍과 국화 구경은 삼계동이 좋도다.
륙화분분시=눈이 설레며 내릴 때.
매주영매하시더라=술을 사서 매화를 읊더라.

둘째치 잦은 한잎(二數大葉)

공산에 우는 접동 너는 어이 우짖는다
너도 날과 같이 무음 리별 하였느니
아무리 피나게 운들 대답이나 하더냐

(박효관)

꾀꼬리 고흔 노래 나비춤을 시기말아
나비춤 아니런들 앵가 너뿐이어니와
네곁에 다정타 이를것은 접뮈런가 하노라

(안민영)

앵가=꾀꼬리의 노래소리.
접뮈런가=나비춤인가.

금풍이 부는 밤에 나무잎 다 지거나
한천명월야에 기러기 울어벨제
천리 집 떠난 객이야 잠 못이뤄 하노라

(송종원)

금풍=가을바람.
한천명월야=쌀쌀한 날씨의 달밝은 밤.
울어벨제=울며 갈제.

기러기 높이 뜬곳에 서릿달 만리로다
네 짝 찾으려고 이 밤에 날았느냐
저 건너 고화총리에 홀로 앉어 우더라

(안민영)

　　서릿달=가을달.
　　고화총리=고미꽃 우거진 풀숲.

남포월 깊은 밤에 돛대 치는 저 사공아
묻노라 너 탄 배야 계도금범란주이로다
우리는 채련가는 길이라 물어 무삼 하리요

(안민영)

　　계도금범란주이로다=계수나무 돛대에 비단돛을 단 배로다.
　　채련 가는=련 캐러가는

남극 로인성이 서교재에 드리오서
우리 임 수부귀를 강녕으로 도으시던
우리도 덕음을 무르와 태평연락하노라

　　남극 로인성=남쪽하늘에 있는 별. 예로부터 사람의 수명을 맡아보는 별이라 함.
　　서교재=성균관과 중학에 있던 학문을 가르치던 집.
　　도으시던=도우시기때문에.
　　덕음=혜택.
　　무르와=입어서.
　　태평연락=잔치를 배풀어 태평세월을 즐기는것.

내 가슴 슬어난 피로 임의 얼굴 그려내여
나 자는 방안에 족자 삼아 걸어두고
살뜰히 임 생각 날제면 족자나 볼가 하노라

솔어난=누어서 난.

다만 한간 초당에 전통 걸고 책상 놓고
나 앉고 임 앉으니 거문고란 어디 둘고
두어라 강산풍월이니 한데 둔들 어떠리

전통=화살을 넣는 통.
강산풍월=자연의 흥취.

단풍은 반만 붉고 시내는 맑았는데
여흘에 그물 치고 바회 우희 누웠으니
아마도 사무한신은 나뿐인가 하노라

사무한신=일이 없어 몸이 한가한것.

도화는 흩날리고 록음은 퍼져온다
꾀꼬리새 노래는 연우에 구을거다
맞초아 잔들어 권하랄제 담장가인 오도다

(안민영)

연우=안개비.
맞초아=때마침.
담장가인=연하게 화장한 미인.

도화는 어찌하여 홍장을 진짓고서
세우동풍에 눈물은 무삼일고
춘풍이 덧없은줄을 못내 설워하노라

진짓고서=일부러 지우고 서서.

동장에 가치 울음 섯거이 들였드니
뜻 아닌 천금서찰 임의 얼굴 띄여왔네
아서라 간장 스는것을 보와 무엇하리요

(안민영)

　　섯거이＝대수롭지 않게.
　　천금서찰＝천금처럼 애중한 편지.
　　간장 스는＝간장이 녹는, 애가 타는.

룡루에 우는 북은 태주률을 응하였고
만호에 밝힌 불은 상원월을 맞는고야
아이오 백척홍교상에 만인동락하더라

(안민영)

　　룡루＝궁궐의 다락을 말함. 본뜻은 태자가 거처하는곳의 출입문의 하나로 동
　　　　룡이 매여있던곳.
　　태주률＝음악에서의 12률의 하나.
　　만호＝백성의 집. 서울의 거리.
　　상원월＝정월 대보름달.
　　아이오＝조금 있다가.
　　백척홍교상＝번화하고 높은 다리우.

방안에 혓는 초불 눌과 리별하였관대
겉츠로 눈물지고 속타는줄 모르느고
저 초불 날과 같으야 속타는줄 모르도다

(리　개)

서리치고 별 성긴제 울고 가는 저 기럭아
네 길이 언마이나 바빠 밤길조차 옛는것과
강남에 기약을 두었으매 늦어갈가 저헤라

(박효관)

성긴재=드문드문한 때.
저혜라=누렵다.

서상에 기약한 임이 꿈속에나 보려 하고
사창을 의지하여 오몽을 이루더니
어디서 무심한 황영아는 나의 꿈을 깨오나니
　　　　　　　　　　（박영수）

오몽=낮잠.
황영아=꾀꼬리.

　　　　　　　（가곡원류）

선인교 나린 물이 자하동에 흐르니
반천년 왕업이 물소래뿐이로다
아희야 고국흥망을 물어 무엇하리오
　　　　　　　　　　（정도전）

선인교=개성에 있는 다리이름.
자하동=개성에 있음.
반천년 왕업=고려왕조의 일.

수심겨운 임의 얼굴 뉘라 전만 못하다는고
흩어진 운환이며 화기 걷은 살빛이야
느끼며 실같이 하는 말삼 애긂는듯하여라

운환=구름같이 사려얹은 머리.
화기 걷은=화색을 잃어버린.

십여장강 류수청이오 신사부운 무시비라

이 몸이 한가하니 따로나니 백구로다
어즈버 세상 명리설이 귀에 올가 하노라

(신광한)

심여장강 류수청이오＝마음은 긴 강과 같아서 흐르는 물처럼 맑고.
신사부운 무시비라＝몸은 마치 뜬 구름 같으니 시비가 없더라.
따르나니＝따르는것이.
세상명리설＝세상의 공명과 리욕을 탐욕하는 말.

엊그제 리별하고 말없이 앉았으니
알뜰히 못견딜 일 한두가지 아니로다
입으로 잊자 하면서 간장 설워하노라

(안민영) 安玟英

영제교 천조류에 랑말이 몇번 매여
대동강 만절파에 첩의 눈물 몇말인고
석양에 독상 련광정하야 장탄식하더라

(안민영)

영제교 천조류＝영제다리 천가지버들.
대동강 만절파＝대동강의 만굽이 물결.
독상 련광정하야＝홀로 련광정에 올라서.
장탄식＝긴 한숨소리.

영욕이 병행하니 부귀도 불관터라
제일강산에 내 혼자 임자 되여
석양에 낚시대 메고 오락가락 하리라

(김천택)

영욕＝영달과 치욕.

병행하니=함께 아울토니.
불관러라=관계할바 없더라.

오거다 돌아간 봄을 다시 보니 반갑도다
무정한 세월은 백발만 보내는고나
어쩌타 나의 소년은 가고 아니오나니

오거다=왔도다.
나의 소년은=나의 젊음은.

오날은 비 개거니 삿갓에 호믜 메고
베잠방이 거더추고 큰 논을 다 맨 후에
쉬다가 점심에 탁주 먹고 새 논으로 가리라
(김우규)

거더추고=추켜입고.

인생이 긔 언마오 백구지파극이라
어려서 헴 못나고 헴이 나자 다 늙었다
어즈버 중간광경이 때없은가 하노라
(송종원)

인생이 긔 언마오=사람이 그 얼마나 사오.
백구지파극이라=흰말이 틈사이로 지나가는 순간처럼 잠시간이로다.
중간광경=셈이 난 때로부터 늙는 사이.

잘새는 날아들고 남루에 북 우도록
십주의 가기는 허랑타고 하리로다
두어라 눈 넓운 임이니 새와 어이 하리요

남루에 북 우도룩=남쪽 다락에서 북소리 울리도록.
십주=소위 바다속에 있다는 신선이 사는 열개의 섬.
가기=아름다운 기약. 즉 임을 만나보려고 기대하는것.
눈 널운=성품이 활달하여 사방 떠돌아다니는.
새와=시샘하여.

전촌에 계성활하니 봄소식이 가까웨라
남창에 일난하니 합리매 푸르렀다
아희야 잔 가득 부어라 춘흥겨워 하노라

    계성활하니=닭소리가 부드럽게 들리니.
    합리매=안뜨락에 심은 매화

주인이 술 부우니 객으란 노래하소
한잔술 한곡조씩 새도록 즐기다가
새거든 새 술 새 노래로 이어 놀려 하노라

           (리상두)

청산에 눈이 오니 봉마다 옥이로다
저 산 푸르기는 봄이 있거니와
어찌타 우리 백발은 검겨 볼줄 있아랴

    검겨 볼줄=검게 할줄.

청춘은 어디 두고 백발은 언제 온고
오고가는것을 아돗든덜 막을것을
알고도 못막는 길이니 그를 설워하노라

    아돗든덜=알았더면.

청사립 숙이 쓰고 록사의 옆에 치고
세우강구로 낙대 메고 나려가니
어디서 일성어적은 미친 흥을 돕나니

     청사립=푸른 버들로 걸은 갓.
     록사의=퍼런 풀줄기로 걸은 도롱이.
     강구=강어구.
     일성어적=한가닥 어부의 저대소리.

중어리(中擧)

가마귀 저 가마귀 너를 보니 애닲고야
너 무삼 약을 먹고 머리조차 검었느냐
우리는 백발 검길 약을 못얻을가 하노라

가락지 짝을 잃고 네 홀로 날 따르니
네 짝 찾을네면 임을 보련마는
짝 잃고 그리는 양이야 네나 내나 다르랴

     찾을네면=찾을것 같으면. 즉 가락지 한짝은 임이 끼고 갔다.

간밤에 꿈도 좋고 새벽가치 일 우더니
반가운 자네를 보려 하고 그렇던지
저 임아 왔는곳이니 자고 간들 어떠리

     일 우더니=일찍 울더니.

강촌에 일모하니 곳곳이 어홰로다
만강 선자들은 북치며 고사한다
밤중만 애내일성에 산갱유를 하더라

                  (임의직)

만강 선자들＝강에 가득한 배사공들.
고사＝여기서는 강을 지키는 귀신에게 고기잡이일이 무사하도록 비는 제사.
애내일성＝어부의 노래 한 가락.
산갱유를 하더라＝산은 더욱 그윽하고 고요하더라.

고을사 월하보에 깁사매 바람이라
꽃앞에 섰는 태도 임의 정을 맞었세라
아마도 무중최애는 춘앵전인가 하노라

고을사＝곱구나.
월하보에＝달빛아래를 거니는데.
깁사매 바람이라＝비단옷소매에 바람이 일더라. 춤추는 모양을 가리킴.
무중최애＝춤가운데 가장 사랑스러운것.
춘앵전＝춤이름.

기러기 외기러기 동정소상을 어디 두고
반야장성에 잠든 나를 깨우느냐
이후란 벽파한월인제 영배회만 하여라

반야장성에＝깊은 밤 이 성안에.
벽파한월인제＝푸른 물결에 달빛이 차게 비칠 때.
영배회만＝울지 말고 그림자로 날아다니기만.

로인이 주령을 짚고 옥란간에 지여서서
백운을 가리키며 고향이 제였마는
언제나 승피백운하고 지우제향하리오

주령＝지팽이.
지여서서＝기대여서서.
제였마는＝저기지만.
승피백운하고＝저 백운을 타고.
지우제향 하리요＝천상세계에 올라가리요.

동령에 달 오르니 시비에 개 짖는다

벽항궁촌에 뉘 나를 찾아오리
아희야 시비를 기울여라 너와 둘이 있이리라

   동령=동쪽산마루.
   벽항궁촌=구석진 촌거리와 구차한 마을.
   기울여라=닫아라.

세우 버들가지 꺾어 낚은 고기 꿰여들고
술집을 찾으랴 하고 단교로 건너가니
그곳에 행화가 저날리니 아모덴줄 몰래라

      (김광욱)

   단교로=허물어져 끊어진 다리.
   행화=살구꽃.

어와 내일이여 나도 내 일을 모를러라
우리 임 가오실제 가지 못하게 하올런가
보내고 길고 긴 세월에 살뜬 생각 어이료

      (박효관)

   살뜬 생각=살뜰한 생각.

임이 가오실적에 날은 어이 두고 간고
양연이 유수하여 두고 갈법은 하거니와
옥황께 소지원정하여 다시 오게 하시오

   양연=인간세상의 연분.
   유수하여=하늘이 정한 수가 있어.
   소지원정하여=사정을 호소하여.

장공구만리에 구름을 쓸어열고

두렷이 굴러올라 중앙에 밝았으니
알괘라 성세상원은 이뿐인가 하노라
(안민영)

    장공구만리＝높고높은 하늘.
    알괘라＝알겠도다.
    성세상원＝훌륭한 임금이 다스리는 세상의 정월보름.

제이태양관에 봄바람이 어리였다
란간앞에 웃는 꽃과 수풀아래 우는 새라
이따금 섬가세악은 학의 춤을 일희현다
(안민영)

    섬가세악＝가냘픈 녀성의 노래와 주악.
    일희현다＝일으킨다.

청산이 불로하니 미록이 장생하고
강한이 무궁하니 백구의 부귀로다
우리는 이 강산 풍경에 분별없이 늙으리라
(주의식)

    미록＝고라니와 사슴.
    강한＝강과 하수.

청춘에 보든 거울 백발에 고쳐 보니
청춘은 간디 없고 백발만 뵈는고나
백발아 청춘이 제 갓이랴 네 쫓은가 하노라
(리정개)

청강에 낚시 넣고 편주에 실렸이니
남이 이르기를 고기 낚다 하노매라
두어라 취적비취어를 제 뉘라서 알리요

(송종원)

취적비취어를=자기 생각대로 살아가며 고기를 낚는것에 있지 않음을.

평사에 락안하고 황촌에 일모이로다
어선도 돌아들고 백구가 다 잠든적에
뷘배에 달 실어가지고 강정으로 오더라

(조 헌)

평사에 락안=모래판에 기러기가 내려앉고.
황촌에 일모=거칠은 마을에 저녁노을이 비쪘다.
강정=강가의 정자.

막내는 놈(平擧)

공산 풍설야에 돌아오는 저 사람아
시문에 개소래 들었나냐 못들었나냐
석경에 눈이 덮였으니 나귀혁을 놓으라

(안민영)

공산 풍설야에=빈 산에 눈보라치는 밤.
석경=돌길.
혁=고삐.

꼭다기 오르다 하고 낮은 듸를 웃지 말아
네앞에 있는것은 나려가는 일뿐이니

평지에 오를 일 있는 우리 아니 더 크랴

　　꼭다기 오르다하고=꼭대기에 올라갔다고.

구월 구일 망향대를 하여 보니 어떻던고
타석에 송객배를 내라 오날 하거고나
홍안아 남중고 슳다마는 너는 어이 오나니
　　　　　　　　　　（송종원）

　　망향대=고향을 그리며 바라본다는 뜻을 가진 대.
　　타석에 송객배를=다른 날 떠나가는 사람을 배웅하던 술잔을.
　　내라 오날 하거고나=내가 오날 떠나는 사람으로서 받는구나.
　　남중고 슳다마는=남도생활이 피롭지마는.

꿈에 왔던 임이 깨여보니 간듸 없네
탐탐이 피든 사랑 날 바리고 어디 간고
꿈속이 허사라마정 자로 뵈게 하여라
　　　　　　　　　　（박효관）

　　탐탐이=탐탁스럽게.
　　피든=사랑하던.
　　허사라마정=허사일망정.

그려살지 말고 차라리 싀여져서
염왕께 발괄하야 임을 마저 다려다가
사후는 혼백을 쌍을 지여 그리는 한을 풀리라
　　　　　　　　　　（안민영）

　　그려살지 말고=그리워하며 살지 말고.
　　싀여져서=죽어서.

염왕=염라대왕.
발괄하야=사정을 호소하여.

그려 걸고 보니 정녕한 긔다마는
불러 대답없고 손쳐 오지 아니 하니
야속타 혼을 아니 부친 줄이 못내 설워하노라

(동 인)

그려=화상을 그려서.
정녕한=틀림없는.
손쳐=손짓해도.
아니 부친 줄이=아니 붙인것이.

금생려수라 하니 물마다 금이 나며
옥출곤강인들 뫼마다 옥이 나랴
아무리 녀필종부인들 임임마다 좇으랴

금생려수라 하니=금은 맑은 물에 난다 하니.
옥출곤강인들=옥이 산에서 난들.
녀필종부인들=안해는 남편에게 순종한다 한들.

라위적막한듸 심없이 일어나서
산호필 빼여들고 두어자 그리다가
아서라 이를 써 무엇하리

(안민영)

라위적막한듸=비단장막이 피피한데.
산호필=대를 산호로 꾸민 붓.

락양 얕은 물에 련 캐는 아해들아

잔 련 캐다가 굵은 련잎 다칠세라
련잎에 길드린 원앙이 선잠 깨와 놀라리라

（성세창）

남은 다 자는 밤에 나 어이 홀로 깨여
옥장 깊은곳에 자는 님 생각는고
천리에 외로운 꿈만 오락가락 하더라

　　옥장＝침상에 둘러친 비단휘장.

네라 이러하면 이 얼풀 길였으랴
수심이 실이 되여 구뷔구뷔 맺혀있어
아모리 푸르려 하여도 끝간 듸를 몰내라

　　네라＝옛 날에도.
　　이러하면＝모양이 이러했으면.
　　길였으랴＝칭찬했을가 보냐.

방초 우거진 끝에 시내는 울어 넨다
가대 무전이 어디어디 어디메오
석양에 물찬 제비야 네나 알가 하노라

　　울어 넨다＝울며 간다.
　　가대 무전＝노래하고 춤추는 집.

상천명월야에 울어 네는 저 기럭아
북지로 향남할제 한양을 지나마는
어찌타 고향소식을 전치 않고 네나니

（송종원）

북지로 향남할제=북으로부터 남으로 향할 때.

세류청풍 비 갠후에 우지 말아 저 매암아
꿈에나 임을 보랴 계우 든 잠을 깨우나냐
꿈깨여 곁에 없으면 병되실가 하노라

어제 닷토더니 오늘은 하례한다
희구는 백발이오 애경은 황구이로다
날다려 화봉삼축을 사람마다 일컷더라

（임의직）

     희구=기쁨과 두려움.
     애경=사랑과 공경.
     황구=어린 아이.
     화봉삼축=수명과 부귀와 자식 많이 낳기를 빌며 축하하는것.

울어서 나는 눈물 우호로 솟지 말고
구회간장에 속으로 흘러들어
임 그려 다 타는 간장을 녹여볼가 하노라

（박영수）

     구회간장=꼬불꼬불한 긴 창자.

인간 오복중에 일왈수도 좋거니와
하물며 부귀하고 강녕조차 하오시니
그남아 유호덕 고종명이야 일러 무삼하리요

（리정신）

     오복=수, 부, 강녕（무병）, 유호덕（덕을 즐기는것）, 고종명（제 목숨을 다 사는것）

의 다섯가지 복.
일왈 수도=첫째로 꼽는 수도.

임 그린 상사몽이 실솔의 넋이 되여
추야장 깊은 밤에 임의 방에 들었다가
날 잊고 깊이 든 잠을 깨와 볼가 하노라

(박효관)

실솔=귀뚜라미.

임이 오마드니 달이 지고 샛별 뜬다
속이는 제 그르냐 기다리는 내 그르냐
이후야 아모리 오마 한들 기다릴 줄이 있이랴

임 리별하울적에 저는 나귀 한치 마소
가노라 돌쳐설제 저는 걸음 아니런들
꽃아래 눈물적신 얼굴을 어찌 자세보리요

재수명성하니 달인의 쾌사이여늘
주경야독하니 은자의 지취이로다
이 밖에 시주풍류는 일민인가 하노라

재수명성=재주가 뛰여나고 이름이 높은것.
달인=천하의 리치에 통달한 사람.
주경야독=낮에 밭갈고 밤에 글 읽는것.
시주풍류=시짓기와 술마시기와 자연을 좋아하기.
일민=편안한 백성.

지난해 오날밤에 저 달을 보았더니
이 해 오늘밤도 그 달빛이 또 밝았다

이제야 세환월장재를 알었인저 하노라

　　　　　　　　(안민영)

　　　세환월장재=해는 바뀌여도 달은 변치 않고 같다는것.

　　청천 호화일에 리별곧 아니런들
　　어늬덧 내 머리에 서리를 뉘라 치리
　　이후란 병촉야유하여 남은 해를 보내리라

　　　청천호화일=밝고 개여서 좋은 날.
　　　병촉야유=밤에 불을 켜놓고 노는것.

존 잦은 한잎(頭擧)

　　객산문경하고 풍미코 월락할제
　　주옹을 다시 열고 시구를 홀부르니
　　아마도 산인득의는 이뿐인가 하노라

　　　　　　　　(하위지)

　　　객산문경하고=손님들이 돌아간 뒤 대문에 빗장을 지르고.
　　　주옹=술항아리.
　　　홀부르니=되는대로 부르니.
　　　산인득의는=산중에 사는 사람이 뜻을 이룸은

　　구름아 너는 어이 햇빛을 감초는다
　　유연작운하면 대한에 좋거니와
　　북풍이 사라져 불제만 별뉘 몰라 하노라

　　　감초는다=감추느냐.

유연작운하면=뭉게뭉게 비구름이 피여나면.
대한=왕가물.
사라저 불제만=자지러지게 불 때면.
벌뉘 몰라=해별을 모르겠노라.

국화야 너는 어이 삼월동풍 슬허한다
성귄 울 찬비 뒤에 차라리 얼지언정
반드시 군화로 더부러 한봄말려 하노라

(안민영)

슬허한다=싫어하느냐.
성긴 울=드문듬성한 울타리.
군화로 더부러=뭇꽃들과 함께.
한봄 말려 하노라=봄을 함께 지내지 말려 한다.

락화방초로에 깊치마를 끌었다
풍전에 나는 꽃이 옥협에 부듸친다
아깝다 쓸어 울지언정 밟든 말아 하노라

(안민영)

옥협=옥같은 뺨.

뉘라서 가마귀를 검고 흉타 하돗던고
반포보은이 긔 아니 아름다운가
사람이 저 새만 못함을 못내 슬워하노라

(박효관)

반포보은=까마귀가 자라서 늙은 어미까마귀에게 먹이를 구하여다 길러준
온혜를 갚는것.

담안에 섰는 꽃은 버들빛을 새워말아
버들꽃 아니런들 화흥 너뿐이어니와
네결에 다정타 이를것은 류록인가 하노라
(안민영)

새워말아＝시샘하지 말라.

두견의 목을 빌고 꾀꼬리 사설 꾸어
공산월 만수음에 지저귀여 울었이면
가삼에 돌같이 맺힌 피를 풀어볼가 하노라
(동 인)

공산월 만수음＝빈산 밝은 달에 비친 일만 나무그늘.
가삼에＝가슴에.

무서리 술이 되여 만산을 다 권하니
어제 푸른 잎이 오날아침 다 붉었다
백발도 검길줄 알양이면 우리 임도 권하리라

백설이 분분한 날에 천지가 다 희거다
우의를 떨쳐입고 옥당에 올라가니
어즈버 천상백옥경을 밋쳐 본가 하노라
(임의직)

우의＝깃으로 지은 옷.
옥당＝홍문관의 별칭.
천상백옥경＝하늘우에 있다는 소위 옥황상제의 거처.
밋쳐 본가＝뒤따라가 겨우 보았는가.

백두산에 높이 앉어 앞뒤들 굽어보니

－412－

남북만리에 옛 생각 새로웨라
간 님의 정령 계시면 눈물질가 하노라

  정령=넋.
  앞뒤 둘=앞과 뒤의 벌판.

벽상에 칼이 울고 흉중에 피가 뛴다
살 오른 두팔뚝이 밤낮에 들먹인다
시절아 너 돌아오거든 왔소 말을 하여라

석조는 날아들고 모연은 일어난다
동령에 달이 올라 금회에 빗최도다
아희야 와준에 술 걸러라 탄금하고 놀리라

     （송종원）

  금회=가슴속.

알뜰이 그리다가 만나보니 우습거다
그림같이 마조앉어 맥맥히 볼뿐이라
지금에 상간무어를 정이런가 하노라

     （안민영）

  맥맥히=멍하니.
  상간무어=서로 처다보며 말없는것.

월로의 바른 실을 한바람만 얻어내여
란교의 굿셋풀로 시운지게 부쳤이면
아모리 억만년 풍우인들 떨어질줄 있이랴

월로=소위 혼인을 중매하는 신.
바른 실=부족한 실.
란교=활시위를 붙이는 부레풀.
시운지게=시원하게.

일모창산원하니　날 저물어 못오든가
천한백옥빈하니 하날이 차 못오든가
시문에 문견폐하니 풍설야귀인인가 하노라

　　　일모창산원하니=해가 저물어 푸른 산이 머니.
　　　천한백옥빈하니=하늘은 찬데 띠집이 가난하니.
　　　풍설야귀인인가=눈보라치는 밤에 제집으로 돌아가는 사람인가.

자다가 깨여보니　이 어인 소래런고
입아상하실솔인가 추사도 초초하다
동자도 대답지 아니코 고개숙여 조으더라

　　　　　　　　　(리정신)

　　　입아상하실솔인가=내 침상밑에 둘은 귀뚜라미인가.
　　　초초하다=아득히 멀다.

초당에　일이 없어 거문고를 베고 누워
태평성대를 꿈에나 보렸더니
문전에 수성어적 잠든 나를 깨와라

　　　　　　　　　(류성원)

　　　수성어적=몇가락 고기잡이의 저대소리.

출자동문하니 록양이 천만사이로다
사사결심곡은 피꼬리 말속이라

이따감 뻐꾹새 슬픈 소래에 애긇는듯하여라

　　출자동문하니=동문으로 나가니.
　　사사결심곡=실실이 마음이 맺히게 하는 가락.

셋째치 잦은 한잎 (三數大葉)

록이상제 살지게 먹여 시냇물에 싯겨타고
룡천설악을 들게 갈아 두러메고
장부의 위국충절을 세워볼가 하노라
　　　　　　　(최　영)

　　록이상제=옛날 유명한 말이름들.
　　룡천설악=옛날 유명한 보검.

언　롱 (言弄)

달바자는 쨍쨍 울고 잔듸 속에 속잎 난다
삼년 묵은 말가죽은 외용 죄용 우지는듸 로처녀의 거동 보소
　　함박 쪽박 드더지며 역정내여 이른 말이 바다에 섬이
　　있고 콩밭에도 눈이 있네 보금자리 사오나와 동뢰연
　　첫사랑을 꿈마다 하여뵈네
그를사 월로승의 인연인지 일락패락하여라

　　달바자=달(갈대같은　식물의 일종)로 결은 바자.
　　우지는듸=울부짖는데.
　　드더지며=들어던지며.
　　사오나와=험상궂어.
　　동뢰연=혼인잔치.
　　그를사=그르도다.
　　월로승=혼인의 신인 월하로의 붉은 끈. 이 끈으로 부부의 다리를 매면 부부의
　　　　　정이 벌어지지 않는다 한다.
　　일락패락=되다말다.

평롱(平弄)

구선왕도고라도 아니 먹는 나를 랭수에 부친 비지전병을 먹으
　　라 지근 절대가인도 아니 결연하는 나를 코없은 년을 결
　　연하려 지근거리는다
정하신 배필밖에야 거들떠볼 줄이 있이랴

　　　　　　　　　　(김수장)

　　　구선왕도고＝신선 구선왕이 먹는 떡.
　　　랭수에 부친＝기름도 아닌 찬물에 지져부친.
　　　비지전병＝비지로 지진 지지미.
　　　지근＝지근거리는가.
　　　아니 결연하는＝인연을 맺지 아니하는.

락양 삼월시에 궁류는 황금지로다 춘복이 기성커늘 소거에 술
　　싣고 도리원찾어들어
동풍으로 쇄소하고 방초로 자리삼아 로자작 앵무배로 일배일배
　　취케 먹고 취생고황하여 영가무도할제 일이서하고 월부
　　동이로다
아희야 춘풍이 몇날이랴 림간에 숙불귀를 하리라

　　　　　　　　　　(임의직)

　　　락양 삼월시＝서울 춘삼월.
　　　궁류＝궁성의 버들.
　　　황금지로다＝가지에 눈이 터 황금빛으로 피도다.
　　　기성커늘＝이미 다 지었거늘.
　　　쇄소하고＝깨끗이 씻고.
　　　로자작 앵무배＝술잔이름.
　　　취생고황하여＝생(악기)을 불고 황(악기)을 쳐.
　　　영가무도할제＝노래부르며 춤출 때.
　　　일이서하고＝해는 이미 서산에 기울고.
　　　월부동이로다＝달은 다시 동산에 오르도다.
　　　숙불귀를＝자고 안 돌아가기를.

남산누에머리끝에 밤중만치 훙하 우는 저 부엉아

장안백만가호에 뉘집을 향하여 부엉부엉 우노
전전에 얄뮙고 잣뮈운 님을 잡아가려 하노라

    누에미리=누에머리처럼 쑥 솟아있는 봉우리.
    전전에=이전에.

내 집은 도화원리여늘 자네몸은 행수단변이라
궐어가 살졌거니 그물으란 자네 밑네
아희야 덜 피인 박박주일망정 병을 채워넣어라
                  (안민영)

    도화원리=복숭아밭속.
    행수단변=성균관근처.
    궐어=쏘가리.

묵은 해 보내올제 시름한듸 전송하세
흰곤무 콩인절미 자채술 국안주에 경신을 새오랼제
이윽고 자미성 돌아가니 새해런가 하노라
                  (리정신)

    흰곤무=고물없는 꿀무떡.
    자채술=올벼의 하나인 자채벼로 빚은 술.
    경신=경신년.
    자미성=북두칠성의 북쪽에 있는 별.

어우아 우는지고 우는 일도 보안제고
소경이 붓을 들고 그리나니 세산수이로다
그리고 못보는 정이야 네오내오 다르랴

    보안제고=보았도다.
    세산수이로다=치밀한 산수풍치로다.

홍백화 잦아진곳에   재자가인 모였에라
유정한 춘풍에 싸여간다 청가성을
아마도 월출어동산토록 놀고 갈가 하노라

　　　잦아진곳에=떨어지다 남은곳에.
　　　싸여간다=불려간다.
　　　월출어동산토록=달이 동산에 돋을 때까지.

계 락(界 樂)

병풍에 그린 매화 달 없으면 무엇하리
병간매월량상의는 매불표령월불휴이라
지금에 매불표월불휴하니 그를 좋아하노라

　　　　　　　(안민영)

　　　병간매월량상의=병풍에 그린 매화와 달이 서로 격에 맞으니.
　　　매불표령월불휴이라=매화꽃이 바람에 휘날리지 않고 초생달이 이즈러지지 않도
　　　다.

봄이 가려하니 내랴 혼자 말릴소냐
다 못핀 도리화를 어찌하고 가려는다
아희야 덜 핀 술 걸러라 가는 봄 전송하리라

　　　내랴=난들.

사월 록음 앵세계는 우석공의 풍류절을
석상루 높은 금운이 령롱할제
옥계에 란화저하고 봉명오동하더라

　　　앵세계=꾀꼬리 우는 세상.
　　　우석공의=또한 대원군의.

금운=거문고의 가락.
옥계=옥돌로 깐 섬돌.
란화저하고=란초꽃이 피여 고개를 숙이고.
봉명오동=오동나무에 봉이 우는것.

촉백제 산월저하니 상사고 의루두이라
이제고 아심 수하니 무이성이면 무아수일랐다
기어 인간리별객하니 신막등춘삼월 자규제 명월루를 하여라

(단종대왕)

촉백제 산월저하니=두견새 피를 토하는데 산에 걸린 달은 지려하고.
상사고 의루두이라=님을 그리며 외로이 루두에 기대였노라.
이제고 아심 수하니=네 울음소리 피로우니 내 마음 수심에 싸여.
무이성이면 무아수일랐다=너 소리아니런들 나에게 수심이 없었을것을.
기어 인간리별객하니=인간세상에서 리별의 서러움을 당한 나그네에게 말하노니.
산막등 춘삼월 자규제 명월루를 하여라=춘삼월 달밝은 루에 두견새 울 때 삼가
    오르지 말기를 부탁하노라.

우 락 (羽樂)

남이 임을 아니 두랴 사랑도 바쳤노라 리화에 나간 임을 주마
    투계노니다가
제월광풍 저문 날에   황국단풍 다 진토록 금안백마 유미환이
    라
두어라 임이 비록 잊었으나 사창긴긴 밤에 행혀 올가 기다린
    다

리화에=오얏꽃 필무렵에.
주마투계=말 달리기와 닭 싸움놀이.
제월광풍 저문날에=맑게 개인 하늘에 달빛은 밝고 맑은 바람이 부는 늦가을에.
금안백마유미환이라=흰 말에 값진 안장을 얹어 탄 랑군은 아직 돌아오지 않았다.

    차생원쑤 리별 두자 어이하면 아조 없이일고

가슴에 무읜 불 일어날양이면 얿동혀 더저 살람즉도 하
　　　고　눈으로 솟는 물 바다히 되면 풍덩 드룻쳐 띄우련만
　　　아무리 사르고 띄운들 한숨을 어이 하리요

　　차생원쑤=이승에서의 원쑤.
　　무읜 불=지픤 불.
　　더저=던져서.
　　살람즉도 하고=불살라 버릴수도 있음직하고.
　　드룻쳐=들이쳐.

엇락(言樂)

　　개고리 저 개고리 득득사약하는결에
　　해오리 저 해오리 수수불비 하는고야
　　추풍에 해오리 펄적 나니 개고리간곳 없어하노라
　　　　　　　　　(안민영)

　　득득사약하는=득의만만하여 뛰여노는.
　　수수불비하는=나래를 접고 날지 아니하는.

　　백화방초 봄바람을　사람마다 즐겨할제
　　등동고이서소하고 림청류이부시로다
　　우리도 기라군 거나리고 답청등고하리라
　　　　　　　　　(동 인)

　　등동고이서소하고=동산에 올라 서서히 휘파람 불며.
　　림청류이부시로다=맑은 시내에 림하여 시를 읊도다.
　　기라군=비단옷 입은 녀인들.
　　답청등고하리라=햇풀을 밟으며 산에 오르리라.

　　휘호지면하시독고 마묵연전필경무이라

묻노라 저 사람아 이 글 뜻을 능히 알따
기인이 완이이소하고 유유이퇴하더라

(안민영)

휘호지면하시독고=지면에 쓰는 붓이 언제 모지러질것인가.
마묵연전필경무이라=먹을 오래 갈면 벼루바닥이 필경에는 갈리여없어질것이다.
알따=알겠는가.
완이이소하고=빙긋이 웃고.
유유이퇴하더라=머리를 끄덕이며 가더라.

편 잦은 한잎 (数数大葉)

눈 물풀 접심홍이오 술충충 의부백을 거문고 당당 노래하니
　　두루미 둥둥 춤을 춘다
아희야 시문에 개 짖으니 벗 오신가 보아라

접심홍=나비는 꽃을 찾는것.
의부백=술거품이 히영게 뜨는것.

몰라 병되더니 알아 또한 병이로다
몰라 병 알아 병되면 병이 어리여 못살리로다
아모리 화편을 만난들 이 병이야 곳칠손가

(안민영)

화편=옛날　의술로 이름난 화타와 편작.

오날 밤 풍우를 그 정녕 알았던들
대사립작을 곡 걸어 단단히 매았을것이 비바람에 불리여
왜각 지격하는 소래 행여나 오는 양하여 창 열고 나셔보니
월침침 우사사한듸 풍습습 인적적하더라

월침침 우사사한듸=달 빛은 어스름하고 비는 부슬부슬 내리는데.
풍습습 인적적하더라=바람은 솔솔 불고 인적은 괴괴하더라.

옥무사창화류중에 백마금편소년들아
긴 노래 칠현금과 저피리 장고, 해금 알고 저리 즐기나냐
모르고 즐기나냐 조음체법을 날다려 묻게 되면 현묘한
문리를 낱낱이 이르리라
우리도 백년 삼만육천일에 이같이 밤낮 즐기리라

(김윤석)

  옥무사창=아름다운 루각에 비단천 바른 창문.
  화류중에=꽃과 버들속에.
  백마금편소년들=흰말 타고 금빛으로 장식한 채찍 휘두르는 젊은이들.
  조음체법=악기의 음을 맞추는 체법.

죽장 짚고 망혜 신고 산수간 점점 들어가니
그곳이 곱이 깊어 두견, 접동이 란잡히 울음운다 구름은
뭉게뭉게 봉뒤로 나려 락락장송에 어리였고 바람은 쌀쌀
불어시내 암상에 꽃지만 떨더리는구나
그곳이 별유천지비인간이니 아니놀고 어이리

  암상에 꽃지만=바위우에 꽃가지만.
  떨떠리는구나=젠체하고 위세를 부리며 뽐내는구나.
  별유천지비인간이니=딴세상사람이 아니니.

채어산하니 미가가요 조어수하니 선가식을
좌수변림하하니 진세를 가망이요 보방경한정하니 정회자일이라
아마도 열심락지는 나뿐인가 하노라

  채어산하니=산에서 나물 캐니.
  미가가요=고사리는 넌줄기만하고.
  조어수하니=강에서 고기 낚으니.
  선가식이라=생선이 먹을만하더라.
  좌수변림하하니=물가 수풀밑에 앉으니.
  보방경한정하니=꽃이 핀 길과 고요한 뜨락을 걸으니.
  정회자일이라=생각이 절로 솟아난다.
  열심락지는=마음을 기쁘게 하고 뜻을 즐김은.

기 타

강익(姜翼)

명종때 사람이다.
明宗時

물아 어데 가는 나갈 길 밀어서라
뉘누리 다 채와 지내노라 여홀여홀
창해에 못 밎은 전에야 그칠 줄이 있이랴

    어데가는=어디에 가는가.
    밀어서라=길을 밀어 닦아라.
    뉘누리=물굽이.
    다 채와=다 채워서.

지란을 가꼬라 하야 호미를 두러메고
전원을 돌아보니 반이나마 형극이다
아희야 이 기음 못다 매여 해저물가 하노라

    지란=지초와 란초.
    가꼬라 하야=가꾸려 해서.
    형극=가시덤불.

시비에 개 짖는다 이 산촌에 긔 뉘 오리
대잎 푸른데 봄새 울음소리로다
아희야 날 추심 오나든 채미 가다 하여라

시비=사립문.
날 추심=나를 찾아.
오나든=오거든.
추심=찾아오거든.
채미가다=고사리를 캐러 갔다.

권호문(權好文)

평생에 원하느니 다만 충효뿐이로다
이 두 일 말면 금수이나 다르리야
마음에 하고저 하야 십재황황하노라

말면=아니하면.
금수=짐승.
십재황황하노라=십년이나 쩔쩔매고있노라.

계교 이렁더니 공명이 늦었에라
부급동서하야 여공하는 뜻을
세월이 물 흐르듯하니 못 이룰가 하야라

계교 이렁더니=이것저것 생각하는것이 이러하더니.
부급동서하야=멀리 동쪽 서쪽으로 공부하러 다니서.
여공불급하는=소기의 목적한바를 달성하지 못하여 두려워하는것.

비록 못이뤄도 림천이 좋으니라
무심어조는 자한한하얐나니
조만에 세사잊고 너를 좇으려 하노라

못이뤄도=공명을 성취하지 못해도.
림천=삼림과 샘. 즉 자연.
무심어조는=무심한 물고기와 산새는.
자한한하얐나니=스스로 한가하니.
조만에=이르거나 늦거나간에. 꼭.
세사잊고=세상일을 잊어버리고.

강호에 노자하니 성주를 바리례고
성주를 섬기자 하니 소락에 어긔에라
호온자 기로에 서서 갈데몰라 하노라

> 성주=임금.
> 바리례고=버릴것이고.
> 소락에 어긔에라=좋아하는것에 어긋나도다.
> 호온자=혼자.
> 기로=갈림길.

어지게 이러그러 이 몸이 어찌 할고
행도도 어렵고 은처도 틔아났다
언제야 이 뜻 결단하야 종아소락하려뇨

> 어지게=어찌해서.
> 행도=여기서는 벼슬길.
> 틔아났다=틔워놓지 아니했다. 즉 물색하여 물타놓지 않았다.
> 종아소락하려뇨=나의 즐기는바를 좇아가려나

하려 하려 하되 이 뜻 못하여라
이 뜻 하면 지락이 있나니라
우읍다 엊그제 아니턴 일을 뉘 옳아 하던고

> 지락=지극한 즐거움.
> 우읍다=우습다.

말리 말리 하되 이 일 말기 어렵다
이 일 말면 일신이 한가하다
어지게 엊그제 하던 일이 되왼줄 알과라

> 어지게=어찌하여.
> 되왼줄=도로 그르다는것을.
> 알과라=알겠는가.

출하면 치군택민 처하면 조월경운
명철군자는 이를사 즐기나니
하물며 부귀위기이라 빈천거를 하오리라

    출하면＝벼슬길에 나서면.
    치군택민＝임금을 섬기고 백성을 잘 살게 해주는것.
    처하면＝벼슬을 내여놓고 산야에 파묻히면.
    조월경운＝달빛에 낚시질을 하고 구름밑에 밭을 갈고.
    명철군자＝사리에 밝은 선비.
    이를사＝이것을.
    부귀위기이라＝부귀는 위태한것이라.
    빈천거를 하오리라＝가난하게 살리로다.

청산이 벽계림하고 계상에 연촌이라
초당심사를 백구인들 제 알랴
죽창정야 월명한데 일장금이 있나니라

    벽계림하고＝푸른 시내를 밑에 림하고.
    계상에＝시내물가에.
    연촌이라＝시골마을이 있도다.
    초당심사를＝초당에 숨어서 사는 은사의 마음을.
    죽창정야 월명한데＝고요한 밤 대창에 달이 밝은데.
    일장금＝한개의 거문고.

궁달부운같이 보아 세사 잊어두고
호산가수에 노는 뜻을
원학이 내 벗 아니어든 어느분이 알으실고

    궁달＝고생과 영달. 가난과 부귀.
    부운＝뜬구름.
    세사＝세상 돌아가는 일.
    호산가수에＝좋은 산과 맑은 강에.
    원학＝원숭이와 학.

바람은 절로 맑고 달은 절로 밝다

죽정송명에 일점진도 없으니
일장금 만축서 더욱 소쇄하다

    죽정송명에=대나무 우거진 뜰에 퍈 관솔불에.
    일장금=한개의 거문고.
    일점진=한점의 티끌.
    만축서=많은 책.
    소쇄하다=맑고 깨끗하다.

제월이 구름 뚫고 솔끝에 날아올라
십분청광이 벽계중에 비껴거늘
어데 있는 물 잃은 갈머기 나를 좇아오는다

    제월=맑게 갠 하늘에 뜬 달.
    십분청광=휘영청 밝은 빛.
    물 잃은=떼를 잃은.

날이 저물거늘 나외야 할일 없어
송관을 닫고 월하에 누웠이니
세상에 띠끌 마음이 일호도 없다

    나외야=또다시.
    송관=소나무 문.
    월하에=달밑에.
    티끌 마음=속된 세상에서 일하고싶어하는 마음.
    일호=조금.

월색이 계성에 섞여 허정에 오나늘
월색을 안속하고 계성을 이속해
들오매 보며 하니 일체 청명하야라

    월색이 계성에=달빛이 시내물 흐르는 소리에.

허정=빈. 정자.
오나늘=비치거늘.
안속하고=눈으로 보고.
계성=시내물소리.
이속해=귀로 듣노라.
일쳬 쳥명하여라=한가지로 맑고 밝아라.

주색 좇자하니 소인의 일 아니고
부귀 구차하니 뜻이 아니가네
두어라 어목이 되오야 적막빈에 놀자

    소인=시인과 문사.
    어목=어부와 목동.
    되오야=되여.
    적막빈에=적적한 물가에.

행장유도하니 바리면 구테 구하랴
산지남 수지북 병들고 늙은 나를 뉘라서 회보미방하니 오라 말
    라 하나뇨 성현의 가신 길이 만고에 한가지라 은커나 현
    커나 도가 어찌 다르리
일도이오 다르지 아니커니 아모덴들 어떠리

    행장유도하니=버슬길에 나아가거나 전야에 숨어살거나 간에 다 행하여야 할
        도가 있으니.
    산지남 수지북=산의 양지쪽과 물의 음지쪽.
    회보미방하니=보배를 품고 나라를 헤맨다는 뜻으로 좋은 재주를 가지고 갈 길
        을 못가고 헤맨다 하니.
    은커나 현커나=숨어서 살거나 나서서 살거나.
    도가=길이.
    일도이오=한길이요.

어기에 비 개거늘 록태로 돛을 삼아
고기를 헤이고 낚을 뜻을 어이하리
섬월이 은구가 되여 벽계산에 잠겼다

어기=낚시터.
록태=푸른 이끼.
섬월=가느다란 초생달.
온구=은 낚시바늘.

강간에 누어서 강수보는 뜻은
서자 여사하니 백세인들 몇 그니료
십년전 진세일념이 얼음 녹듯한다．

강간=물가.
서자 여사하니=세월이 빠르다는 의미.
몇 그니료=몇 때이리오.
진세일념=속세에서 공명을 구하던 마음.

리덕일(李德一)

광해조때 사람이다.
光海朝．

싸홈에 시비만 하고 공도시비 아니는다
어이한 시사이같이 되였는고
수화도곤 깊고 더운 환이 날로 길어 가노매라

공도시비=여기서는 국가정책에 대한 론쟁.
아니는다=아니 하는가.
시사=시국.
수화도곤=물과 불보다.
환이=재난이.
날로 길어가노매라=나날이 길어가는구나.

공명을 원찬커든 부귀인들 배알소냐
일간모옥에 고초히 혼자 앉아
밤낮에 우국상시를 못내 설워하노라

-430-

배알소냐=나를 조급히 재촉하겠는가.
일간모옥=작은 초가집.
고초히=간곡히.
우국상시를=나라일을 걱정하여 속태우는.

말리소서 말리소서 이 싸홈 말리소서
지공무사히 말리소서 말리소서
진실로 말리옷 말리시면 탕탕평평하리이다

지공무사히=지극히 공평하고 사사로운것이 없이.
말리옷 말리시면=말리기만 한다면.
탕탕평평하리이다=어느쪽으로도 기울어지지 않고 공평할것이다.

이는 저 외다 하고 저는 이 외다 하네
매일에 하는 일이 이 싸홈뿐이로다
이 중에 고립무조는 님이신가 하노라

외다=그르다
고립무조는=고립되여 아무 도움을 받지 못함은.

힘써 하는 싸홈 나라 위한 싸홈인가
옷밥에 묻혀있어 할일 없어 싸호놋다
아마도 긎지지 아니하니 다시 어이 하리오

싸호놋다=싸운다.

리정환(李延煥)

효종때 사람이다.
孝宗時

이것아 어린것아 잡말 말아스라

칠실의 비가를 뉘라서 슬퍼하리
어디서 탁주 한잔 얻어 이 시름 풀가 하노라

　　칠실의 비가＝나라를 근심하여 부르는 노래.

반밤중 혼자 앉어 묻도라 이 내꿈아
만리 료양을 어느덧 다녀 온고
반갑다 학가선용을 친히 뵌듯 하여라

　　만리료양＝적(녀진족)이 웅거한 료양 만리길.
　　학가선용＝학을 탄 신선의 모습. 즉 인질로 잡혀간 봉림대군을 말함.

박제상 죽은후에　님의 실랑 알이 없다
이역춘궁을 뉘라서 뫼셔오리
지금에 치술령귀혼을 못내 슬허 하노라

　　박제상＝신라때 일본에 인질로 잡혀간 왕자를 구하여낸 재상.
　　님의실랑＝녀진족한테 인질로 간 봉림대군을 말함.
　　이역춘궁＝외국땅에 있는 태자.
　　치술령귀혼＝박제상이 죽어서 그 혼만이 이 치술령으로 돌아왔다는 뜻. 치술령은
　　　　　　　일본에 잡혀간 왕자를 구하러 떠난 박제상이 돌아올것을 그 부인이 애타
　　　　　　　게 기다리다 죽은곳.

임유후(任有後)

우리의 노던 자최 어느덧에 진적되매
백옹명로는 속절없이 간데없다
어즈버 취산존망을 못내 슬허하노라

　　진적＝옛자국.
　　백옹명로＝사람이름. 김득신과 동명.
　　취산존망＝모이고 흩어지고 살아남고 죽은것.

리 유 (李濰)

숙종때 사람이다.
肅宗時

술을 취케 먹고 거문고를 희롱하니
창전에 섰는 학이 절로 우쭐하는고야
저희도 봉래산학이매 자연지음하노라

산중에 폐호하고 한가히 앉아있어
만권서로 생애하니 즐거움이 그지없다
행혀나 날 볼 임 오서든 일 없다고 살와라

   생애하니=생활하니.
   살와라=사뢰어라. 여쭈어라.

도산곡 청계상에 초려삼간 지어 내니
계변에 어약하고 집앞 논에 백구로다
아마도 이 두 자미를 세상 알가 하노라

   도산곡=리퇴계가 살던   도산의 산굽이

박 권 (朴權)

숙종때 사람이다.
肅宗時.

미끼 가진 아해 안개속에 나를 잃고
나도 저를 잃고 조대로 찾아가서
석양에 낚시대 들고나니 흥을 겨워하노라

   조대=낚시터

정민교(鄭敏僑)

오날이 무슴 날고 로부의 현호신이로다
술 있고 벗 있는데 달이 더욱 아름다와
아희야 거문거 청처라 취코 놀려하노라

  현호신=생일날.

주란을 지혀앉아 옥소를 높이 부니
명월청풍이 값없이 절로 온다
아희야 잔 가득 부어라 장야음하리라

  주란=붉은 칠을 한 란간.
  지혀앉아=의지하여 앉아.

리동산(李東山)

초생달 뉘 버혀 적으며 보름달 뉘 그려 둥그렀느뇨
냇물 흘러 마르지 않고 연긔 나며 사라지니
세상에 영허소장 나는 몰라

  영허소장=차고 기우는것과 쇠하고 성하는것.

색인

(ㄱ, ㄴ, ㄷ, 순)

범 례

청구영언(청)   해동가요(해)
청구가요(청가)   남훈태평가(남)
가곡원류(가)   기타(타)

ㄱ

가노라(가)	남	(359)
가노라(삼)	청, 가	(75)
가다가	가	(388)
가더니	청, 가	(119)
가락지	가	(409)
가마귀(가)	청, 가	(175)
가마귀(검)	청	(145)
가마귀(검)	청, 남, 가	(149)
가마귀(검)	청, 가	(184)
가마귀(너)	청, 가	(114)
가마귀(눈)	청, 해, 가	(41)
가마귀(저)	가	(301)
가마귀(저)	가	(399)
가마귀(칠)	청, 가	(117)
가마귀(깍)	청	(201)
가마귀(싸)	청, 남, 가	(114)
가마귀(를)	남	(369)
가마긔	해, 가	(301)
가을밤(밝)	해, 가	(292)
가을밤(채)	해	(311)
가을타	해, 가	(295)
가을해	청, 가	(203)
가인이	해	(300)
각도각	청, 가	(195)

각씨님		남	(362)
각씨네(들)	청, 해,	가	(192)
각씨네(차)	청	가	(192)
각씨네(하)	청,	가	(168)
각씨네(하)		가	(217)
각씨네(옥)	청,	가	(200)
간밤비	청,	가	(223)
간밤오	청, 해,	가	(223)
간밤에(대)	청,	가	(211)
간밤에(대)	남,	가	(370)
간밤에(부)	청,	가	(42)
간밤에(부)	청,	가	(118)
간밤에(부)	청, 남,	가	(222)
간밤에(지)	청,	가	(207)
간밤에(꿈)		가	(400)
간밤에(꿈좋)	남		(361)
간밤에(우)	청, 남,	가	(222)
간밤의	해		(278)
간사한	해		(285)
갈새는	청,	가	(28)
갈제는	청가		(352)
감장새	청, 해, 남,	가	(84)
갓벗어(석)	청		(143)
갓스물	청,	가	(214)
강간에	타		(430)
강변에	남		(368)
강산좋	해		(304)
강산한	청		(66)
강촌에(그)	청,	가	(151)
강촌에(일)		가	(400)
강호에(기)	청,	가	(65)
강호에(노)	해,	가	(292)
강호에(노)	타		(426)
강호에(봄)		가	(382)

강호에(비)	청가, 가	(336)
강호에(추)	청, 가	(123)
강원도	청	(177)
거문고	청, 해, 가	(86)
거울에	가	(377)
건곤이(제)	해	(277)
건곤이(유)	해, 가	(292)
검으면	해, 가	(322)
검은것	해, 가	(294)
겨울날	청, 가	(127)
경회루	해	(317)
고대광	청, 가	(178)
고산구	청, 해, 가	(46)
고은벌	해	(274)
고울사	가	(401)
고인도	해, 가	(256)
고인무	청, 남, 가	(141)
고원화	청, 가	(149)
곡구롱(곡)	청	(175)
곡구롱(우)	청, 가	(185)
공명도	해, 가	(321)
공명을(모)	청가, 가	(336)
공명을(줄)	청, 가	(93)
공명을(혜)	청, 가	(181)
공명을(원)	타	(430)
공명이(긔)	청해, 가	(306)
공명이(긔)	해, 가	(70)
공명은	청, 가	(100)
공명에	해	(321)
공산풍	가	(404)
공산에	가	(392)
공정에	해, 가	(349)
공정에	청가, 가	(284)
구곡은	청, 해, 가	(48)

구룡소	청 가	(349)
구름아	가	(410)
구름이(걷)	해	(277)
구름이(무)	청, 가	(36)
구례벗	청, 해, 가	(94)
구선왕	가	(415)
구월구	가	(405)
국화야	청,해,남,가	(90)
국화야	가	(411)
군봉모	청, 해, 가	(73)
군산을	청, 해, 남, 가	(81)
군자고	남	(363)
굽어보	청, 해, 가	(44)
궂은비	해	(269)
궁달부	타	(427)
그대고	청, 가	(199)
그러하	청, 가	(143)
그려걸	가	(406)
그려사	청, 가	(161)
그려살	가	(405)
그리든	청, 가	(109)
그린듯	청, 가	(163)
그물낚	해	(278)
극목천	청, 가	(173)
금로에	청, 가	(227)
금생려	가	(405)
금과에	가	(383)
금풍이	가	(392)
금화금	청, 가	(187)
금오와	청, 가	(29)
기러기(높)	가	(393)
기러기(다)	해, 가	(291)
기러기(산)	남, 가	(367)
기러기(석)	청, 가	(166)

기러기(저)	청, 가	(154)
기러기(풀)	청, 가	(134)
기러기(떴)	해	(276)
기러기(떼)	남	(357)
기러기(외)	가	(401)
긴 날이	해	(270)
길 아래	청, 가	(141)
김약정	청	(201)
길우회	가	(201)
개고리(저)	가	(420)
개얌이	청, 가	(185)
객산문	가	(410)
계교이	타	(425)
관운장	가	(198)
광풍에	해, 가	(291)
권연후	해	(311)
귀거래	청, 남, 가	(43)
귀거래	해, 가	(293)
귀돌이	청, 가	(172)
긔여들	청, 가	(160)

ㄴ

나는가	청, 가	(150)
나니나	해	(314)
나라히	청, 가	(88)
나모도	해	(271)
나무도(바)	청, 가	(213)
나무도(병)	청, 해, 가	(222)
나무아	청, 가	(176)
나뷔야	청, 가	(136)
나탄말	남	(358)

나온자	청, 가	(61)
나의 님	청, 가	(146)
날이더	해	(268)
날이 저	타	(428)
남극로	가	(393)
남극로	청, 해, 가	(57)
남극성	가	(378)
남도준	청, 가	(232)
남루에	청, 가	(122)
남산 김	청, 해, 가	(71)
남산 나	해, 가	(304)
남산 누	가	(416)
남포월	가	(393)
남하여	청, 가	(112)
남아의	청, 해, 가	(169)
남은 다	가	(407)
남이 임	가	(419)
남원에	청, 가	(100)
낚시 줄	해	(268)
너도 형	해, 가	(252)
넢바람	해	(277)
노래 상	해	(265)
논밭 갈	청, 가	(162)
논밭 갈	청, 가	(196)
농인은	해	(310)
높으나	청, 해, 가	(59)
누고서	해, 가	(295)
누구나	청, 남, 가	(231)
누구서	청, 가	(203)
눈맞아	청, 가	(117)
눈물이	가	(378)
눈섭은(수)	청, 남, 가	(208)
눈물물	가	(421)
눈아눈	청, 가	(202)

눈으로	가	(385)
늙고병	청, 해, 가	(319)
늙고병	해, 가	(145)
늙고병	청가, 가	(337)
늙기설(운)	청, 해, 가	(92)
늙기설(웨)	청, 해, 가	(212)
늙게야	해, 가	(294)
늙지말	청, 가	(131)
늙었다	청	(116)
늙은이(저)	가	(383)
늙은이(의)	청, 가	(147)
님그려(겨)	청	(140)
님그려(깊)	청, 가	(184)
님그려(언)	해	(298)
님금과	해, 가	(258)
님과나	청, 가	(238)
님다리	청, 가	(185)
님을밉	청, 해, 가	(69)
님이가	청, 가	(239)
님이혜	청, 해, 가	(82)
내가슴(쏠)	청, 가	(111)
내가슴(두)	청, 가	(228)
내가슴(슬)	가	(393)
내가죽	남	(364)
내가에	해, 가	(70)
내게는	청, 가	(101)
내게칼	해, 가	(299)
내마음	청, 가	(57)
내몸에	청, 해, 가	(94)
내본시(상)	청	(186)
내본시(남)	청, 가	(116)
내부어	해, 가	(306)
내사랑	청, 가	(158)
내살이	해, 가	(324)

내성정	해	(271)
내정령	청, 해, 남, 가	(230)
내집은	가	(417)
내집이(길)	청, 남, 가	(123)
내집이(김)	해, 가	(123)
내집이(백)	청, 해, 남, 가	(89)
내집이(본)	청, 가	(169)
내집이(초)	청, 가	(144)
내집이(어)	청, 가	(137)
내집에	해	(325)
내청춘	청, 가	(154)
내해좋	청, 가	(39)
내양자	청, 해	(58)
내언제	청, 해, 가	(105)
내얼굴	청, 가	(213)
내일망	해	(273)
내가에(해)	청, 해, 가	(273)
냇가에(섰)	청가	(347)
네아들	해	(258)
네얼굴	청, 가	(101)
녜라이	가	(407)
뉘뉘이	청, 가	(235)
뉘라서(가)	가	(411)
뉘라서(날)	청, 해, 가	(97)
뉘라서(범)	청, 가	(97)

ㄷ

다만한	가	(394)
단풍은(반)	가	(394)
단풍은(연)	해, 가	(325)
단애와	해	(279)

달는말(도) …………………… 청, 가 …………………… (206)
달는말(서) …………… 청, 해, 가 …………………… (83)
달바자 …………………………………… 청 …………… (176)
달바자 …………………………………… 가 …………… (415)
달밝고 ………………………… 청, 가 …………………… (120)
달밝고 ………………………………… 남 …………… (356)
달밝고(때) ……………………… 청, 가 …………………… (178)
달밝은 …………………………… 청, 가 …………………… (97)
달이두 …………………… 청, 남, 가 …………………… (61)
닭아우 …………………………… 청, 가 …………………… (234)
닭의소 …………………………… 청, 가 …………………… (234)
담안에 …………………………… 청, 가 …………………… (160)
담안에 ………………………………… 가 …………… (412)
당시에 …………………………… 청, 해 …………………… (51)
닻뜨자 …………………… 청, 남, 가 …………………… (129)
도산곡 ………………………………… 타 …………… (433)
도선이 ………………………………… 가 …………… (328)
도화리 …………………………… 청, 가 …………………… (105)
도화는(무) …………………………… 청 …………… (134)
도화는(홀) ………………………………… 가 …………… (394)
도화는(어) ………………………………… 가 …………… (394)
도연명 ……………………… 청, 해, 가 …………………… (394)
동각에 ………………………………… 가 …………… (391)
동군이 ………………………………… 가 …………… (375)
동령에 ………………………………… 가 …………… (401)
동방에 ………………………………… 남 …………… (367)
동장에 ………………………………… 가 …………… (395)
동정밖 …………………………… 청, 가 …………………… (395)
동지달 ……………………… 청, 해, 가 …………………… (30)
동창이(기) ……………………… 청, 가 …………………… (123)
동창이(밝) …………………… 청, 해, 가 …………………… (83)
동창에 …………………………… 청, 가 …………………… (224)
동풍어 …………………………… 해, 가 …………………… (292)
동풍이 …………………………… 청, 해 …………………… (68)

두견홍	청, 가	(157)
두견아	해, 가	(302)
두견의	가	(412)
두고가	청, 가	(169)
두고가	청, 가	(169)
두눈에	가	(378)
두리산	청, 해, 가	(53)
듣는말	청, 가	(143)
대동강	해, 가	(290)
대막대	청, 해, 가	(67)
대붕을	청, 가	(154)
대설이	청, 가	(189)
대쉬어	청, 가	(65)
대장뷔	남	(367)
대조볼	청, 가	(386)
대조볼	가	(112)
대천바	청, 가	(211)
대천바	청, 가	(231)
대해에	청, 가	(156)
대인난	청, 가	(242)
댁돌에(나)	청, 가	(210)
댁들에(나)	남	(366)
댁들에(동)	청, 가	(366)
댁들에(자)	청, 가	(191)
댁들에(연)	청	(201)
뒤뫼희	청, 가	(169)
뒤뫼혜	청, 가	(231)
뒷집은	해	(316)

ㄹ

라위적	가	(406)
락지자	해	(257)

락화방	가	(411)
락양동	청, 가	(202)
락양삼	청, 해, 가	(149)
락양삼	가	(416)
락양얕	가	(406)
락엽이	청, 가	(165)
락엽성	가	(138)
락엽에	청, 가	(235)
락욕이	해	(302)
락일은	해, 가	(298)
람색도	청, 가	(199)
련심어	청, 가	(108)
련임에	해	(108)
로화깊	해, 가	(303)
로화풍	가	(396)
로인이	가	(401)
록라로	청, 가	(167)
록수청(산)	청, 가	(79)
록수청(산깊)	가	(388)
록초장	남	(358)
록양도	해, 가	(320)
록양방	청, 가	(127)
록양삼	남	(356)
록양춘	청, 해, 가	(139)
록양이	청, 가	(60)
록음방	청, 가	(237)
록이상(제)	청, 가	(167)
록이상(제력)	해	(307)
록이상(제살)	가	(415)
룡암에	청	(43)
료화에	청, 해, 가	(93)
룡같은	청가, 가	(341)
룡같이(설)	남	(360)
룡같이(한)	청, 가	(142)

룡루에		가	(395)
룡산삼	청,	가	(159)
륙곡은	청, 해,	가	(48)
리별하	청, 해,	가	(75)
리별이		남, 가	(361)
리좌수	청,	가	(205)
리화에(로)	청,	가	(183)
리화에(월)	청,	가	(35)
림고대(림)	청, 해,	가	(155)
림고대(하)	해,	가	(315)
래일도		해	(274)

□

마름잎		해	(268)
마을사		해	(260)
마음아	청,	가	(116)
마음이(지)	청,	가	(109)
마음이(어)	청, 해,	가	(52)
만경창(파)	청,	가	(120)
만경창(파지)		남	(356)
만구룔	청, 해,	남, 가	(73)
만류록		해	(274)
말리말		타	(426)
말리소		타	(431)
말타고	청,	가	(142)
말하면(잡)	청, 해,	가	(145)
말하기(좋)	청,	가	(116)
말없은	청,	남, 가	(54)
말은가	청,	가	(153)
말이놀	청,	가	(126)
머혼구		해	(269)
먼듸개(급)	청,	가	(136)

먼듸개(자) ······················· 가 ··············· (386)
모란화 ························· 청 가 ············· (344)
모란은(화) ···················· 청, 가 ··············· (215)
모래우 ·························· 해 ··············· (275)
모시를 ······················· 청, 가 ··············· (242)
목붉은 ···················· 청, 남, 가 ············· (137)
몰라병 ·························· 가 ··············· (421)
무극옹 ························ 해, 가 ············· (313)
무서리 ·························· 가 ··············· (412)
묵은해(보) ····················· 청 ················ (417)
묵은해(보내) ·················· 가 ··············· (189)
문달고 ······················· 청, 가 ··············· (107)
문왕자 ·························· 가 ··············· (107)
묻노라(부) ··················· 해, 가 ············· (301)
묻노라(저) ··················· 청, 가 ············· (128)
묻노라(태) ··················· 청 가 ············· (341)
물레난 ······················· 청, 가 ··············· (197)
물아래 ······················· 청, 가 ··············· (204)
물아래 ······················· 청, 가 ··············· (239)
물아어 ·························· 타 ··············· (424)
물없난 ·························· 남 ··············· (362)
물우희 ···················· 청, 해, 가 ············· (180)
물외에 ·························· 해 ··············· (276)
미끼가 ·························· 타 ··············· (433)
매화옛 ···················· 청, 해, 가 ············· (106)
매아미 ······················· 청, 가 ··············· (132)
매영이 ·························· 가 ··············· (377)

ㅂ

바독이 ······················· 청, 가 ··············· (198)
바람도(넘) ···················· 남 ··············· (365)
바람도(수) ···················· 남 ··············· (365)

바람도(쉬)······················청, 가·············(112)
바람불(어)······················청, 가·············(110)
바람불(어쓰)····················청, 가·············(154)
바람불(어누)····················남················(357)
바람은(지)······················청, 가·············(238)
바람은(절)······················타················(427)
바람이(눈)······················가················(389)
바람이(불)······················남················(363)
바람에(휘)······················청, 가·············(146)
바람에(우)······················청, 가·············(147)
바회는··························가················(379)
박고통··························청가, 가···········(333)
박제상··························타················(432)
반남아··························청, 남, 가··········(79)
반밤중··························타················(432)
반중조··························청, 해, 가··········(73)
발가벗··························청················(199)
발운갑··························청, 가·············(210)
밤사이··························해················(275)
밤은깊··························남················(367)
방초도··························해················(270)
방초우··························가················(407)
방안에··························가················(395)
버들은··························청, 남, 가··········(222)
벗따라··························가················(383)
벙어리··························가················(379)
벼슬을··························청, 해, 남, 가·······(87)
벼슬이··························청, 해, 가··········(87)
벽사창··························청, 가·············(209)
벽상에(걸)······················청가, 가···········(345)
벽상에(칼)······················가················(413)
벽해갈··························청, 남, 가··········(29)
벽오동··························청, 가·············(121)
별안에··························청, 가·············(196)

-449-

병자정	해	(327)
병풍에	가	(418)
보거든(슬)	청, 남, 가	(139)
보거든(꺽)	가	(379)
보리밥	해	(271)
복더위	해	(319)
봄비갠	해	(317)
봄은어	해	(294)
봄이가	가	(418)
봉래산	청	(56)
부귀를	청, 가	(338)
부모생	청, 가	(97)
부모가(살)	해	(314)
부모가(좌)	해	(287)
부용당	청, 가	(158)
부혜낭	해, 가	(314)
부혜생	해	(312)
북두성	해, 가	(266)
북두성(기)	가	(325)
북두성	해	(102)
북두성(돌)	청, 가	(102)
북두칠	청, 남, 가	(235)
북명에	청 가	(340)
북소리	청, 가	(129)
북천이	청, 해, 가	(63)
불로초	청, 가	(229)
불충불	해	(287)
붓끝에	가	(390)
비록못	타	(425)
비맞은	청	(122)
비파를	청, 가	(124)
비파야	청, 가	(189)
비오는	청, 해, 남, 가	(137)
빈천을	해, 가	(266)

빙자옥	가	(386)
빚은술	청, 가	(130)
백구는	청, 남, 가	(208)
백구야(놀)	청, 가	(115)
백구야(말)	청, 해, 가	(119)
백구야(부)	가	(388)
백구야(한)	남	(357)
백규에	해	(299)
백년을	청	(159)
백두산	가	(412)
백마는	청, 가	(168)
백발을	청, 가	(107)
백발이	청, 가	(147)
백사장	남	(363)
백사정	청, 가	(134)
백설이(만)	청, 가	(118)
백설이(분)	가	(412)
백설이(잦)	청, 해, 가	(37)
백천이	청, 가	(125)
백초를	청, 가	(135)
백화방	가	(420)
백운깊	청, 가	(102)
백운은	청, 가	(179)
백운이	청, 해, 가	(139)
백일은	청, 가	(34)
뵈잠방	청, 가	(162)
뷘배에	청, 가	(99)

ㅅ

사곡은	청, 해, 가	(47)
사람이	해	(302)
사람뫼	청, 가	(224)

사랑사	청	(177)
사랑사	청, 가	(240)
사랑사	청가, 가	(351)
사랑을(사)	청, 가	(239)
사랑을(찬)	청, 가	(239)
사랑을(알)	청, 가	(159)
사랑이(어)	청, 가	(241)
사랑인	청, 남, 가	(233)
사립쓴	청, 가	(103)
사순칭	청, 가	(33)
사월록	가	(417)
삭풍은	청, 해, 가	(39)
산가에	해	(295)
산두에	가	(383)
산두한	청, 해, 가	(44)
산밑에(사)	청, 가	(229)
산밑에(집)	청, 가	(192)
산상에	청, 가	(120)
산수간	해	(270)
산전에	청, 해, 가	(50)
산점하	청, 가	(179)
산중에(무)	남	(364)
산중에(폐)	타	(433)
산촌에(객)	청, 해, 가	(200)
산촌에(눈)	청, 해, 가	(71)
산촌에(밤)	청, 남, 가	(136)
산행륙	가	(384)
산영루	청, 가	(151)
산은옛	청, 해, 가	(105)
산외에	청, 가	(132)
살뜰원	청	(209)
삼각산	청, 가	(144)
삼곡은	청, 해, 가	(47)
삼군을	가	(323)
삼동에	(28)

삼월동	청가, 가	(352)
삼월화	가	(391)
삿갓에	청, 남, 가	(391)
상공을	해, 해, 가	(105)
상천명	가	(407)
상해련	해	(272)
상운이	가	(379)
서리치	가	(395)
서산에	청, 가	(228)
서상에(기)	가	(396)
서상에(달)	남	(372)
서호눈	해, 가	(284)
석류꽃	가	(388)
석조는	가	(413)
석양이(비)	해	(274)
석양이(좋)	해	(275)
석양이(재)	청, 가	(275)
석양에(매)	청가, 가	(351)
석양에(취)	청, 가	(164)
선으로	청, 가	(152)
선인교	가	(396)
설악산	청, 해, 가	(102)
설월은	청, 가	(124)
설월이	청, 남, 가	(122)
섬겁고	청, 가	(150)
성진에	해	(291)
성음은	해, 가	(326)
섶실은	해, 가	(310)
소경이(야)	해, 가	(294)
소년십	청, 가	(98)
소상강	청, 해, 가	(75)
소상강	남	(363)
소상간(긴)	가	(379)
소원백	청, 가	(127)
솔아쉼	청, 가	(153)

솔이솔	청, 가	(106)
송간석	청, 해, 가	(77)
송단에	청, 해, 가	(93)
송림에	청, 가	(28)
수국에	해	(279)
수박겉	청, 가	(216)
수심겨	가	(396)
수양산(나)	청, 가	(396)
수양산(바)	청, 해, 가	(40)
순첨색	해	(297)
순풍이	청, 해, 가	(50)
술도먹	해	(273)
술먹기	청, 가	(204)
술깨여	청, 해, 가	(85)
술을내	청, 가	(144)
술을취	타	(433)
슬프나	해	(272)
승당을	해	(327)
시내호	청, 가	(134)
시문에	남	(371)
시미산	청, 가	(197)
시비없	청, 해, 가	(72)
시비에(개)	청, 가	(170)
시비에(개즛)	청, 가	(183)
시비에(개)	청, 가	(129)
시비에	타	(424)
시서를	해	(315)
시절도	청, 해, 가	(152)
시절태	청, 가	(53)
시어미	청, 가	(220)
식불감	청, 남, 가	(226)
신농씨	남	(367)
신선이(있)	청가, 가	(344)
신원원(주)	청, 해	(58)

신원원	해	(258)
신원원	해	(259)
신원원	해	(326)
심성이	해, 가	(396)
심여장	가	(145)
십년가	청, 가	(135)
십년을	청, 가	(363)
십년을	남	(171)
십재를	청, 남, 가	(358)
새벽달	남	(86)
새벽비	청, 해, 가	(155)
새벽서	청, 가	(340)
새벳거	청, 가	(101)
새소리	청, 가	(304)
색거한	해	(290)
새별지(고)	해	(79)
샛별지(자)	청, 가	(237)
생매잡	청, 가	(370)
생매잡	남	(467)
세류청	가	(68)
세버들	청, 해	(143)
세사는	청	(151)
세사를(내)	청, 가	(303)
세사를(다)	해	(207)
세상부	청, 가	(164)
세상사	청, 가	(118)
세상이(말)	청, 가	(305)
세상이(번)	해, 가	(233)
세상에	청, 가	(215)
세상의	청	(285)
세차고		(160)
세여아	청, 가	(402)
세우버	가	(132)
세우뿌	청, 가	(386)
세월이(류)	가	

세월이(여)·················· 청가, 가 ················ (342)
셋괏고····················· 청 ···················· (214)

ㅈ

자각봉····················· 남 ···················· (364)
자규야·················· 청, 해, 가 ················ (88)
자규야····················· 남 ···················· (362)
자남은·················· 청, 해, 가 ················ (86)
자네집 ················ 청, 해, 남, 가 ·············· (80)
자다가··················· 청, 가 ················· (113)
자다가····················· 가 ···················· (414)
자황분··················· 청, 가 ················· (103)
잔등은···················· 청가 ··················· (340)
잘가노··················· 해, 가 ·················· (309)
잘새는····················· 가 ···················· (398)
장공구····················· 가 ···················· (402)
장공에···················· 청가 ··················· (343)
장백산·················· 청, 해, 가 ················ (40)
장부로·················· 청, 해, 가 ················ (95)
장사왕·················· 청, 해, 가 ················ (95)
장삼뜯·················· 청, 남, 가 ················ (206)
장성을(굳이)················ 해 ···················· (206)
장지치··················· 청, 해 ·················· (57)
장안을·················· 청, 해, 가 ················ (44)
저건너(거)··············· 청, 가 ··················· (111)
저건너(검)················· 남 ···················· (359)
저건너(괌)················· 남 ···················· (371)
저건너(님)··············· 청, 가 ··················· (217)
저건너(라)················· 가 ···················· (391)
저건너(명)··············· 청, 가 ··················· (216)
저건너(신)················· 남 ···················· (216)

저건너(태)	청, 가	(208)
저건너(푸)	남	(369)
저건너(흰)	청, 가	(191)
저긔셧	해, 가	(260)
저멋고	청, 가	(178)
저총각	청가, 가	(343)
적무인	청, 남, 가	(224)
적설이	청, 해, 남, 가	(136)
적토마	남	(366)
적토마	가	(390)
전나귀(모)	청, 가	(131)
전나귀(혁)	가	(387)
전산작	해, 가	(284)
전촌에	가	(399)
전언은	해, 가	(266)
전없는	청, 가	(210)
전원의	청, 가	(124)
전원에	청, 남, 가	(119)
전원에	청	(134)
절정에	청, 가	(115)
젓소리	청, 가	(130)
정이삼	청, 가	(204)
조고가	해	(315)
조으다	청, 가	(204)
종남산	청, 가	(188)
주대도	해	(277)
주란을	타	(434)
주렴을	청, 가	(156)
주렴에(달)	남	(368)
주렴에(빗)	청, 가	(223)
주문에	해, 가	(307)
주색좃	타	(429)
주인이(술)	가	(399)
주인이(호)	청, 해, 가	(163)

—457—

죽장망	남	(371)
죽장짚	가	(422)
죽어잊	청, 가	(138)
충서당	청	(221)
중천에	청, 가	(228)
중천에	청	(128)
증경은	청	(173)
지난해	가	(409)
지당에(비)	청, 가	(63)
지당에(월)	청, 해, 가	(193)
지란을	타	(424)
지저피	청가, 가	(346)
지족이	해, 가	(307)
직녀의	청가, 가	(336)
진시황	청, 가	(188)
진세를	청, 가	(104)
진회가	청, 가	(104)
진애에	해	(288)
질가마	해	(267)
짚방석	청, 남, 가	(72)
재넘어	청, 해	(59)
재수명	가	(409)
재우에	청, 가	(173)
제얼굴	청, 가	(219)
제우는	가	(381)
제이태	가	(403)
제월이	타	(429)
쥐찬소	청, 해, 가	(85)

차생원	가	(419)

창내 고	청, 가	(202)
창 랑에	청, 가	(63)
창밖에(국)	청, 가	(114)
창밖에(동)	청, 해, 가	(91)
창밖 초(초)	청, 가	(213)
창밖에(위)	해, 가	(265)
창송은	해, 가	(320)
창안에	청, 가	(41)
창오산(봉)	청, 남, 가	(227)
창오산(해)	청, 해, 가	(227)
처음에	청가, 가	(336)
천고희	청	(174)
천군이(태)	해, 가	(324)
천랑기	해, 가	(318)
천만리	청, 해, 가	(42)
천보산	해, 가	(282)
천부지	청, 해, 가	(45)
천산에	해, 가	(297)
천심에	청, 해, 가	(91)
천생아	해	(327)
천지간	청, 가	(193)
천지개	해, 가	(302)
천지는	해, 가	(316)
천지로	청, 해, 가	(74)
천한코	청, 가	(218)
천운대	청, 해, 가	(51)
철령높	청, 해, 가	(60)
첨피기	청, 해, 가	(155)
청강일	청, 가	(176)
청강에(낚)	가	(404)
청강에(비)	청, 해, 가	(31)
청계변	청, 해, 가	(31)
청계산	남	(364)
청계상	청, 가	(221)

청량산	청, 가	(29)
청려장(드)	가	(381)
청려장(홀)	해, 가	(290)
청려장(힘)	해, 가	(309)
청류벽(사)	청, 가	(99)
청류벽(에)	해	(290)
청랭포	청가, 가	(348)
청사검	청, 가	(130)
청사립	가	(130)
청산도	청, 해, 남, 가	(240)
청산리	청, 해, 남, 가	(240)
청산자	남	(359)
청산아(말)	청, 남, 가	(98)
청산아(옷)	청, 가	(128)
청산은	청, 해, 가	(52)
청산이(벽)	타	(427)
청산이(불)	가	(403)
청산이(적)	청, 가	(124)
청산에(눈)	가	(399)
청산에(옛)	가	(382)
청석령	청, 해, 가	(32)
청신에(일)	해	(314)
청조야	청, 남, 가	(223)
청창에	청가	(348)
청천구	청, 해, 가	(57)
청천구	청, 가	(168)
청천호	가	(410)
청천에(떠)	청, 가	(171)
청천에(떴)	청가	(341)
청천에(뜬)	남	(365)
청초우	청, 해, 가	(62)
청초우	청	(128)
청초우(거)	남	(358)
청추절	해, 가	(320)

청춘곱	청, 해, 가	(81)
청춘소	청, 남, 가	(13)
청춘은	가	(399)
청춘에(리)	청, 가	(399)
청춘에(보)	가	(403)
청춘에(불)	청, 가	(108)
청풍북(창)	청, 가	(140)
청하에	청, 해, 가	(44)
청우를	가	(381)
청운은	해, 가	(322)
초경에	남	(356)
초당뒤	청, 남, 가	(236)
초당추	청, 가	(234)
초당에(깊)	청, 해, 가	(83)
초당에(오)	남	(372)
초당에(일)	가	(414)
초산목	남	(357)
초산에	청, 남, 가	(237)
초순넘	해, 가	(319)
초생달	타	(434)
초생에(비)	청 가	(345)
초생에(이)	해	(308)
초암이	해, 가	(316)
초야에	해, 가	(296)
촉백제	가	(419)
촉에서	남, 가	(365)
추강밖	청, 해	(67)
추강에(밤)	청, 가	(227)
추강에(원)	청, 가	(110)
추산이	청, 해, 가	(64)
추상에	청, 가	(141)
추성진	해	(273)
추수는	청, 해, 가	(32)
추풍이	청, 가	(230)

추월이 …………………………… 청, 가 …………………………… (162)
춘당대 …………………………… 청, 가 …………………………… (33)
춘복이 …………………………… 해, 가 …………………………… (306)
춘산에(눈) ……………………… 청, 가 …………………………… (33)
춘산에(봄) ……………………… 청, 가 …………………………… (200)
춘수가 …………………………… 청, 가 …………………………… (233)
춘창에 …………………………… 해, 가 …………………………… (311)
춘풍도 ……………………… 청, 해, 가 …………………………… (950)
춘풍장 …………………………… 청, 가 …………………………… (184)
춘풍이 ……………………………………… 가 …………………………… (382)
춘풍에(화) ………………… 청, 해, 남, 가 ………………………… (51)
춘풍에(떨) ……………………… 청, 가 …………………………… (161)
출자동 ……………………………………… 가 …………………………… (414)
출하면 ……………………………………… 타 …………………………… (427)
충신은 …………………………… 청, 가 …………………………… (147)
치천하 …………………………… 청, 가 …………………………… (38)
칠곡은 ……………………… 청, 해, 가 …………………………… (48)
채어산 ……………………………………… 가 …………………………… (422)
책덮고 …………………………… 청, 가 …………………………… (78)
최행수 …………………………… 청, 해 …………………………… (68)
취하여 ……………………………………… 해 …………………………… (269)

ㅌ

통발에 ……………………………………… 해 …………………………… (276)
태공이(고) ……………………… 청, 가 …………………………… (121)
태산이(높) ………………… 청, 남, 가 ………………………… (117)
태산이 …………………………… 청, 가 …………………………… (156)
태산에 ……………………… 청, 해, 가 …………………………… (95)
태평천 ……………………… 청, 해, 가 …………………………… (72)

ㅍ

팔곡은 ……………………… 청, 해, 가 …………………………… (48)

평사에	청	(140)
평사에	가	(404)
평생에(부)	청가	(404)
평생에(원)	가	(293)
평생에(원)	가	(345)
평생에	타	(425)
포향사	청, 가	(158)
푸른산	청, 남, 가	(206)
풋잠에	해	(272)
풍상이	해, 가	(324)
풍상에	청, 해, 가	(54)
풍진에	해	(304)
풍파에(놀)	청, 가, 남	(77)
풍파에(일)	청, 해	(59)
폐일운	가	(387)

ㅎ

하나둘	청, 가	(122)
하늘은	해	(322)
하늘이(높)	청, 해, 가	(90)
하늘이(높)	청가	(346)
하늘이(이)	해	(272)
하려하	타	(426)
하사월	청, 해, 가	(217)
하목은	해, 가	(303)
하운이	청가	(341)
한벽당(소)	청, 가	(182)
한벽당(종)	청가, 가	(350)
한산섬	청, 해, 가	(64)
한손에	청, 남, 가	(34)
한송정	해, 가	(266)
한숨아	청, 가	(214)

한숨은	청, 가	(225)
한식비(갠)	해, 가	(318)
한식비(온)	청, 해, 가	(70)
한자 쓰	청, 남, 가	(241)
한중에	청 가	(349)
한창 하	청, 남, 가	(232)
한 해 도	청, 가	(199)
허를 고	청, 해	(67)
헌삿 갓	청, 해, 가	(153)
현순백	해	(297)
헛가 래	청, 해	(70)
형 산 에	청, 해, 가	(92)
호화 도	해, 가	(320)
홍루반	가	(385)
홍백 화	가	(418)
홍백 화(잣)	가	(382)
홍진을	청, 해, 가	(93)
흉중에(맺)	청, 가	(146)
흉중에(불)	청, 해, 가	(84)
호리 나	청, 가	(113)
흥망이(수)	해, 가	(258)
흥망이(유)	청, 가	(36)
흥흥노	청	(203)
힘 써 하	타	(431)
해 다 저	청, 가	(120)
해 져 황	청, 가	(126)
해 지 고	가	(389)
해 지 면	청, 가	(225)
해 지 면	남	(361)
행 장 유	타	(429)
화 개 동	해, 가	(316)
화 람 에	해, 가	(305)
화 산 에(춘)	청, 가	(126)
화 산 에(유)	청가, 가	(339)

화작작	청, 가	(158)
화촉동	청, 가	(367)
화촉동	남	(212)
환해 가	청 가	(343)
환해 에	청, 해, 가	(133)
환욕 에	해, 가	(323)
활지어	청, 해, 가	(96)
황하 원	청, 가	(226)
휘호지	가	(420)
희여검	청, 가	(133)
흰구름	해	(311)
흰이슬	해	(270)

ㄲ

꼭 다 기	가	(404)
꽂은 밤	청, 가	(137)
꽃이 진	청, 가	(131)
꽃이 퓌	청, 가	(233)
꽃이 야	남	(360)
꽃 도피	해	(323)
꽃보 고	청, 가	(232)
꽃지 자	청, 가	(125)
꽃피 면	해, 가	(125)
꽃피 자	청, 가	(142)
꾀꼬리(고)	가	(392)
꾀꼬리(날)	청가, 가	(339)
꿈아 꿈	청, 가	(171)
꿈아 열	남	(362)
꿈으로	청, 가	(148)
꿈이 날	청, 가	(142)
꿈이 정	남	(361)

꿈에 님	해, 가	(299)
꿈에다	청, 가	(80)
꿈에 뵈	청, 가	(107)
꿈에 왔	가	(405)

ㄸ

떳떳 상	청, 가	(218)
띄없 은	청, 가	(118)
띄오 리	남	(360)

ㅆ

싸홈에	타	(430)
쓴나물	청, 가	(150)

ㅏ

아마도(모)	해	(293)
아자내	해	(252)
아자아	청, 가	(237)
아침 비	청, 해, 가	(69)
아침 양	해	(297)
아흔아	청	(194)
아흔아	가	(194)
아해 는	청, 남, 가	(161)
아희를	청가, 가	(161)
아희야(구)	청, 해	(76)
아희야(그)	청, 가	(149)
아희야(되)	청, 해, 가	(76)
아희야(말)	남	(360)
아희야(소)	청	(76)
아희야(창)	가	(380)

아희야(연)·················남, 가················(357)
안빈을(슬)························해···············(308)
안빈을(염)···················해, 가···············(321)
알뜰이·······························가················(413)
알았노·························해, 가···············(285)
암화에·························청, 가···············(163)
압록강··················청, 해, 가···············(90)
앗가야··················청, 해, 가···············(32)
앞논에·························청, 가···············(172)
앞내나·························청, 가···············(238)
앞내해····························해···············(273)
앞못에·························청, 가···············(113)

ㅑ

약산동·······················청, 가···············(164)
야이령························청가···············(345)
양덕맹·······················청, 가···············(173)

ㅓ

어가목···························해···············(305)
어기에···························타···············(429)
어룬자·······················청, 가···············(175)
어리거·······················청, 가···············(148)
어리고···························가···············(380)
어버이(살)···············청, 해, 가···············(55)
어부의························청가···············(337)
어저내··················청, 해, 가···············(30)
어지게···························타···············(426)

어제닷	가	(408)
어제밤	해, 가	(264)
어제 오	청, 해, 가	(62)
어촌에	청, 남, 가	(182)
어화네	해	(293)
어화동	해, 가	(259)
어화벗	청 가, 가	(343)
어화베	해	(259)
어화세	해, 가	(306)
어화저	해	(279)
어화조	해	(300)
어화어	해, 가	(326)
어떤남	남	(370)
어우아	가	(417)
어우와	청, 가	(110)
어우화	청, 가	(187)
어이려	청	(208)
어이하	청, 가	(192)
어이하	남	(366)
어이하(야)	남	(365)
어인벌	청, 가	(138)
어일샤	청, 해, 가	(71)
어와내	가	(402)
어와보	청, 가	(131)
어와보	청, 가	(160)
어와저	해, 가	(267)
언충신	청, 가	(68)
언약이	청, 가	(229)
얻노라	해, 가	(300)
엇그제(님)	청, 가	(232)
엇그제(덜)	해, 가	(309)
엇그제(리)	가	(397)
엇그제(쥐)	청, 가	(165)
엇그제(쥐)	청 가	(166)

ㅕ

연하로 ······ 청, 해, 가 ······ (49)
영제교 ······ 가 ······ (397)
영욕관 ······ 해 ······ (308)
영욕이 ······ 가 ······ (397)
옅은개 ······ 해 ······ (278)

ㅗ

오거다 ······ 가 ······ (398)
오곡은 ······ 청, 남, 가 ······ (47)
오날도 ······ 청, 남, 가 ······ (241)
오날밤 ······ 가 ······ (421)
오날은(비) ······ 가 ······ (397)
오날은(비) ······ 가 ······ (339)
오날은(천) ······ 청, 해 ······ (96)
오날이(무) ······ 타 ······ (434)
오날이(오) ······ 해, 가 ······ (251)
오늘은 ······ 청가 ······ (91)
오늘을 ······ 청, 해, 가 ······ (91)
오동성 ······ 해, 가 ······ (296)
오동열 ······ 해, 가 ······ (197)
오동에(듣) ······ 청, 가 ······ (127)
오려고 ······ 청, 가 ······ (133)
오려논(물) ······ 청, 해, 가 ······ (139)
오려논(에) ······ 남 ······ (359)
오백년 ······ 청, 가 ······ (38)
오정주 ······ 청가, 가 ······ (351)
옥도최 ······ 청, 가 ······ (236)
옥란꽃 ······ 청, 해, 가 ······ (78)

옥루사 …………………………… 가 ……………………………… (422)
옥분에 …………………………… 청, 해 …………………………… (94)
옥하관 …………………………… 해, 가 …………………………… (309)
옥황께 …………………………… 청, 가 …………………………… (235)
옥으로(말) ……………………… 남 ………………………………… (372)
옥을돌 …………………………… 청, 해, 가 ……………………… (55)
옥우에 …………………………… 가 ……………………………… (389)
옥에는 …………………………… 청, 남, 가 ……………………… (211)
옥에흠 …………………………… 청, 해, 가 ……………………… (89)
옷우희 …………………………… 해 ……………………………… (268)

ㅛ

요전에 …………………………… 가 ……………………………… (377)
요지에 …………………………… 청, 가 …………………………… (230)

ㅜ

우는것 …………………………… 청, 가 …………………………… (126)
우리둘 …………………………… 청, 남, 가 ……………………… (170)
우리몸 …………………………… 해, 가 …………………………… (282)
우리의 …………………………… 타 ……………………………… (432)
우레같 …………………………… 청, 남, 가 ……………………… (166)
우부도 …………………………… 청, 해 …………………………… (522)
우사사 …………………………… 가 ……………………………… (387)
우슬부 …………………………… 청, 가 …………………………… (205)
우혈장 …………………………… 청, 가 …………………………… (99)
운담풍 …………………………… 해 ……………………………… (301)
운하태 …………………………… 가 ……………………………… (384)
우연이 …………………………… 청, 가 …………………………… (148)
우연히 …………………………… 남 ………………………………… (358)
울머불 …………………………… 남 ………………………………… (36)

울며 잡	청, 가	(80)
울어서	가	(408)
웃는 양	청, 가	(209)

ㅠ

유란이	청, 해, 가	(50)
유마유	청, 가	(152)
유벽을	가	(384)
유자는	청, 가	(157)

ㅡ

은병에	가	(385)
은하에	청, 가	(228)
은한은	해, 가	(296)
은항에	해, 가	(265)

ㅣ

이것아	타	(431)
이곡은	청, 해, 가	(46)
이는저	타	(431)
이러나	가	(390)
이러니(저)	청, 가	(165)
이러니	청, 가	(167)
이런들	청, 해, 가	(30)
이런들	청, 해, 가	(49)
이롱과	청가, 가	(346)
이리하	청, 가	(225)
이리혜	청, 가	(226)
이몸싀	청, 가	(226)
이몸헐	청, 해	(56)

이 몸이(되)	청, 해	(66)
이 몸이(식)	청, 가	(111)
이 몸이(죽)	청, 해, 가	(37)
이 몸이(죽)	청, 해, 가	(40)
이 뫼 흘	청, 해, 가	(62)
이 보 오	청, 가	(55)
이 시 름	청, 해, 가	(183)
이 십 사	청, 가	(180)
이 제 는	해, 가	(324)
이 제 사	청, 가	(218)
이 중에	청, 해	(43)
이 천 에	청	(43)
인 간 비	청, 해, 가	(191)
인 간 오	가	(408)
인 간 에	해, 가	(322)
인심은(낮)	해	(298)
인심은(터)	청, 해, 가	(91)
인심은(유)	해	(310)
인생천(지)	청, 가	(108)
인생천(지백)	청, 해	(194)
인생이(그)	가	(398)
인생이(둘)	청, 남, 가	(221)
인생이(행)	해	(300)
인 풍 이	청, 가	(115)
일 각 이	청, 남, 가	(225)
일 곡 은	청, 해, 가	(46)
일 모 창	가	(414)
일 순 천	청, 가	(98)
일 신 이	청	(219)
일생에(한)	청, 남, 가	(117)
일생에(얇)	청, 가	(150)
일 중 삼	청, 해, 가	(82)
일 호 주	청, 가	(151)
일어나(소)	청가	(344)

일어나(소먹)	가	(380)
일이삼	해	(318)
임그린	가	(409)
임리별(하)	남	(365)
임리별(하올)	가	(409)
임이가	가	(402)
임이오	가	(349)
잇브면	청가	(348)
있으렴	청, 해, 가	(31)

ㅖ

예서나	청, 해	(56)

ㅘ

와실은	해, 가	(317)
와실을	해	(276)
완산리	청, 가	(190)
왕거미	청, 가	(187)

ㅕ

원문번	청, 가	(165)
월락오	청, 가	(157)
월토의	가	(413)
월색이	타	(428)
월정명	청, 남, 가	(111)
월황혼(겨)	남	(371)
월황혼(계)	청, 가	(186)

조선고전문학선집 3

시 조 집

편 찬	김 하 명
편 집	김 흥 량
낸 곳	문예출판사
인쇄소	평양종합인쇄공장
인 쇄	1985년 3월 1일
발 행	1985년 3월 20일

ㄱ-46073 2,000부

海外우리語文學硏究叢書83

시 조 집

1996년 1월 10일 인쇄
1996년 1월 20일 발행

편자 김하명
발행 문예출판사
영인 **한국문화사**
133-112 서울시 성동구 성수1가 2동 13-156
　　　　전화 464-7708, 499-0846
　　　　팩스 499-0846
　　　　등록 제2-1276호

값15,000원

ISBN 89-7735-212-6